다시, 사람이다

인권, 그리고
민주주의에 대한
가장 뜨거운
이야기

다시,
사람이다

고상만 지음

책담

차례

마지막 숨을 몰아쉴 때,
부끄럽지 않기를…

1

《다시, 사람이다》는 나의 네 번째 책이다. 나에게 1남 1녀라는 귀한 생물학적 아들딸이 있다면, 책들은 내 정신이 낳은 '또 다른' 자식이라 할 것이다. 혼자서 다 쓴 책 네 권 외에 다른 이들과 함께 엮어 낸 책도 네 권이 더 있으니, 글을 쓰고 책을 내는 데 있어서는 나는 참 행복한 사람이 아닐까 싶다.

2

왜 그런 생각을 하게 되었는지 알 수 없지만 어려서부터 글을 쓰는 사람이 되고 싶었다. 고등학교 때는 소설과 시를 쓴다고 밤을 새우기도 했고, 원고지 한 칸 한 칸을 채워 청소년 문학제에 응모하기도 했다. 하지만 그런 꿈과 달리 누구처럼 소질은 타고 나지 못한 듯하다. 학내 글짓기 대회에서는 더러 이런저런 상을 받기도 했지만, 큰 대회에서 이렇다할 상을 받은 적은 없다. 그러다가 처음 상다운 상을 받은 것이 대학에 입학한 1989년이었다. 대학 교지에 응모한 소설이 당선되어 당시 한 달치 자취방 월세에 해당하는 상금을 받았다. 그것이 내가 글을 써서 처음 돈을 번 일이었다.

3

어느 날이었다. 처음 광화문 교보문고에 책을 사러 갔다. 1990년대 초반이었던 것 같다. 그전까지만 해도 내가 살던 동네 서점에서만 책을 샀는데, 그때 무슨 일로 거기까지 갔는지는 기억나지 않는다. 다만 나는 그 거대하고 웅장한 교보문고에 들어서서 부러움과 도전 의식을 느꼈다. 언젠가는 꼭 이 넓은 교보문고에 내가 쓴 책이 진열될 수 있게 하겠다는 꿈이었다. 그 첫 꿈이 이뤄진 것은 2003년이었고, 그 후 11년이 지나가는 2014년 오늘까지 여러 분의 덕택으로 새로운 책을 계속 낼 수 있었다. 너무나 고맙고 또 고마운 일이 아닐 수 없다.

4

《다시, 사람이다》역시 이전에 냈던 책처럼 누군가의 아프고, 고통스러운 이야기 중 일부다. 내가 인권 운동 현장에서, 또는 그 언저리에서 일하며 만난 누군가의 울분과 서러움을 대신하여 쓴 글이 대부분이다. 일부 조금 느낌이 다른 글이 있다면 3부에 담겨 있는 사연이다. 처음 인권 운동을 하게 된 계기와 내가 살아온 삶의 궤적을 담고 있다. 하지만 그것 역시 내가 그런 삶을 살거나 그 같은 결정을 하도록 중요한 매개자가 되어 준 또 다른 사람의 이야기이기도 하다. 그렇기에 처음 출판사에서 《다시, 사람이다》라는 제목을 제안했을 때 나는 매우 만족했다. 생각해 보면 내 삶에서 가장 중요한 기준은 '사람'이었고, 나는 그런 사람들의 이야기를 제3자인 누군가에게 보다 설득력 있게 전달하고자 노력했기 때문이다. 나는 이 책에 그런 사람들의 이야기를 최대한 많이 담으려 노력했다.

5

많은 사람들에게 나는 '조사관'이라는 이미지로 박혀 있다. 판문점 김훈 중위를 비롯하여 의무 복무 중 사망한 군인들의 사인 규명과 명예 회복을 위해 노력했고, 1975년 8월 의문사한 재야인사 장준하 선생 조사관으로, 또 친일파의 재산을 국가로 귀속하는 조사관으로 일해 온 덕분이다. 서울특별시 교육청에서 감사 공무원으로 일하기도 했다. 그러다 보니 나는 늘 진실과 정의를 추구하며 살고자 노력하게 되었다. 불의와 타협하지 않고 정의의 편에 서기 위해 경계하려 했다. 그런데 그런 노력이 완전했으면 좋았을 텐데 뜻만 거창하고 내용은 매우 부족했다. 고백하자면, 때때로 혼자 부끄러웠다. 이 책을 쓰는 동안에도 그런 부끄러움이 적지 않았다. 내가 개입하여 다뤘던 사건을 쓰면서는 부족했던 내 열정을 반성했고, 또 누군가의 아름다운 희생과 열정을 쓰면서는 '나 역시 이 사람처럼 절박하게 싸웠나' 자문하기도 했다. 이 책을 읽는 독자들에게 이런 내 마음이 잘 전달되었으면 좋겠다.

6

책 제목 《다시, 사람이다》처럼 나는 우리 세상에 존재하는 모든 기준은 사람이라고 생각한다. 그 어떤 제도나 이념도 사람을 넘어설 수 없다. 그래서는 안 된다. 그런데 우리는 때때로 이 상식을 망각한다. 어떤 이념과 주장이 나와 다르다고 해서 다수의 사람들이 소수를 유린하고 심지어 죽이는 것조차 서슴지 않는다. 이 책 내용 중 일부인 한국전쟁 당시 고양 금정굴에서 벌어진 집단 학살의 야만과 비극을 쓰며 나는 이 생각을 참 많이 했다. 제도와 이념을 만든 것은 사람들을 행복하게 하기 위해서라는데, 그 제도와 이념을 근거로 왜 그렇게 많은 사람들을 죽일까. 또, 사실이 아닌 줄 알면서도 자신의 직위와 직책을 보전하고자 누군가를 억울하게 하는 부도덕한 우리 사회 일부를 보면서 절망하기도 했다. 이 책에 담긴 이야기는 여전히 '현재 진행형'이다. 우리는 그런 잘못된 일들과 싸워야 한다. 나는 이 글을 읽는 독자들에게 함께 싸우자고 말하고 싶었다. 그것이 이 책의 메시지다.

7

처음 이 책의 출판을 제안해 준 사람은 책담출판사의 김진형 팀장님이었다. 나는 그를 2013년 11월 추운 겨울에 만났고, 이듬해인 2014년 2월 말경 최종 원고를 건네주었다. 애초 4월 말에 출판하기로 했던 이 책은, 예기치 못한 세월호 참사로 인해 많이 늦어져 지금에야 빛을 보게 되었다. 나는 2014년 4월 16일 아침에 발생한 세월호 참사를 영원히 잊지 않기 위해, 이 책 서문에 세월호의 기록을 남기고자 한다. 우리 아이들이 소중하듯 세월호 안에서 숨져 간 모든 이들은 누군가의 아들이었고 딸이었다. 그 귀한 아들과 딸을 잃은 모든 유족에게 진심으로 위로의 말씀을 드린다. 세월호의 아픔과 희생자들을 잊지 않을 것을 약속하고 싶다.

8

이 책을 내는 데 크게 도움을 주신 책담의 정구철 대표님, 김진형 팀장님께 고맙다는 인사를 드린다. 부족한 사람의 글임에도 귀한 추천사를 마다하지 않으신 곽노현 전 서울시 교육감님, 조국 교수님, 재야인사 장준하 선생님의 장남이신 장호권 선생님께 감사드린다. 또한 "책은 잘 쓰고 계시냐"며 집필 중 내내 많은 관심과 배려를 해 주신 김광진 국회의원과 의원실 610호 보좌진 동료들에게도 각별한 고마움을 표한다. 끝으로, 늘 내 곁에서 응원과 함께 열정적인 비판을 해 주는 '나보다 훌륭한' 아내 장경희 님에게 고맙다. 당신과 내가 만든 아들 고충열, 딸 고은

결이 있어 나는 어디서든 늘 당당할 수 있었다.

그래서 나는 생을 다하는 마지막 순간, 이 세상에서 부끄럽지 않게 살았다고 말할 수 있는 사람이 되고 싶다. 다시 또, 사람과 함께 뛸 것이다.

2014년 6월, 고양시 화정동에서

고상만

1부

민주주의란 무엇인가

전태일 열사 어머니,
이소선이 말하다

1970년 11월 13일 낮 1시 30분경. 서울 동대문 평화 시장 거리에서 한 노동자가 자기 몸에 기름을 붓고 불을 댕겼다. 평화 시장에서 재단사로 일하던 노동자 '전태일'이었다. 그때 전태일은 책 한 권을 가슴에 안고 있었다. 자신의 손때가 묻은 근로기준법 법전이었다. 온몸이 불덩이가 된 전태일은 품에 안은 법전을 들어 올리며 "근로기준법을 지키라!" 하고 절규했다. 1970년 유신 독재하에서 철저히 짓밟힌 노동자의 처참한 현실을 고발하기 위해 자신의 목숨을 대신 내놓은 것이었다. 이후 전태일의 이름은 노동운동계에서 '노동자 예수'로 통했고, 우리나라 노동운동의 정신적 지주로 자리매김한 그를 우리는 '전태일 열사'라고 부르게 되었다.

한편 전태일 열사의 숭고한 죽음이 많은 이들에게 알려진 것은 두 가지 계기를 통해서였다. 하나는 인권 변호사로 널리 알려진 고 조영래 변호사가 시국 사건으로 수배를 받아 도피 중에 쓴 책《어느 청년 노동자의 삶과 죽음》(돌베개) 덕분이었다. 훗날 《전태일 평전》(돌베개)으로 제목을 바꾼 이 책은 전태일 열사의 일대기를 그린 수작으로 지금까지 널리 읽히고 있다. 또 하나는 배우 홍경인 씨가 전태일 역을 맡아 열연한 영화 〈전태일〉 덕분이었다. 1995년 개봉된 영화 중 흥행 순위 5위를 차지할 정도로 〈전태일〉은 상업적으로도 큰 성공을 거두었다. 이를 통해 노동운동계 일부에서만 회자되어 온 전태일의 삶과 숭고한 죽음이 일반 대중에 알려졌다. 덕분에 오늘날 전태일 열사는 이념을 떠나 모든 이에게 '살아 있는 노동자의 정신'으로 각인되었다.

한편 영화 〈전태일〉이 만들어진 과정은 많은 후일담을 남겼다. 특히 요즘 종종 보이는 국민 모금 제작 영화의 효시라고 할 수 있다. 전태일 열사의 일대기를 영화로 만들자며 7천 명이 넘는 국민이 자발적으로 모금 운동에 동참했다. 그렇게 제작된 〈전태일〉이 1995년 11월 18일 개봉되자 국민적 관심이 집중되었다. 영화를 보기 위해 사람들이 극장으로 몰렸고 관람석은 연일 매진되었다. 그러자 언론이 〈전태일〉에 대한 취재 경쟁에 나섰다. 2013년 12월, 우리 사회에 큰 영향을 미친 영화 〈변호인〉처럼 그때는 영화 〈전태일〉이 열풍이었다. 어딜 가나 화제였다. 그래서 그 인터뷰를 하게 되었다. 1995년 당시 내가 일하던 재야 단체에서 일주일에 한 번 〈전국 연합 통신〉이라는 잡지를 발행하고 있었는데,

전태일 열사 어머니인 이소선 님을 인터뷰하여 기사로 쓰라는 편집부의 청탁이 떨어졌다. 어머니 입장에서 바라본 아들 전태일의 삶과 죽음에 대한 진솔한 인터뷰를 해 달라는 요청이었다.

다행히 이소선 님과 나는 매우 친밀한 사이였다. 1993년 민주화 운동 과정에서 목숨을 잃은 분들의 가족들이 모여 그 뜻을 계승하고자 만든 단체인 '전국민족민주유가족협의회'에서 내가 간사로 일했던 인연 덕분이었다. 어머니에게 이런 주제로 인터뷰를 하자며 전화를 드리니 웃으며 "야야, 쓸데없는 소리 하지 마라. 니가 무신 글을 쓰노" 하시면서, 또 인터뷰는 순순히 응해 주셨다. 어머니는 그런 분이었다. 다음은 1995년, 당시 어머니가 사셨던 서울 방학동 자택을 찾아가 약 세 시간에 걸쳐 진행한 인터뷰를 기록한 것이다.

> 어머니, 안녕하세요? 요즘 건강이 많이 안 좋으신 것 같은데요.

>> 건강이 많이 안 좋아. 옛날 노동자들과 함께 일하면서 싸울 때 여기저기 상해 성한 곳이 별로 없어. 특히 허리하고 이런 데가 많이 안 좋아서 요즘은 병원에서 물리치료 등을 받으면서 조리하고 있어.

> 건강하셔야 하는데…. 먼저 어머니가 살아오신 이야기를 좀 듣고 싶은데요. 언제 어디서 태어나고, 또 결혼은 언제 하셨는지 말씀해 주실래요?

>> (웃으시며) 아이구, 그걸 기억하려면 좀 생각을 해야 되는데…. 그러니까 1930년에 경북 달성군 성서면에서 태어났지. 결혼은 내가 열아홉 살에 했으니까 1949년에 했나? 자녀는 2남 2녀를 두었고….

> 최근 아드님인 전태일 열사 일대기를 다룬 영화가 제작·개봉되었는데, 이에 대한 감회 역시 남다를 것 같아요. 그에 대해서 말씀 좀 해 주세요.

>> 태일이가 죽은 지 수십 년이 지났는데, 그동안 태일이 이야기를 영화로 제작하겠다는 제의는 여러 번 있었거든. 특히 태일이 친구하고 재야 운동하던 장기표 씨가 서너 번이나 영화로 만들겠다고 모여 회의도 하고 했지. 그런데 영화 만드는 게 어디 돈이 한두 푼 들어가나. 결국은 제작비 댈 돈이 없으니 다들 중도에 포기하고는 했지. 또 한 번은 왜 그 안기부 프락치 하다가 지금 독일로 갔다는 놈 있지?

> 배인오 씨요?

여기서 잠깐 '안기부 프락치 배인호 사건'에 대한 짧은 설명을 붙여야겠다. 1993년 9월 25일, 국가정보원 전신 기구인 국가안전기획부가 이른바 '남매 간첩단 사건'을 대대적으로 발표했다. 김삼석, 김은주 남매가 간첩으로 활동하며 일본의 반국가 단체와 내통하여 군사 기밀 문건 등을 제공하고 그 대가로 공작금 120만 엔을 받았다는 것이었다. 하지만 발표 한 달여 만에 새로운 사실이 드러났다. 당시 안기부가 영상 제작 업체 대표로 일하던 배인오를 프락치로 매수한 후 남매 간첩 사건을 조작했다는 진실이었다. 그러자 안기부는 프락치 매수를 통한 간첩단 조작 사실이 드러날 것을 우려하여 배인오를 독일로 출국하도록 했다. 그 후 배인오는 안기부가 자신을 끝까지 보호해 주지 않을 것으로 판단하고 양심선언을 통해 모든 진실을 밝혔다. "안기부 지시로 프락치 활동을 하면서 조총련계 사업가 등에게 '한총련에 보급하겠다'며 북한 영화나 책자 등을 요구한 뒤, 이를 김씨 남매에게 대신 받아 달라고 부탁하는 수법으로 그들을 간첩 사건에 연루시켰다"는 폭로였다. 2014년, 국가정보원은 또 다시 서울시 공무원에게 혐의를 씌워 간첩 사건을 조작하고자 위조된 중국 정부 공문서를 재판부에 제출했다가 이 사실이 들통 나 사회적 파문을 일으켰다. 악행이 반복되고 있는 것이다. 다시 어머니의 인터뷰다.

>> 그래, 그 배인오가 한번은 집으로 나를 찾아왔다가 없으니까 편지 한 장을 써 놓고 갔던데…. 뭐라고 썼느냐면 자기가 태일이 영화를 만들 테니 허락해 달라고. 만약 허락을 하지 않으면 내 앞에서 분신을 하겠다고 써 놓고 갔더라고. 그래서 내가 "웃기지 마라. 내가 그 정도 협박에 넘어갈 거라고 생각하면 오산이다" 한 적도 있어. 사실 이번에도 영화를 만들겠다고 내가 생각한 것은 아니야. 그냥 나중에 내가 죽은 후에라도 태일이 기록은 남겨 둬야겠다는 생각만 하고, 여러 자료나 잘 남겨 두려고 했던 거지.

> 왜 영화 만드는 것을 그렇게 반대하셨나요?

>> 반대한 이유는 크게 두 가지야. 하나는 제작자가 흥행을 위해 상업적인 영화로 만들거나, 또는 과격한 투쟁 영화로 만드는 것을 둘 다 원하지 않았기 때문이야. 전태일이라는 사람이 가졌던 인간에 대한 사랑, 폐병에 시달리는 어린 공장 시다(보조)의 아픔을 슬퍼했던 마음, 노

동자의 입장을 대변하기 위해 자신의 모든 것을 바친 태일이의 참뜻을 잘 표현한 영화가 만들어질 수 있을까 하는 걱정에 그랬던 거지.

> 그런데 이번에는 어떻게 영화 제작을 수락하셨어요?

>> 그러니까 이번에도 사실은 그게 아니었거든. 그저 나 죽기 전에 태일이 기록은 온전히 남겨 놔야 되지 않겠나 싶어서 무슨 영화감독이라는 사람에게 1천만 원을 주고 기록만 정리하기로 약속했는데 아무래도 돈이 너무 큰 거야. 그래 일단 100만 원만 주고 6개월 안에 작업을 마치기로 했지. 그렇게 일을 하고 있는데 어느 날 청계 피복 노조 사무실에서 좀 나오셨으면 좋겠다고 연락이 왔어. 그래 무슨 일이 있나 싶어 나갔더니, 그곳에 유인택 씨(영화사 '기획시대' 대표)하고 태일이 친구가 기다리고 있더라고. 갑자기 태일이 영화를 제작할 테니 허락을 해 달라고 하잖아. 영화는 됐고 이번에 기록이나 잘 남겨 놓으려고 한다며 딱 잘라 거절했는데, 자기들이 끝까지 하겠다고 우기잖아. 그래서 "영화를 만들려면 돈이 많이 드는데 그걸 어떻게 하려고 하느냐"고 물으니, "국민 모금도 하고 비디오 판권도 팔고 하면 된다"고 그러데. 그래, "야, 나도 그동안 노동운동 하면서 그런 것 많이 해 봤는데 돈 잘 안 모인다. 그러니 괜히 쓸데없는 짓 하지 말고 여기서 관두자" 하고는 그냥 일어나 버렸다고. 그런데 이후에도 태일이 친구가 계속 집으로 찾아와서 해야 된다고, 하자고 조르더라고. 결국 나도 반대하는 데 지쳐 결국 승낙하게 된 거지.

> 우여곡절 끝에 나온 영화네요.

>> 그게 끝이 아니야. 또 한번은 영화사에서 나보고 영화 제작 위원

으로 들어와 주셔야 한다고 요구하는 거야. 그래 "나는 못하겠다. 자기 자식 영화 만들겠다고 엄마인 내가 나서서 당신들 돈 좀 내라고 어찌 말을 할 수 있나. 난 부끄러워서 말 못한다"면서 단박에 거부했지. 그래서 제작 위원 되는 것을 끝까지 거부했는데 거기서 또 한 가지 일이 있었어.

> 무슨 일인데요?

>> 어느 날인가 영화 제작 위원이라는 사람들이 같이 식사나 한번 하자며 그 자리에 나보고 좀 나오셨으면 좋겠다는 거야. 처음엔 거절했는데 안 된다는 거야. 꼭 나오셔야 한다고 끝까지 요구하더라고. 그래서 어쩔 수 없이 나갔지. 그랬더니 영화배우 하는 문성근이하고 유인택 씨가 내 곁으로 바짝 다가오더라고. 그러면서 문성근이가 나를 슬쩍 끌어안으면서 "어머니 저하고 사진 좀 찍어요" 그러잖아. "왜 내가 사진을 찍느냐" 그랬더니, "어머니 저하고 사진 찍기 싫어요?" 하기에 "그래, 그럼 사진 찍지 뭐. 대신 나도 한 장 줘야 해"라고 말하고 사진 한 장을 찍는데, 갑자기 이번에 영화 만든 박광수 감독이라는 사람이 또 슬쩍 내 옆으로 와서 끼어들더라구. 그래 좀 이상하다 생각했는데 아니나 달라. 그 일이 있고 얼마 지난 후 보니까 그날 그렇게 찍은 내 사진을 영화 제작 포스터로 찍어서 길거리 여기저기에 죄 붙여 놓은 거라. 그래 화가 나서 당장에 문성근이에게 달려가서 "지금 저 거리에 붙여 놓은 영화 포스터 당장 수거하지 않으면 내 가만 있지 않겠다"며 불같이 화를 냈는데, 그쪽에서도 "포스터는 죽어도 수거하지 못한다"고 버티대. 그래 내

가 "만약 여기서 수거하지 않으면 청계 피복 노동자들을 전부 동원해서라도 다 수거하겠다"고 말해 버렸지. 그랬는데 노동자 애들도 "어머니, 그냥 놔 두세요" 하기에 나 혼자 그걸 어떻게 할 수가 있어야지. 그래 그냥 그렇게 된 거야. 문성근이… 참 나빠.

> 어머니, 그래도 문성근 씨 덕분에 이 영화가 만들어졌으니 얼마나 고맙습니까.

>> 고맙기야 고맙지만 속였잖아(웃음).

> 영화 만드는 과정에 저희가 잘 모르는 이야기가 많이 있었군요.

>> 영화 만들면서 곡절도 많았지. 내가 처음에 "영화 만들려면 돈이 많이 드는데 어떻게 하려고 하느냐"면서 많이 반대했다고 했잖아. 그랬는데 결국 한번은 영화 제작비가 부족하다고 하면서 "전태일기념사업회가 있는 건물을 잠시만 담보로 해서 은행 돈을 융자받을 수 없겠느냐"고 물어 오더라구. 그래 내가 막 화를 냈다고. "그러게 내가 뭐라고 그랬느냐? 태일이 기념사업회까지 담보 잡혀 영화 만들 수 없다"고 하면서 완강하게 반대했다고. 그래서 결국은 없던 얘기가 되었지만…. 그러고 나서 신문에 영화 제작 후원을 위한 국민 모금 광고가 나가면서 영화 제작에 협조하고 싶다고 여기저기서 도와줘서 결국 영화를 만들 수 있었던 거지.

> 그랬군요. 그런 과정 끝에 어렵게 영화가 만들어졌는데, 어머니는 이 영화를 어떻게 생각하세요?

>> 처음 영화가 제작되고 난 후 태일이 기일인 11월 13일에 영화 제작사 측에서 마석 태일이 묘 앞으로 필름을 가지고 왔더라고. 그래 내

가 고맙기도 하고 감회도 새롭고 해서 태일이 앞에 필름을 두고 "태일아! 이렇게 네가 저 세상으로 간 지 수십 년이 지났는데도 국민들이 너를 기억해서 모금으로 영화를 만들어 이렇게 가져왔구나"라고 이야기한 적이 있어. 정말 모금에 참여해 준 모든 분에게 고맙기도 하고, '태일이의 뜻이 아직도 살아 있구나' 하고 생각하니 어미 된 심정으로 뿌듯하더라고.

> 아들 전태일 열사의 뜻이 달리 표현될까 싶어 그동안 영화 제의를 여러 번 거절했다고 하셨는데, 이번에 제작된 영화는 어떠세요?

>> 이 영화 부제로 달린 제목이 "아름다운 청년"이잖아. 그 말처럼 내가 생각한 대로 잘 만들어졌다고 생각해. 이 영화를 만들려고 고생한 제작진에 대해서도 고맙게 생각하고. 그런데 한 가지, 태일이가 죽음을 결심하고 결단을 내리는 장면에서 좀 더 깊이 있게 다뤘으면 하는 아쉬움은 솔직히 남아 있어. 아무래도 시간 제약이 있는 영화다 보니 모든 이야기를 자세하게 다 할 수는 없을 테니 어쩔 수 없었겠지만.

> 어머니가 이 영화에서 아들 전태일 역으로 출연한 배우 홍경인 씨를 껴안고 계신 사진을 신문에서 봤어요. 배우 홍경인 씨에 대해서는 어떻게 생각하세요?

>> 처음에 경인이가 태일이 역을 맡는다고 했을 때 두 가지 생각이 들었어. 하나는 경인이가 아직 나이가 어려 잘 해낼 수 있을까, 둘째는 어린것이 하겠다고 나선 것이 참 대견하다는 생각이었지. 그런데 나중에 태일이가 분신을 하며 자신을 던질 때 나이와 경인이 실제 나이가 동갑이라는 것을 알게 되었고, 또 영화를 만드는 과정에서 정말 최선

을 다해 노력하는 것을 보며 정말 든든한 마음이었어. 정말 고맙고 예쁘지, 뭐.

> 어머니가 이 영화를 보려는 분들에게 당부하고 싶은 점이 있다면 어떤 것일까요?

>> 나는 사람들이 이 영화를 보면서 무엇보다 '인간에 대한 사랑'을 먼저 생각해 주었으면 해. 전태일이라는 한 사람이 왜 자신의 생명을 던지려 했는가? 그것은 우리 사회 약자들의 아픔, 나이 어린 여성 노동자가 공장에서 일하다가 얻은 폐병으로 창백해져 가는 상황에서도 무작정 쫓겨나던 그때의 슬픔, 그 약자들의 고통을 하소연할 곳이 없던 당시의 노동 환경에서 태일이가 자신을 던져 그 아픔을 세상에 고발하려 했던 그 마음을 생각해 주었으면 하는 거야. 특히 태일이는 노동자와 학생들이 함께 단결하여 싸워야 한다고 늘 이야기했거든. 태일이가 당시 대학생 친구를 사귀고 싶어 했는데, 많이 배운 지식인과 학생 그리고 노동자가 단결해야 우리가 더 잘 살 수 있다고 생각했기 때문이야. 그러니까 이 영화를 보는 학생들도 많이 공부해서 태일이가 염원하던 꿈을 이루는 데 같이 힘이 되어 주면 고맙겠어. 그런 관점에서 전태일이라는 사람을 생각해 주었으면 해.

> 이번에는 이야기를 좀 바꿔 볼게요. 가슴 아픈 기억이겠지만 아드님이 결행을 앞두고 있었던 그때 기억과 심경을 좀 듣고 싶어요.

>> (웃으시며) 참… 사람들이 그런 것 좀 안 물어봤으면 좋겠는데, 누구든지 꼭 그걸 물어본다니까.

> 죄송합니다, 어머니. 저도 그러고 싶지 않지만 어쩔 수가 없군요.

>> 알았어. 얘기할게. 태일이가 분신하던 날, 그러니까 1970년 11월 13일이었어. 집안일을 하면서 틀어 놓은 라디오에서 "평화 시장에서 한 노동자가 온몸에 석유를 뿌리고 근로기준법이라는 책을 끌어안은 채 분신했다"는 뉴스가 나오는 거야. 그때부터 왠지 마음이 불안해지기 시작했지. 그리고 잠시 시간이 흘렀는데, 갑자기 태일이 친구가 집으로 찾아왔더라고. 그런데 사람이 예감이라는 것이 참 무서운 거야. 아들 친구가 집으로 딱 들어서는 순간, 그 애 얼굴이 죽은 사람 얼굴로 보이더라고. 그래 그때 '아! 내 아들 태일이는 이미 죽은 자식이구나' 하는 생각이 퍼뜩 들더라고. 그러면서 태일이가 분신하기 며칠 전에 있었던 일이 떠오르는 거야. 무슨 일이냐면 태일이가 갑자기 나한테 "근로기준법에 대해 가르쳐 주겠다"고 하는 거야. 물론 그전에도 태일이가 나에게 근로기준법을 열심히 가르쳐 줬지. 나는 별로 그걸 알고 싶지도 않은데, 매번 나한테 자꾸 가르쳐 주겠다고 해서 억지로 듣곤 했거든. 그런데 그날은 정말 듣고 싶지 않아서 싫다고 말하고 그냥 돌아누웠다구. 그랬더니 태일이가 등 뒤에서 혼잣말로 "좀 더 배우는 것이 좋을 텐데⋯. 나중에 후회할지도 모르는데⋯" 하고 중얼거리는 소리가 들리잖아. 그런데 내가 보기에 그 말이 분명 뼈가 있는 말이더라고. 그래 내가 반쯤 몸을 일으키고는 "너 그게 무슨 말이냐? 무슨 뜻으로 하는 말이냐구?"라고 물으니, 태일이가 "아무 말도 하지 않았어요" 하면서 피하더라고. 그런데 그 말이 나중에도 계속 머리에 남았는데, 그날 태일이 친

구가 찾아와서 함께 병원으로 가자고 하는데 그때 그 일이 다시 생각 난 거야. 그러면서 '이제 우리 애는 죽었구나' 하는 생각부터 들었던 거 지. 아들 친구가 밖에 택시를 대기시키고 빨리 가자고 하는데, 내 생각 엔 지금 이대로 아무 생각 없이 택시 타고 갔다가는 병원에서 기절할 것 같다는 생각이 들더라고. 그래 내가 '버스를 타고 가면서 생각을 해 야겠다' 생각하고 그 택시를 타지 않고 혼자 버스를 타고 갔다고. 메디 컬센터 병원에 도착을 하니 물 좀 달라고 소리 지르는 태일이 목소리가 입구까지 들려오더라고. 병실에 들어가 태일이를 보니까 온몸이 불에 그을려 그 참상을 말로 다 표현을 못하지. 마음은 아프고 경황은 없고 해서 '어떡하면 태일이를 살릴 수 있을까?' 생각하고 무작정 담당 의사 를 찾아갔지. 의사에게 "우리 태일이가 살아나려면 어떻게 해야 합니 까?"라고 물었어. 그랬더니 그 의사가 하는 말이 당시 돈으로 한 대에 2만 6천 원(당시 공장에서 일하는 시다의 월급이 3천 원이었다) 하는 주사를 맞으면 살 수 있다고 하는 거야. 그래 내가 "집을 팔아서라도 갚을 테니 내 아들에게 그 주사를 놔 달라"고 매달리자, 의사가 "저기 노동부 공 무원인 근로 감독관이 나와 있으니 저 사람에게 이야기해서 보증을 서 면 해 주겠다"고 하더라구. 그래 내가 근로 감독관이라는 사람에게 가 서 "우리 아들 주사 좀 맞게 보증만 서 달라"고 매달리는데, 그놈이 나 를 확 밀치고는 달아나 버리더라구. 참 기가 막혀서….

> 참 어이없는 일이네요! 그런데 전태일 열사가 분신을 결행하던 날 아무래도 어 떤 특별한 일이 있지 않았을까 싶은데요.

>> 나하고 태일이는 유난히 가까운 모자 관계였어. 다른 자식들이 "왜 그렇게 장남만 예뻐하냐"고 따질 정도였지. 어느 정도였냐면, 태일이가 나한테 "여자 노동자에게는 어떻게 말을 해야 내 뜻을 잘 받아들이겠냐"고 묻기도 하고, 또 매일 제가 하루 동안 겪은 일을 집에 와서 나에게 다 말해 주곤 했어. 나도 태일이에게 내 고민을 말하기도 하면서 서로 상의도 하고 자문도 해 주는 그런 모자 사이였거든. 그런데 사건이 있던 날 집을 나서면서 태일이가 나한테 그러는 거야. 제가 오늘 데모를 하니까 꼭 평화 시장 구름다리 앞으로 나와 달라는 거야. 그래 당시는 아들이 데모하는데 엄마가 간다는 것이 창피하다는 생각이 들어서 "네가 데모하는데 왜 내가 가냐"면서 싫다고 했거든. 그랬더니 태일이가 "그러지 말고 다시 한 번 생각해서 꼭 나오시라"는 거야. 결국은 나가지 않았지.

> 아들 전태일 열사가 마지막으로 남긴 말은 어떤 것이었나요?

>> 아까 이야기를 하다가 말았는데 내가 그 주사를 맞히려고 이리저리 부탁을 하고 있는데, 태일이가 나를 막 부르는 소리가 들리더라고. 그래서 갔더니 하는 말이 "어머니, 사람이 3도 화상을 입어도 살지를 못하는데, 나는 더 빨리 분신을 하려고 옷 안에 솜을 넣고 거기에도 석유를 부은 후 불을 댕겼는데 제가 어떻게 살 수 있겠어요. 그러니 주사나 약은 필요 없으니 나와 함께 말이나 해 주세요" 하는 거야. 그래 내가 "그럼 우리 기도를 하자" 하면서 성경책을 태일이 머리맡에 두고 태일이 가슴에 내 손을 얹고 기도를 시작했어. "하나님. 사람의 생명을 죽

이고 살리고는 하나님의 뜻인데, 우리 태일이를 하나님의 뜻대로 하십시오"라고 기도했어. 잠시 후에 태일이도 기도를 하더라구. "자살을 한 사람은 구원을 받지 못한다고 하는데 나는 노동자를 위해서 죽으니 하나님께 구원을 받을 것이라 확신합니다." 그러더니 내게 "어머니는 예수 믿지요? 예수를 믿으면 실천하는 기독교인이 되어야 합니다" 하는 거야. 또 "물질이나 욕심에 물들면 안 돼요"라고 하면서 저는 어머니를 믿는다고 말하더라구. 그러더니 병실 밖 복도에 있는 공장 친구들을 좀 불러 달라는 거야. 그런데 병원에 와 있던 친구들은 이미 경찰이 다 연행해 가 버리고 단 두 명만 어떻게 병원에 남아 있더라고. 태일이가 그 애들에게 당부하는 말이 "너희들은 부모에 효도하고 나라를 사랑하는 마음을 지니고 있어야 한다" 하더니, "그런데 살아가면서 여유가 있으면 나 대신 우리 어머니에게 효도를 해 달라"고 부탁을 하더라고. 그 말이 지금도 가슴이 아파.

> 전태일 열사가 특별히 어머니께 드린 말씀은 없었나요?

>> 나한테는 이런 말을 했는데 지금도 그 말이 생생하게 기억이 나거든. 태일이가 "내가 죽어도 섭섭하지 않은 말이 있다"고 하면서 "지금 70년대는 우리 노동자가 못살고 있는데, 나는 80년대가 되어도 우리 노동자는 못살 것이라고 생각해요" 그러더라구. '빈익빈 부익부'가 계속 이어질 것이기 때문에 가난한 사람은 계속 가난하고 부자는 계속 부자로 산다는 거야. 그래서 회사 사장은 그 아들에게 계속 사장 자리를 물려줄 것이고, 폐병 걸린 어린 동심에게는 여전히 아무것도 해 줄 수 없는

아픔 역시 이 땅에서 계속될 거래. "그러기에 나는 이 독재와 암흑에 맞서 싸우기 위해서는 노동자가 단결을 해야 하고, 그 속에서 많이 배운 지식인과 학생들이 함께 합심을 하여 싸워야 한다고 생각한다"고 하면서, 나에게도 "어머니도 같이 싸우셔야 합니다. 싸우실 수 있죠?"라고 말하더라구. 그래서 내가 "그래"라고 대답을 하는데 목이 잠겨 말이 나오지 않아 소리가 작았거든. 그랬더니 "목소리가 왜 이렇게 작아요? 할 수 있죠?"라고 물어, 내가 다시 억지로 힘을 내서 "그래"라고 말했어. 그러니까 태일이가 하는 말이 "나는 어머니를 보고 배우며 연구해서 실천했는데, 만약 어머니가 하지 않으면 어머니는 나를 위선으로 키운 것"이라고 하잖아.

> 참 가슴 아픈 말이네요! 그런데 전태일 열사가 분신한 후 경찰을 비롯해 정보기관이나 노동청 등에서 여러 가지 회유와 압력을 행사했을 것 같은데 어땠나요?

>> 그건 말로 다 못하지. 특히 금전적인 회유가 많았는데, 한번은 장례를 치르고 있는데 빈소 책상에 웬 돈뭉치로 보이는 것이 두 개가 있더라구. 그래 "이거 누가 가지고 왔냐"고 물으니까, 방금 전에 노동청장이라는 사람이 가지고 왔다는 거야. 내가 장례식장 옆에 있는 식당으로 가니까 남자들이 여러 명 있더라구. "여기 혹시 노동청장님이 누구십니까?" 하니까 "왜 그러십니까?" 하고 누군가가 되묻데. "우리 아들 전태일이 장례 비용을 가지고 왔다는데 제가 고맙다고 인사를 드려야 할 것 같아서 그럽니다" 하니까, 그제야 어떤 놈이 웃으면서 "접니다" 하고 앞으로 나서는 거야. 그래 내가 그 순간 돈뭉치를 들어 그놈의 얼굴

에 패대기를 치면서 "이놈아! 그렇게 근로기준법을 지키라고 하니까 하지 않던 놈이 내 자식 죽으니 나타나서 장례 비용을 가지고 오냐?" 하며 소리소리 지르니까 그 길로 막 도망을 가더라고. 또 한번은, 내가 감리교 집사였는데, 이놈들이 하다 하다 안 되니까 이번엔 어떤 감리교 목사를 데리고 왔더라고. 그때 온 목사가 '김익동'이라는 이름이었는데, 그 목사하고 기관에서 나온 놈이 당시 돈으로 7천만 원을 가지고 와서 나를 설득하겠다고 졸졸 쫓아다니는 거야. 그러면서 그 김익동이라는 목사가 "신앙인으로서 내 말을 믿으라" 하면서 "7천만 원에 합의를 보는 것이 좋다. 살아남은 사람들이 살아가려면 돈이 있어야 하지 않느냐?" 하는 거야. 또 "내가 신앙인으로서 이야기하는데 7천만 원 이상은 더 주지 않는다. 내 말을 믿어야 한다" 하는 거야. 그래 내가 멀끔히 그놈의 얼굴을 마주 보다가 신고 있던 흰 고무신을 벗어 들고는 "네 이름이 무엇이냐?" 하니까, 당황해하더니 "김익동 목사"라고 하는 거야. "네가 교단에 서서 하는 일이 이것이냐? 성경에서 가룟 유다가 예수를 팔아먹고 어떻게 죽었는지 모르느냐? 이 고무신짝으로 따귀를 때리고 싶지만 목사라 참으니 너 스스로 다시는 교단에 서지 말아라" 하니까, 그 목사가 넋이 빠져 멍하게 서 있다가 그냥 돌아서서 도망가더라구. 그때 얼마나 많은 일이 있었는지 참….

> 참 기가 막힌 일화네요. 어머니는 아들인 전태일 열사의 마지막 부탁처럼 이후 노동자의 어머니라고 불리며 노동운동에 전념해 오신 것으로 유명합니다. 그중에 가장 기억에 남는 일이 있다면 말씀해 주세요.

≫ 아들 죽고 나서 참 열심히 싸웠지. 아들이 말하고 부탁한 그 일을 다 하는 것이 진짜 아들 살리는 일이라고 생각했거든. 가장 기쁘고 기억에 남는 일은…. 일하고도 월급 못 받고 쫓겨나는 사람들이 참 많았거든. 그래서 그 뜯긴 월급을 받겠다고 그 부모가 가서 싸워도 못 받았는데, 내가 가서 막 싸워 가지고 결국 받아서 갖다 주면 기뻐하는 노동자들을 보았을 때 가장 기쁘더라구.

> 그럼 끝으로, 앞으로 정말 하시고 싶은 일은 무엇인가요?

≫ 이젠 늙고 몸도 좋지 않아서 달리 할 수 있는 일이 있나. 하지만 건강만 받쳐 준다면 전국 모든 노동자들에게 힘과 용기가 될 수 있는 일이라면 다 할 생각이고…. 또 하나는 수감되어 있는 모든 양심수들을 한 번씩 다 면회를 가서 용기를 주었으면 하는 것이 내 바람이야.

"친구여, 나를 아는 모든 나, 나를 모르는 모든 나여, 부탁이 있네. 나를, 이 순간의 나를 영원히 잊지 말아 주게"(전태일 열사의 유서 중).

이소선 어머니와 인터뷰를 마친 후 둘러본 거실 벽에는 박용길 장로(고 문익환 목사님 부인)가 붓글씨로 써서 선물했다는 전태일 열사의 유서가 보였다. "나를 영원히 잊지 말라"는 전태일 열사의 당부는 '노동자의 끔찍한 현실을 잊지 말라'는 외침으로 읽혔다. 그것이 바로 '전태일 정신'이라고 나는 생각했다.

이 인터뷰를 한 지 16년쯤 지난 2011년 9월 3일, 이 땅 '노동자의 예수'였던 아들 전태일의 뒤를 이어 이 땅 '노동자의 어머니'로 불린 이소선 님이 끝내 돌아가시고 말았다. 아들 전태일 열사가 '노동자의 권리'라는 씨앗을 뿌려 놓았다면, 그 씨앗을 싹 틔우고 나무로 성장시킨 것은 그 어머니 이소선 님의 실천이었다. 전태일 열사의 그 숭고한 희생이 수십 년 세월이 지나가는 지금까지도 잊히지 않는 뜨거움을 간직할 수 있는 것은 그 어머니 이소선 님의 열정 덕분이라고 많은 이들이 이야기한다.

그런 어머니를 내가 마지막으로 뵌 것은 2011년 6월 6일이었다. 그날 경기도 마석 모란공원에서, 1988년에 분신 자결한 숭실대학교 박래전 열사 추모제가 열렸는데, 마침 이소선 어머니가 참석하셨다. 그날 오랜만에 뵌 어머니는 너무 많이 쇠약해지셨다는 생각이 들었다. 많은 이들이 어머니의 건강을 염려했다.

"어머니, 저하고 사진 하나 찍을까요. 이리 오세요."

갑자기 어머니와 같이 찍은 사진이 없다는 생각이 들었다. 그래서 어머니에게 사진 한 장 같이 찍자고 하니, 예의 그 말투 그대로 "야야, 내가 왜 니하고 사진을 찍느냐" 하시며 또 포즈는 취해 주셨다. 그날 어머니는 나와 사진을 몇 장 찍었다. 그러고 채 석 달이 다 지나지 못한 9월 2일, 이소선 어머니의 부고를 받았다. 그날, 유가협 사무국장으로 일하던 박재민 후배가 전화하여 "형은 그래도 마지막에 어머니하고 사진이라도 한 장 남겼으니 얼마나 행복합니까"라며 울었다.

어머니가 아들 전태일 열사와 같은 마석 모란공원에 안장된 후 나는 드문드문 어머니 묘를 찾아가 손으로 지그시 뗏장을 누르며 두런두런 혼잣말을 나누다 돌아오곤 했다. 그러면서 전태일 열사가 어머니에게 당부했던 그 "굴리다 다 못 굴린, 그리고 또 굴려야 할 덩이"◆를 생각했다. 이제 그 어머니가 남겨 준 나머지 덩이를 우리가 함께 굴려야 하지 않을까. 전태일 열사가 그토록 열망하던 '우리 모두의 단결된 힘'으로.

이소선 어머니, 편히 쉬소서.

◆ 1970년 11월에 쓴 전태일 열사의 마지막 편지 중 일부.

2

80년 5월 광주 희생자,
최미애의 묘 앞에서 울다

내가 '광주'라는 도시를 처음 방문한 때는 스물한 살 되던 1990년 1월 어느 날이었다. 대학 2학년이 되던 그해 겨울방학, 나는 하루에 20시간씩 학습 세미나를 강행하는 선배들의 가혹한 행태를 이해하기 어려웠다. 감정적인 반발이 문제가 아니라 육체적으로 도저히 따라갈 수 없을 정도로 고되었기 때문이었다. 수면 시간을 고작 네 시간밖에 주지 않고 책상다리를 한 채 매일 하루에 세 권씩 책을 읽고 토론하는 방식이었다. 그러니 나중에는 일어서려고 해도 다리가 펴지지 않아 손으로 잡아당겨야 하는 지경이었다.

그러던 어느 날 새벽 5시경. 갈등과 고민 끝에 나는 그 지옥 같은 세미나 합숙소를 탈출하기로 작정했다. 전날 미리 챙겨 놓은 배낭만 하나

2. 80년 5월 광주 희생자, 최미애의 묘 앞에서 울다 35

들고 무작정 그곳을 도망쳐 나온 것이다. 시외버스터미널로 가면서 생각해 봤다. 집으로 갈까. 그런데 그건 아니다 싶었다. 선배들이 나를 잡으러 올 것 같은 불길한 예감이 든 것이다. 집에 가는 것을 포기하고 다시 어디로 갈까 생각하던 그때, 머리에 스친 곳이 바로 광주였다.

'그래, 광주로 가자!'

사실 나는 그때까지 단 한 번도 광주에 가 본 적이 없었다. 보수적인 아버지에게 어려서부터 교육받아 '광주'는 사람이 가서는 안 되는 도시로 각인되어 있었기 때문이다. 그러다 보니 나도 모르게 광주 하면 먼저 위험하고 무서운 곳이라는 거부감이 들었다. 1989년 대학에 입학하기 전까지 나에게 광주는 '화염병'부터 연상되는 폭력적인 이미지였다. 광주 사람들은 누구나 마치 신분증처럼 품 안에 화염병을 하나씩 지니고 다니다가 마음에 안 들면 거친 구호를 외치며 아무 곳에나 내던질 것 같았다. 그것이 내가 어려서부터 뉴스를 통해 알고 있던 '광주'였고, 아버지에게 받아 온 '세뇌'였다.

그런데 대학에 입학하고 처음 맞이한 5월에, 나는 광주에서 일어난 1980년 5월의 진실을 알게 되었다. 전두환 군사 쿠데타 세력이 박정희가 사라진 권력 공백 상태에서 제2의 박정희를 꿈꾸며 국민을 학살하고 민주주의를 유린하여 권력을 찬탈한 것이다. '광주의 진실'이었다. 왜 전두환 군사 쿠데타 정권하에서 광주를 그렇게 비하하며 폄하했는지 그 이유를 넉넉히 알 수 있었다.

그 광주를 가 보고 싶었다. 오랫동안 반복된 거짓 세뇌로 인이 박여 광주에 대한 두려운 마음이 완전히 사라진 것은 아니었지만, 나는 내 눈으로 진짜 광주의 모습을 보고 싶었다. 마음속에 남아 있던 죄의식 때문에 그런 결정을 한 것도 있었다. 학습 세미나를 도망쳐 나와 아무 의미 없는 곳에 가서 놀고 있으면 정말 미안할 것 같은 '죄의식'이었다. 그런데 그것이 어쩌면 내 인생의 또 다른 갈림길이었는지 모르겠다. 그곳에서 만난 80년 5월 희생자, '5월의 신부'로 알려진 최미애 씨에 대한 강렬한 기억이다.

임신 8개월 임신부 최미애, 그를 만나다

1980년 5월 광주민주화운동 당시 희생된 분들이 안장된 망월동 묘역을 찾아가는 것은 생각보다 쉽지 않았다. 늦은 오후가 되어서야 광주에 겨우 닿은 나는 버스를 반대로 타는 등 우여곡절 끝에 짧은 겨울 해가 서산을 넘어가는 어스름 저녁이 되어서야 망월동 묘역에 도착했다. 어린 마음에 어둑해진 겨울 저녁에 스산한 공동묘지로 들어서려니 무서운 생각도 들었다. 하지만 지금 아니면 언제 다시 올까 싶어 마음을 굳게 먹고 망월동 묘역에 발을 들였다. 그렇게 들어선 망월동 묘역에서 나는 상당한 충격을 받았다.

나는 그때까지 묘에 안장된 사람의 사진을 묘비 앞에 둔 것을 본 적이 없었다. 그저 묘와 비석이 있는 묘지만 알고 있던 나에게 유리함에 희생자 사진을 넣어 묘비 앞에 모셔 놓은 망월동의 5·18 묘역은 문화적 충격이었다. 교복 차림의 까까머리 중학생, 평범한 이웃집 아저씨 같은 사람, 부상자를 위해 헌혈하고 나오다 병원 입구에서 진압군의 총을 맞고 숨진 여고생의 모습이 너무도 충격적이었다. 그 수많은 이들의 죽음을 내 눈으로 처음 마주하며 나는 그 충격과 공포로 혼란스러웠다.

내가 모르는 사이에 수많은 이들이 희생되었던 것과, 또 그 억울한 희생자들을 '폭도'로 내몰았던 전두환 독재 권력의 야만에 대해 새삼 분노하지 않을 수 없었다. 발걸음을 옮기며 그렇게 한 분 한 분 지나치던 때였다. 새하얀 웨딩드레스를 입은 사진이 눈길을 끌었다. 묘비의 이름을 읽었다. '최미애' 씨였다. 행복한 미소를 띤 신부가 하얀 웨딩드레스를 입고 묘지에 누워 있다는 것이 이해하기 어려웠다. 나도 모르게 그 사진 앞으로 다가가 최미애 씨를 자세히 바라보게 되었다.

이름 최미애. 1958년 2월 생. 사망 당시 임신 8개월.
1980년 5월 21일 사망한 가정주부.

묘비 뒷면에 적힌 기록이었다. 알고 보니 그는 당시 전남고등학교에 재직 중이던 영어 교사의 부인이었고, 결혼한 지 채 2년이 되지 않은 스물셋 꽃다운 신부였다. 최미애 씨의 몸에는 8개월에 접어든 아기가 있었다고 한다. 내가 최미애 씨의 사연을 좀 더 자세히 알게 된 것은 재야인사로 널리 알려진 오종렬 선생의 글을 읽은 후였다. 오종렬 선생은 1980년 광주 항쟁 당시 사망한 최미애 씨 남편과 같은 학교에서 근무하던 동료 교사였다. 오종렬 선생의 글 중 일부를 인용한다.

나의 동료 교사였던 전남고등학교 학생 지도부 소속 영어 교사 김충희의 아내 최미애 님은 시내에 나간 남편을 기다리다 걱정 끝에 남편을 마중하러 대문 밖을 나섰다. 마침 그때, 젊은이를 사살한 계엄군이 시신을 끌고 가더란다. 동네 아줌마, 할머니들 "이놈들아, 이 죽일 놈들아, 송장이라도 내놔라!" 외쳐댔는데 [계엄군이] 돌아서며 갈긴 M16 총탄에 만삭의 최미애 님이 쓰러지고 말았다. 달려 나간 친정어머니, 딸을 안아 일으키자 뱃속의 아이가 살자고 펄떡펄떡 뛰는 걸 보고 기절한 어머니, 뒤늦게 도착한 남편, 땅바닥에 주저앉아 꺽꺽 숨 막히며 뜨거운 눈물만 쏟는데, 이제 겨우 자박자박 걸음마 하는 아들 진홍이는…. 세상에 이런 일, 들어나 봤소?

최미애의 어머니가 들려준
그 후 이야기

2010년, 다시 5월이었다. 〈한겨레〉가 5·18 30주년을 맞아 최미애 씨의 죽음을 기사로 실었다. "5·18 30돌―5월을 지켜 온 여성들"이라는 기획으로, 80년 5·18 당시 자식을 잃고 살아온 어머니들의 한을 기록한 특집이었다. 그중 최미애 씨의 어머니 김현녀 씨가 들려준 이야기의 일부다.

1980년 5월 21일, 광주 민주 항쟁 기간 중 휴교령이 내려진 학교에 나간다며 밖으로 나간 사위가 돌아올 시간이 넘었는데도 오지 않자 딸이 골목으로 마중을 나갔다가 계엄군이 쏜 총을 맞았다. 당시 이 상황을 목격한 이웃 주민의 증언에 의하면, 군인 두 명이 총을 맞고 쓰러진 학생을 질질 끌고 가자 사람들이 군인들에게 "시신은 놓고 가라"며 외쳤다.

그러자 두 군인 중 한 명이 멈춰 서더니 소리가 난 골목을 향해 조준 사격 자세를 취했고, 두 번째 총성이 울린 후 골목 안쪽에서 임신부 옷을 입고 있던 아기 엄마가 쓰러졌다는 것이었다. 이 소식을 전해 듣고 달려 나갔을 땐 이미 딸이 숨져 있었는데, 그때 뱃속에 있던 8개월 된 손자가 발길질하던 모습을 잊을 수 없다.

한편 발길질하는 손자의 태동을 보며 아기라도 구하고자 구급차로 병원을 가려 했지만 당시 구급차를 구할 방법이 없었다. 결국 아기 역시 허망하게 죽어 가는 것을 지켜볼 수밖에 없었다. 딸과 외손자를 잃고 넋을 놓고 울고 있다가 마을 주민들에게 "이러다가 계엄군들에게 주검마저 빼앗길지 모른다"는 말을 듣고서야 정신을 추슬렀다. 이후 가까스로 관 하나를 구해 장례를 서둘렀다. 너무나 많은 사람들이 한꺼번에 죽임을 당하던 때였기에 장례 물품을 구할 수가 없었다. 그런데 가까스로 관을 구하니, 이번엔 공동묘지까지 관을 운구해 갈 차량을 구할 길이 없었다. 결국 궁여지책으로 동네 연탄 가게 수레를 빌려 계엄군에게 관이 보이지 않도록 종이로 덮은 채 공동묘지로 향했다. 하지만 계엄군은 자식과 외손자를 잃은 사람에게 그 비참하고도 초라한 장례조차도 허락하지 않았다. 동네 골목골목을 봉쇄하고 있던 계엄군이 총을 겨누며 가로막았다. 결국 길을 돌려 원래 생각한 곳이 아닌 다른 공동묘지를 겨우 찾아 한 귀퉁이에 임시 매장을 하고 돌아왔다.

이것이 어머니의 증언이다. 하지만 그것으로 끝이 아니었다. 1980년 5월 27일, 도청을 사수하던 시민군을 탱크까지 동원한 무력으로 잔혹하게 진압한 후인 6월 10일경 계엄군이 최미애 씨 가족을 찾아왔다는 것이다. 그들은 '임신부가 죽었다'는 소문을 확인해야 한다며 주검을 다시 파 오라고 가족들에게 명령했다. 만약 이를 거부하면 가족들을 '유언비어 유포죄'로 구속하겠다는 협박까지 했다. 최미애 씨가 죽은 지 18일 만에 일어난 일이었다.

그 후 1987년 6월 항쟁이 있었고, 이듬해인 1988년 국회에서 '광주 청문회'가 개최되었다. 김현녀 씨는 그 자리에 증인으로 출석했다. 한 맺힌 세월을 살아온 김현녀 씨는 그 자리에서 목을 놓아 울면서 이렇게 울부짖었다.

"우리 딸이 임신을 해 갖고 총에 맞았는디, 죽은 사람은 있는디 왜 죽인 사람은 없는 것이오? 세상에 나와 보도 못하고 죽은 내 손자는 어쩔 것이냔 말이오? 세상에 임신한 사람인 줄 뻔히 알면서도 총을 쏘는 그런 짐승 같은 놈들이 어딨냔 말이오? 뭔 죄가 있어서, 뭔 죄를 지었다고 총을 쏴서…."

"아줌마는
천사였어요"

최미애 씨의 죽음을 마주하며 너무나 야만적인 계엄군의 살인 행위에 분노가 치밀던 그때였다. 최미애 씨의 묘지 상석 위에 손글씨로 예쁘게 쓴 코팅된 편지지가 보였다. 누군가 최미애 씨를 위해 놓고 간 편지 같았다. 나는 그 편지를 조심스럽게 들고 읽어 보았다. 편지를 쓴 사람은 나와 같은 또래인 전남대 89학번 여학생이었다. 편지 내용으로 추정해 보니 안장된 최미애 씨와는 생전에 이웃에 살았던 인연인 듯했다. 그 편지를 읽은 날로부터 스물 여러 해가 지났다. 하지만 나는 아직도 그때 읽은 그 편지 내용을 잊지 않았다. 그만큼 강렬했다. 내용은 이랬다.

아줌마. 저 ○○○이에요. 그동안 잘 지내셨어요? 저 지난해 전남대에 입학해서 올해 2학년이 되어요. 아줌마, 저 이제야 왜 아줌마가 그날 그렇게 죽었는지 알게 되었어요. 제가 어렸을 때 아줌마는 늘 저에게 친절하고 따뜻하게 대해 주셨지요. 골목에서 뛰어 놀다가 아줌마가 시장 가신다고 하면 제가 따라가고 싶다고 떼를 썼는데 기억나세요? 그러면 아줌마는 싫다 하지 않으시고 제 손을 꼭 잡고 시장에 데려가 주셨죠. 또 시장에서 뭐 먹고 싶다고 하면 그저 웃으며 제가 해 달라는 대로 다 해 주셨던 기억을 저는 잊지 못해요. 그래요. 아줌마는 정말 천사였어요. 그런데 그런 아줌마가 어느 날 죽었다는 거예요. 저의 어머니와 동네 아줌마들이 모여 울면서 아줌마가 죽었다고 하던 그날, 어머니가 저보고 안방 이불 속에 들어가 절대 나오지 말라고 하셨죠. 그래서 저는 그날 아줌마가 죽었을 때 아무것도 보지 못했어요. 하지만 자라면서 내내 의문이었어요. 누가, 왜, 무엇 때문에 아줌마처럼 천사 같은 분을 죽였을까 하고 말이에요. 그리고 왜 그런 일이 벌어졌는데 아무도 그에 대해 항의하거나 싸우지 않고 그저 쉬쉬하며 지내는 것인지 정말 이해가 되지 않았거든요. 그런데 제가 대학에 들어와 처음으로 80년 5·18 광주 항쟁의 진실을 공부하게 되면서 이제 그 이유를 분명하게 알았습니다. 왜 아무 죄도 없는 천사 같은 아줌마가 그날 그렇게 처참한 죽임을 당해야 했는지를 말입니다. 그래요, 아줌마. 바로 전두환과 노태우 군사 쿠데타 세력들이 권력을 찬탈하기 위해 광주를 죽였고, 아줌마 같은 천사를 학살한 거예요. 그래서 저는 이제 아줌마에게 약속합니다. 이제 아줌마의 이름으로 제가 싸우겠습니다. 아줌마와 같은 착한 광주 시민을 학살하고 이 나라의 권력을 장악한 전두환과 노태우 군사 쿠데타 독재 세력을 제가 결코 용서하지 않을 거예요. 아줌마의 이름으로 제가 대신 싸워 반드시 그들의 죄악을 밝혀 내고 아줌마의 명예 회복을 위해 끝까지 싸울 것을 약속할게요. 그날까지 아줌마, 안녕히 계세요. 아줌마, 정말 고마웠습니다. 아줌마는 정말 천사였어요. 늦었지만 그때 정말 고마웠어요. 아줌마, 사랑해요.

손 편지를 읽는 내내 나는 흐르는 눈물을 주체할 수 없었다. 펑펑 울었다. 해가 떨어지던 어스름한 광주 망월동 묘역에서 나는 오열하며 울었다. 억울하게 죽어 간 최미애 씨를 위해 울었고, 나와 같은 학번인 그 여학생의 약속 앞에 부끄러워 울었다. 그렇게 억울한 죽음을 당하고도 폭도로 매도당해 온 광주 시민들에게 미안해서, 너무 늦게 찾아온 광주에 대해 미안해서 또 울었다.

이튿날, 나는 전날 새벽에 도망쳐 나온 학습 세미나 합숙소를 다시 찾아갔다. 그렇게 돌아가는 길에 나 역시 스스로에게 약속했다. 편지에서 읽은 그 전남대 여학생 혼자 싸우게 하지 않겠다는 약속이었다. 그가 천사라고 불렀던 그 아줌마 '최미애' 씨를 학살하고도 아무 반성도 하지 않는 전두환과 노태우 등 군사독재 권력을 심판하지 않는다면 그것은 살아 있는 양심이 아니라고 생각했다. 내가 겪은 억울함은 중대하게 여기면서 다른 이의 억울함에 대해 눈감고 사는 것은 부끄러운 삶이라고 생각했다. 그것이 살아남은 우리의 역할이라고 믿었다.

5·18 특별법 제정을 위해 싸우다

그로부터 5년 후인 1995년 12월. 학생운동을 거쳐 당시 대표적인 재야 단체였던 '민주주의민족통일전국연합'에서 인권위원회 부장으로 일할 때였다. 그해 여름부터 '5·18 광주 항쟁 학살자 처벌을 위한 특별법 제정' 운동이 전국에서 들불처럼 번져 갔다. 전국의 모든 시민·사회단체가 총결집하여 전두환, 노태우 등의 1979년 12·12 군사 반란과 80년

5. 18 광주 학살에 대한 처벌 요구로 들끓었다.

나 역시 그때 서울 장충단 공원과 종묘 공원에서 개최될 수만 명이 참여하는 범국민 대회 준비와 진행을 위해 동분서주하고 있었다. 국민적 열기가 높아지면서 정국의 긴장 역시 고조되었다. 특히 군사정권 시대가 끝나고 김영삼 문민정부가 들어서면서 이 같은 특별법 제정 요구가 불가능하다고 생각하지 않았기에, 재야 세력의 응집력 역시 강해질 수 있는 조건이었다. 연일 거리에서 시위가 벌어졌다. 화염병과 돌이 날아가면 최루탄과 곤봉이 화답하는 전쟁 같은 분노가 매일 되풀이되던 그때, 뜻하지 않은 변수가 발생했다.

전두환, 노태우 전직 대통령에 대한 국민적 분노가 불붙는 비리가 알려진 것이다. 95년 10월, 특별법 제정을 촉구하는 전국적 시위가 확산되던 그때, 국회 본회의 대정부 질문을 통해 당시 박계동 국회의원이 엄청난 사실을 폭로했다. 노태우 전 대통령의 4천억 원 비자금 은닉 사실이었다. 노 전 대통령이 재임 당시 재벌과 금융권을 통해 대규모의 정치 자금을 조성했고, 이를 퇴임 후에도 착복하여 개인 재산으로 소유하고 있었다는 것이었다. 그동안 정치적 공방으로 여겼던 전두환, 노태우 두 전직 대통령 처벌을 위한 특별법 제정에 대한 일반 국민의 인식이 바뀌는 결정적 계기가 되었다.

1995년 11월 말, 당시 여당이었던 민주자유당 강삼재 사무총장에게 전화 한 통이 걸려 왔다. 그는 김영삼 당시 대통령이 직접 쓴 메모지를 들고 당사 기자실을 찾아가 읽어 내려갔다.

김영삼 대통령은 오늘 제2의 건국을 하는 심정으로 5·18 특별법을 제정하기로 했다. 신속한 법 제정을 통해 이 땅에 정의와 진실 그리고 법이 살아 있다는 것을 국민에게 보여 줄 것이다. 특별법에 의한 사법 처리 대상에는 5·17 쿠데타를 일으킨 장본인인 전두환, 노태우 두 전직 대통령이 포함된 것은 물론이다.

정말 가능할까 싶었던 일이 마침내 현실이 되는 순간이었다. 광주 시민을 무참히 학살하고 권력을 찬탈한 전두환, 노태우 등 군사 쿠데타 세력들을 처벌할 수 있는 '5·18 특별법'이 정말 제정된 것이다. 얼마간 저항하며 버티던 전두환과 그를 위시한 잔존 세력들이 모두 체포되어 감옥으로 갔다. 기뻤다. 믿을 수 없을 만큼 기뻤다. 내가 기뻐한 만큼 아줌마의 이름으로 싸워 반드시 전두환 등 쿠데타 세력을 처벌하겠다고 다짐한 그 여학생도 기뻐했을 것이라 믿는다.

신발 끈을 묶으며
다시 민주주의를 외친다

하지만 그렇게 끝날 줄 알았던 역사는 다시 거꾸로 뒤집어지고 있다. 2013년 5월, 29만 3천 원이 전 재산이라던 전두환은 연평균 국가 세금 8억 5천만 원을 경호 비용으로 쓰고 있다고 한다. 또한 광주 민주 항쟁 33주기를 맞은 2013년 5월에 광주 민주 항쟁 공식 추모가로 "임을 위한 행진곡"을 부르겠다는 유족 단체에게 박근혜 정부의 국가보훈처가 이를 불허한다는 통지를 했다. 80년 5월 광주 항쟁 당시 전두환 쿠데타 세력에 맞서 시민들이 애국가와 함께 가장 많이 불렀던 이 노래를 추모가로 하겠다는데 안 된다는 것이었다. 김대중, 노무현 정부 때는 되던 일이 이명박과 박근혜 정부가 들어선 후 안 된다는 것이다.

결국 이 사안이 정치 쟁점화되고 2013년 국정감사와 국회 본회의 자리에서 논란이 증폭되자 궁지에 처한 국가보훈처가 참으로 어처구니없는 해결 방안을 제시했다. "임을 위한 행진곡" 제창을 요구하는 이들에게 "노래를 부르고 싶은 사람들은 막지 않을 테니 부르고 싶으면 불러라. 다만 공식적인 제창은 안 된다"는 조롱식 결정을 내린 것이다. 그동안 수많은 이들의 희생으로 만들어 온 대한민국 민주주의를 조롱하는 순간이었다.

그렇다. 이제 민주주의를 향한 싸움을 다시 선언할 때인 듯하다. 다시 그 천사 아줌마 '최미애'의 이름으로, 우리 이후의 세대에게 부끄럽지 않은 '선배'가 되기 위해 싸워야 할 때인 것이다. 이는 "임을 위한 행진곡"이라는 노래를 제창하고 말고 하는 문제가 아니다. '정신'이다. 1980년 5월 그때는 전두환, 노태우 군사 쿠데타 세력이 광주 시민을 죽여 권력을 찬탈했다면, 지금은 그 민주 항쟁의 '정신'을 죽이겠다는 의도임을 알기에 나는 분노하지 않을 수 없다.

민주주의의 가치를 소중히 여기는 대한민국 대통령과 함께 광주 민주 항쟁 추모식에서 "임을 위한 행진곡"을 부르는 날이 다시 올 때까지

나는 싸울 것을 다짐한다. '최미애' 님을 비롯한 2천여 '광주 민주 영령'
에게 깊은 애도를 표하며, 살아 있는 우리가 다시 신발 끈을 묶으며 민
주주의를 위해 나아갈 때다. 다시, 민주주의다.

민중의 벗 김승훈 신부님,
잊지 않겠습니다

1998년 7월 어느 날이었다. 당시 내가 일하고 있던 '천주교인권위원회' 문을 열고 60대 전후한 낯선 어머니 서너 분이 불쑥 찾아오셨다. 방문 이유를 물으니, 자신들은 1975년 4월 소위 '인혁당 재건위 사건'으로 사형당한 이들의 가족이라고 밝혔다. 그동안 근현대사 역사책과 일부 언론을 통해 말로만 들었던 인혁당 재건위 사건 피해자 가족들과 처음 만나게 된 계기였다.

인혁당 재건위 사건,
그들은 왜 사형수가 되었나

이른바 인혁당 재건위 사건은 '인민혁명당 재건위원회 사건'의 약칭이
다. '2차 인혁당 사건'으로도 불리는 이 사건은 끔찍한 왜곡과 인권 유
린으로 점철된 우리 근현대사에서 가장 아픈 사건 중 하나로 기록되어
있다. 시작은 1964년 8월 14일 이른바 1차 인혁당 사건에서 비롯되었
다. 1961년 육군 소장 박정희가 5·16 군사 쿠데타로 권력을 찬탈한 후
제일 먼저 만든 조직이 중앙정보부(약칭 '중정', 현 '국가정보원'의 전신)였다.
자신의 정통성 없는 쿠데타 권력을 유지하기 위해 미국의 CIA(미국 중
앙정보국)를 본떠 만든 KCIA(한국 중앙정보부)는 철저히 박정희만을 위해
활동하는 '독재 권력 유지 기구'였다. 바로 이 중정이 "북괴의 지령을 받
고 국가 변란을 기도한 대규모 지하조직을 적발했다"고 발표하면서 인
혁당 사건은 시작되었다. 당시 중정은 "북괴의 노선에 동조하여 대한민
국을 전복하라는 북괴의 지령에 따라 각계각층이 포섭되어 움직인 반
국가 단체를 적발했다"며 사건 관련자 41명을 구속하는 한편 체포하지
못한 16명을 수배했다. 하지만 중정의 그 엄청난 사건 발표에 대해 의심
하는 이들이 적지 않았다. 왜 그랬을까. 1964년 당시 정국의 흐름을 읽
으면 그 답이 나온다.

5·16 군사 쿠데타로 권력을 찬탈한 후 형식적인 대통령 선거를 통해
권좌에 앉은 박정희에게 1964년은 악몽의 한 해였다. 1962년부터 국민

몰래 '한일 수교 회담'을 추진해 왔는데, 1964년에 그런 비밀이 국민에게 알려진 것이다. 문제는 그 한일 수교 회담의 내용이 너무도 굴욕적이어서 사실을 접한 국민의 분노가 폭발해 버린 것이다. 일제 강점기 36년간의 식민 지배에 대해 제대로 된 사과조차 받아 내지 못한 채 얼마 안되는 돈으로 과거를 청산하자는 일본 주장에 박정희 정권이 합의해 주었기 때문이었다. 무엇보다 일본에 대한 분노와 적개심이 아직 식지 않았던 그때, 박정희 정권의 굴욕적인 한일 수교 회담은 정상적인 대한민국 국민 입장에서 결코 용납할 수 없는 일이었다. 결국 박정희 정권에 대한 항의 시위가 전국에서 일어나고 그 수위가 국민적 항거 수준으로 발전해 가던 그때였다. 중정이 1차 인혁당 사건을 발표했다.

중정이 그 사건을 통해 얻으려고 한 것이 무엇인지는 1차 인혁당 사건에 대한 발표문만 읽어 봐도 그대로 드러난다. 당시 중정은 한일 수교 회담을 반대하며 극렬하게 번져 가던 학생들의 시위가 '북괴의 지령을 받은 인혁당의 배후 조종' 때문이라고 발표했다. 한일 수교 회담을 반대하면 빨갱이라는 공식을 만들어 반대 시위를 무산하려는 의도였다. 하지만 그 같은 중정의 거창한 사건 발표와 달리 이후 전개된 상황은 지켜보는 사람조차 민망할 정도였다.

중정이 적발했다며 요란을 떤 그 거대한 지하조직 사건은, 재판 기소를 위해 서울지검으로 사건이 송치되면서 예상치 못한 벽에 부딪히게 된다. 사건을 송치받은 서울지검 검사들이 수사에 착수하여 확인한 결과 변란을 기도했다는 중정 발표와 달리 이를 뒷받침하는 증거가 아무것도 없는 것으로 드러났다. 사건 관련자들을 처벌하려고 해도 자백 외에는 아무 증거도 없는 터무니없는 사건이었다. 결국 이들 사건 관련자들의 구속 기간 만료일인 1964년 9월 5일, 서울지검 공안부 검사들은 '기소할 만한 가치조차 없는 사건'이라며 양심상 이 사건을 기소할 수 없다고 집단 반발했다. 그들은 기소장에 서명하라는 검찰 상부의 지시를 모두 거부했다.

북괴 지령에 의한 대규모 지하조직 사건을 적발했다며 대대적인 광고를 한 중정 입장에서는 큰 망신이었다. 또 그런 서울지검 공안부 검사들의 집단 반발을 보고받은 박정희 정권 역시 이를 단순하게 볼 수 없었다. 어떻게 해서든 사건 관련자들을 재판에 기소해야 하는데 반발하는 검사들 때문에 이러지도 저러지도 못하던 그때, 그들의 선택은 너무도 야비했다. 당시 검찰총장이었던 신직수가 직접 나섰다. 서명을 거부하는 담당 수사 검사를 제쳐 놓고 불행하게도 그날 서울지검 당직을 맡고 있던 검사를 불러 아무것도 모르는 사건 기소장에 서명하도록 강요했던 것이다. 참으로 부끄럽기 짝이 없는 박정희 독재 권력의 사법 유린이자 심각한 권력형 조작 사건이었다.

하지만 억지로 사건을 조작하려니 이후 과정이 매끄러울 수 없었다. 결국 1964년 10월 15일, 무리하게 기소한 1차 인혁당 사건 피고인 26명 중 오병철, 서정복 등 14명에 대해서는 공소 취소로 사실상 '무죄' 석방하고, 도예종, 박현채 등 13명에 대해서만 지금은 없어진 반공법을 적용하여 기소했다. 중정이 발표한 대규모 지하조직은 사라지고, 독재 권력이 코에 걸면 코걸이, 귀에 걸면 귀걸이 식으로 활용해 온 반공법으로 또 다시 억울한 사람만 남긴 '억울한' 사건이었다. 결국 1차 인혁당 사건은 박정희 정권의 굴욕적인 '한일 수교 회담'을 반대하는 학생과 국민의 시위가 거세지자 그것을 무마하기 위해 만들어 낸 조작 사건이었다고 역사는 기록하고 있다. 이것이 1차 인혁당 사건의 전모였다. 이 사건은 '대규모 간첩단 적발'이라는 중정의 거짓말과 함께 세인들의 기억에서 사라지게 된다.

8명을 사법 살인한
'인혁당 재건위 사건'

그렇게 영원히 사라졌다고 믿은 '인혁당'이라는 이름이 다시 불거진 것은 1차 인혁당 사건이 끝난 후 꼭 10년이 지난 1974년 4월 3일이었다. 이번에는 아예 유신 독재의 최고 권력자였던 박정희가 직접 나섰다. 그는 자신이 영구 통치권을 확보하기 위해 1972년 선포한 유신헌법을 반대하는 전국민주청년학생총연맹(약칭 '민청학련')의 시위를 '인민 혁명을 획책하는 배후 조종 세력이 학생들을 선동한 것'이라며 단호히 조치하겠다는 특별 담화문을 발표했다. 텔레비전을 통해 전국으로 생방송된 담화문 발표 후 예상대로 중정이 움직이기 시작했다. 그들이 주목한 것은 10년 전 사실상 공작에 실패한 1차 인혁당 사건 피해자였다. 이른바 '인민혁명당 재건위원회 사건'의 시작이었다. 중정의 발표에 따라 다시 인민 혁명을 선동했다며 체포한 이들은 대부분 지난 1차 인혁당 사건의 피해자들이었다. 그때 완전하게 조작하는 데 실패했던 중정이 집요하게 그 희생양들을 다시 엮어 '최악의 빨갱이'로 만들기로 한 것이었다. 도예종(삼화토건 회장) 씨를 비롯하여 서도원(전 대구매일신문 논설위원), 하재완(무직), 이수병(일어 학원 강사), 김용원(경기 여고 교사), 송상진(양봉업), 우홍선(무직), 여정남(전 경북대 총학생회장) 씨 등이 인혁당 재건위 관련자라고 발표했다.

그로부터 1년이 지나가던 1975년 4월 8일, 1차 인혁당 사건의 조작에 실패했던 경험이 뼈아팠던 중정은 그야말로 속전속결로 이 사건을 철저하게 조작해 나갔다. 모든 재판은 그야말로 형식적이었다. 재판은 짜 놓은 각본에 따라 일사천리로 진행되었고, 그 결과 역시 잔혹했다. 중정이 인혁당 재건위 핵심 관련자라며 조직표에 그려 넣은 8명에 대한 판결은 1심 사형, 2심 역시 사형이었다. 그래도 법치 국가에서 대법원은 다를 것이라고 믿었으나 그 기대 역시 허망했다. 대법원 역시 다르지 않았다. "인혁당을 재건하여 국가 전복을 기도하려 했다"는 밑도 끝도 없는 중정의 발표와 검찰의 수사 결과가 모두 사실로 인정된다며 대법관은 판결문을 낭독했다. 이어 대법관은 도예종 등 조작된 인혁당 재건위 관련자 8인 모두에게 사형을 확정, 선고했다. 재판을 방청하던 사형수의 가족들은 오열했고, 외신 기자들 역시 놀라움을 금치 못하며 자국으로 긴급 타전을 보냈다. 하지만 더 놀라운 일은 다음날 일어났다.

그렇게 인혁당 재건위 관련자 8인에게 사형선고가 내려지고 나서 약

18시간이 지난 이튿날 4월 9일 새벽 4시. 중정의 무지막지한 고문으로 온몸이 만신창이가 된 사형수 여덟 명이 차례로 불려 나왔다. 고문으로 장이 빠지고 걸음조차 제대로 걷지 못할 만큼 사지가 비틀린 이들이 간수의 부축을 받아 구치소 복도를 비틀비틀 걸었다. 그들의 발자국 소리가 새벽녘 구치소의 복도를 울렸다. 그렇게 한 명, 한 명, 4월의 푸른 여명이 채 걷히지 못한 그 새벽에 억울한 사형수 여덟 명은 모두 서대문 구치소 사형장으로 끌려 나갔다.

세상과 함께 스러지는 별이 되기를 빌었는데
미안하오. 새벽이 오기 전에 떠나야 하는 길
미안하오
미안하다
죄송합니다 죄송합니다.

훗날 방송에서 인혁당 재건위 사건 피해자 중 한 명인 이수병 선생의 일대기를 담은 다큐멘터리를 본 후 잠을 이루지 못했다는 판화가 이철수 화백이 쓴 시다. 영국의 시인 T. S. 엘리엇이 쓴 〈황무지〉라는 시는 "4월은 잔인한 달"로 시작한다. 1975년 4월 9일 새벽, 박정희 유신 독재자는 자신의 권력을 안정화하기 위해 그날 여덟 사람을 죽였다. 나에게 4월이 잔인하게 느껴지는 이유다.

남은 가족들의 삶,
또 다른 비극

매년 4월 9일은 그래서 '사법사상 암흑의 날'로 불린다. 스위스에 본부를 둔 '국제법학자협회'가 인혁당 재건위 사건 관련 8인이 사형되었다는 외신을 접하고 이는 '사실상 사법 살인'이라며 항의 차원에서 이날을 '사법사상 암흑의 날'로 선포했다. 한편 그날 새벽에 집행된 사형 소식을 전혀 몰랐던 인혁당 사건 관련 가족들은 아침 일찍 서대문 형무소를 찾아갔다. 약 1년 전 생각지도 못한 사건으로 사형수들이 중정에 연행된 후, 가족들은 단 한 번도 면회를 하지 못했다고 한다. "공산 독재도 아닌 민주주의 국가에서 이럴 수 있느냐"며 가족과 인권 단체가 거세게 항의했지만 "수사와 재판 중이라서 절대 안 된다"는 국가 권력의 폭력 앞에서 결국 면회조차 할 수 없었다고 그들은 분개했다.

그랬기에 가족들은 '이제 모든 재판이 끝났으니 오늘부터 면회가 허용되리라' 기대하고 아침 일찍부터 서대문 구치소를 찾았다고 한다. 사형을 선고받아 두려움에 떨고 있을 남편과 아들에게 재심을 청구하여 끝까지 싸우면 된다고 위로하려 했다. 그런데 첫 면회를 신청하려고 방문한 그곳에서 들려온 소식은 그날 새벽 사형을 집행했다는 날벼락이었다. 그 충격적인 소식을 접한 가족들은 실신했고 오열했으며 울부짖었다. 연행 이후 단 한 번도 남편에게, 아들에게 따뜻한 밥 한 끼, 시원한 물 한 모금 먹여 주지 못한 그들이었다. 그들이 참혹하게 죽어 가도록 아무것도 할 수 없었던 자신들을 원망하며 가족들은 울부짖었다고 한다. 그 고통을 도대체 누가 알 수 있을까.

억울하게 죽임을 당한 사형수의 사연이야 말할 것이 무엇이랴. 그러나 살아남은 사형수의 가족들이 겪어야 한 세월 역시 모질기는 마찬가지였다. 아버지를 그렇게 빼앗긴 인혁당 재건위 사형수의 아들딸 이야기다. 아버지가 억울하게 빨갱이로 몰려 죽임을 당한 후 이번에는 남은 자식 역시 '빨갱이'라며 사람들에게 많은 핍박을 받아야 했다. 한 어머니에게서 전해 들은 사연이다. 어느 날, 놀러 나간 아이가 저녁때가 지나도록 집으로 돌아오지 않았다고 한다. 걱정이 된 어머니가 아이를 찾으러 마을 여기저기를 돌아다니는데, 어둑해진 마을 한편에서 아이들이 웅성거리고 있었다. 가까이 다가가니 큰 나무 아래에 아들이 묶여 있고 마을 아이들이 빙 둘러서 있는 것이 보였다. 놀라 달려가 보니 철없는 마을 아이들이 "네 아버지가 빨갱이라서 죽었으니 너도 총살당해야 한다"며 강압적으로 나무에 묶어 놓고 총살하는 시늉을 하고 있었다. "빨갱이를 우리 동네에 둘 수 없다"면서 다른 마을로 이사 가라는 주민들에게 사정사정하며 겨우 살아가던 처지에 어머니는 그 아이들을 야단조차 칠 수 없었다고 한다. 그저 말없이 묶여 있던 아들을 풀어 주고 함께 집으로 돌아오는 길, 너무나 서러워 어머니는 그 아들을 붙잡고 울었다고 한다. 그렇게 말하는 어머니는 어느새 눈물을 흘리셨다. 나도 함께 울었다. 도대체 사람들이 이렇게까지 잔인할 수 있을까 싶었다.

또 이런 일도 있었다고 한다. 어느 날, 학교 소풍을 간 아이가 점심

도시락을 싸 갔는데 굶고 돌아왔다. 소풍 장소에 도착하여 도시락을 먹기 위해 뚜껑을 열자 아이들이 "빨갱이도 밥을 먹느냐"며 도시락에 흙을 뿌렸다는 것이다. '빨갱이 사형수의 아내'라는 딱지로 본인이 겪은 고통 역시 말할 수 없이 컸다. 그런데 그보다 더 끔찍한 고통은 '빨갱이 자식'이라며 따돌림과 괴롭힘을 당하던 자식들을 당당하게 보호해 줄 수 없었다는 것이다. 그것이 가장 쓰라린 아픔이었다는 어머니의 이야기는 내 기억 속에 너무나 슬픈 '사실'로 남아 있다.

"우리 남편의 억울함을 풀어 주세요"

어머니들이 그때 '천주교인권위원회'를 찾아온 것은 "이제라도 우리 남편과 아들의 억울함을 풀어 달라"고 호소하기 위해서였다. 대한민국 건국 50년 만에 최초로 정권이 교체되어 1998년 출범한 김대중 정부하에서 지난날 억울하게 조작된 이 사건, 인혁당 재건위 사건의 진실을 밝히고, 천주교인권위원회가 나서서 사형된 이들의 명예 회복을 도와달라는 호소였다. 나 역시 어머니들의 눈물을 닦아 드리고 싶었다. 유신 독재가 권력을 유지하기 위해 고문과 조작으로 이 사건을 만들어 냈다. 그 조작 증거를 완벽하게 없앨 가장 확실한 방법으로 선택한 것이 바로 억울한 피의자 여덟 명을 전부 사형 집행한 만행이다. 이제라도 이 조작된 사건의 진실을 바로잡는 것은 민주 정부가 세워지기를 그토록 바랐던 이유 중 하나라고 나는 생각했다. 이것은 선택의 문제가 아니라 김대중 정부가 민주 정부를 자처한다면 당연히 해야 할 의무라고 믿었다.

하지만 그 많은 세월이 흘렀어도 인혁당 재건위 사건은 여전히 우리 시대의 '금지어'였다. 그때가 인혁당 재건위 관련자 8인이 사형당한 1975년 이후 무려 23년이 흐른 1998년이었지만, 더구나 정권 교체를 통해 김대중 정부가 출범한 때였지만, 인혁당 재건위 사건의 명예 회복을 거론하는 것은 여전한 두려움이었고 가시지 않은 '공포'였다. 이 문제를 공개적으로 언급하는 순간 어떤 일이 벌어질지 생각해 보면 막연한 피해 의식이 스멀스멀 되살아났다. 인혁당 재건위 사건은 그 시대를 살았던 이들에게 그만큼 끔찍한 기억이었다. 하지만 나는 이 문제를 외면해서는 안 된다고 생각했다. 인권 단체라면 이 억울한 어머니들의 호소에 당연히 화답해야 한다고 확신했다.

이후 천주교 인권위원회 사무국은 인혁당 재건위 가족들의 간절한 호소를 집행위원회 안건으로 상정했다. 이후 여러 논의가 이어졌다. 예상대로 '국가 내란 음모'로 사형까지 집행된 8인의 명예 회복을 지금 요구하는 것이 적절한지에 대한 논란이 있었다. 그런 요구가 어떤 파장을 일으킬지 우려하는 목소리도 나왔다. 그래도 어렵지만 이제는 인혁당 재건위 사건의 진실을 밝혀야 할 때라는 공감대가 주류였다. 또한 인권 단체로서 쉽지 않다고 해서 이 억울한 사건을 말하지 않는 것은 잘못이라는 의견 역시 지배적이었다. 결국 여러 논의 끝에 천주교인권위원회는 유족의 요청을 받아들여 각계 인사가 참여하는 대책 위원회를 구성하기로 최종 결정했다.

문제는 구성하기로 한 가칭 '인혁당 사건 진상 규명 및 명예 회복을 위한 대책 위원회'(이하, '대책위')의 대표를 누가 맡을지에 대한 논의였다. 중량감이 있으면서 대표로서 이 일을 가장 잘해 줄 수 있는 인사가 누구인지 설왕설래를 거듭하던 중 거명된 이가 바로 천주교인권위원회 고문이면서 천주교정의구현전국사제단에 소속된 김승훈 신부님이었다. 많은 이들이 아는 대로 김승훈 신부님은 우리나라 민주화 역사의 큰 어른이었다. 특히 이 나라 민주화 역사에서 4·19 민주혁명과 함께 가장 큰 전환점으로 언급되는 1987년 6월 민주 항쟁 당시 김승훈 신부님의 역할은 지대했다. 이 국민 항쟁의 도화선에 불을 붙인 이가 김승훈 신부님이었다.

87년 1월 14일, 서울대생 박종철 열사가 남영동 공안 분실로 불법 연행되어 물고문 끝에 사망하는 사건이 발생했다. 경찰은 조사 중 경찰이 책상을 내려친 소리에 놀라 박종철이 숨졌다는 어처구니없는 수사 결과를 발표했다. 이른바 "탁 치니 억 하고 죽었다"는 조작이었다. 하지만 결국 진실은 드러날 수밖에 없었다. 당시 중앙대 부속 병원 내과 전문의였던 오연상 씨의 양심선언 덕분이었다. 박종철이 사망하자 다급해진 경찰이 오연상 씨를 불러 응급치료를 요청했는데, 그때 자신이 목격한 사실을 오연상 씨가 모두 공개한 것이다. 박종철의 사인 의혹을 묻는 기자들에게 오연상 씨는 "내가 대공 분실 조사실에 갔을 때 박종철 군은 이미 숨져 있었다. 물고문 흔적이 있었다"고 말했다. 그는 훗날 "머릿속이 복잡했고 상황이 어렵다는 것은 알았지만 사실대로 말하는 것이 옳다고 생각했다. 그래서 본 그대로 솔직하게 말했다"고 밝혔다. 의사 오연상 씨의 용기 있는 양심선언은 그대로 언론을 통해 국민에게 전달되었다. 진실을 안 국민은 분노했다. 국민의 분노 앞에 경찰은 "탁 치니 억 하고"라는 거짓말을 포기할 수밖에 없었다. 재조사 결과 경찰이 박종철에게 물고문을 했고 그로 인해 목숨을 잃었다고 정정했다. 고문에 가담한 경찰관으로 조한경 경위와 강진규 경사를 구속했다. 그렇게 사건을 종결하기로 한 것이었다.

피하고 싶었던 독배,
그러나 마셔야 할 독배

하지만 그 역시 거짓말이었다. '도마뱀 꼬리 자르기'처럼 하급 경찰관 두명을 희생시켜 사건을 무마하고자 경찰이 또 진실을 조작한 것이다. 그 진실을 세상에 드러낸 이가 바로 김승훈 신부님이었다. 영등포 교소도에 구속된 조한경과 강진규가 매일 밤 억울하다며 울었고, 영등포 교도소 안유 보안계장이 "뭐가 그렇게 억울하냐"고 물었다. 그들은 "박종철 사망 경위에는 박처원 치안감, 유정방 경정, 박원택 경정 등 치안본부 고위 간부가 깊이 개입되어 있다. 그런데 우리가 그 죄를 전부 뒤집어쓰고 억울하게 구속되었다"며 하소연했다. 사실을 알게 된 안유 계장은 그 비밀을 세상에 알려야 한다고 생각했다. 때마침 시국 사건으로 재야

인사 이부영 씨가 같은 교도소에 수감되어 있어 안 계장은 그 사실을 이부영 씨에게 전달했다. 이부영 씨는 한재동 교도관에게 도움을 받아 교도소 담 밖으로 그 내용을 담은 쪽지를 보냈다고 한다. 그 쪽지를 전달받은 이가 당시 천주교정의구현전국사제단 소속 김승훈 신부님이 었다.

한편, 엄청난 비밀이 담긴 쪽지를 받고 난 후 김승훈 신부님은 깊은 고뇌에 빠졌다고 한다. "두려웠고, 피할 수만 있다면 피하고 싶은 독배였다"고 훗날 신부님은 고백했다. 그날, 그 쪽지를 쥐고 신부님은 밤새 기도했다. 하느님께 매달렸다. 그렇게 기도를 하던 새벽녘, 신부님은 가슴속에서 들려오는 하나의 음성을 느꼈다. 그것은 간결하면서도 단호하게 정리된 한 문장이었다.

"네가 마셔야 할 독배니라."

피하고 싶어 주저했던, 그래서 밤새 고뇌하며 매달렸던 김승훈 신부님에게 들려온 그 음성은 이후 대한민국의 민주화 역사를 바꿨다. 전두환 독재가 기승을 부리며 국민들을 한없이 옥죄고 있던 그때, 1987년 5월 18일 서울 명동성당에서 거행된 '광주 민주 항쟁 제7주기 추모 미사'에서 김승훈 신부님이 마침내 '비밀의 문'을 연 것이다.

"물고 물을 끝에 죽어간 박종철군 사건에서 여전히 진실이 조작됐다. 박종철을 고문하여 죽게 한 고문 경찰은 다섯 명이 더 있고, 이러한 사실을 숨기기 위해 먼저 구속된 2명에게 거액의 대가를 줬다."

이 폭로는 이후 거대한 폭발력으로 불의를 쓸어 버렸다. 결국 모든 거짓이 드러나 강민창 치안본부장(현 경찰청장)이 자리에서 쫓겨났다. 폭로 이틀 후인 5월 20일 경찰 황정웅, 반금곤, 이정호 등이 즉시 구속되고, 29일에는 먼저 구속된 이들에게 2억 원이 든 통장을 주며 사건을 축소하도록 회유한 박처원 치안감, 유정방 경정, 박원택 경정 등 세 명이 범인 도피죄로 구속됐다. 결국 대학생을 물고문으로 죽이고도 탁 치니 억 하고 죽었다는 조작으로 전 국민을 속인 더러운 비밀이 밝혀지면서 국민은 살인 정권에 분노하게 된다. 그것이 87년 6월 항쟁의 기폭제가 되었다. 그 중심에 김승훈 신부님이 있었다.

"신부님, 인혁당 재건위 사형수를 도와주십시오"

김승훈 신부님이 대책위원회 대표를 맡아 주신다면 큰 힘이 될 것이었다. 부디 대표를 맡아 주셨으면 하는데 과연 신부님이 승낙하실지 걱정스러운 마음도 들었다. 하지만 다른 방법이 없었다. 일단 신부님이 계신 성당으로 찾아가 여쭤 보기로 했다.

"저, 신부님, 드릴 말씀이 있습니다. 지난번에 천주교인권위원회 사무실로 1975년에 사형당한 인혁당 재건위 사건 희생자 가족들이 찾아오셨습니다. 그분들이 억울하게 희생당한 남편과 가족들의 명예 회복을 도와 달라고 간곡히 호소하셨습니다. 그래서 신부님이 희생자들의 명예 회복을 위한 대책위원회의 대표를 맡아 주셨으면 좋겠다고 많은 이들이 바라고 있습니다."

신부님에게 그간의 모든 경위에 대해 말씀드렸다. 희생자 부인과 가족이 찾아온 일, 그들의 한 맺힌 지난 세월 등을 내가 할 수 있는 모든 논리와 설득력을 동원해 전달했다. 신부님이 대책위원회 대표를 맡겠다며 승낙하시도록 열심히 설명했다. 늘 그렇듯 잔잔한 미소로 나를 물끄러미 바라보시던 신부님이 조용히 말씀하셨다.

"그래, 스테파노. 그러니까 나보고 그 모임 대표를 맡아 달라고 하는 거지? 알았어. 필요하면 내 이름 얼마든지 갖다 써. 내 이름이 뭐 대단하다고."

천주교인권위원회의 노력으로 시작된 인혁당 재건위 희생자 8인의 명예 회복과 진상 규명 싸움은 이후 김대중, 노무현 정부를 거치면서 그 진실을 하나하나 밝히게 되었다. 가장 먼저 진실을 밝힌 곳은 김대중 대통령 재임 당시 만들어진 '대통령 소속 의문사진상규명위원회'(약칭 '의문사위')였다. 2002년 12월 진정받은 이 사건에 대해 "조사 결과 인혁당 재건위 사건은 당시 중앙정보부의 고문으로 조작된 사건"이라고 공식 발표했다. 이어 2005년 12월에는 노무현 정부 당시 출범한 '국가정보원과거사건진실규명을통한발전위원회'(약칭 '국정원발전위')가 이 사건에 대한 조사 결과를 발표했다. 의문사위와 크게 다르지 않은 결과였다. 전신이었던 중앙정보부가 발표한 사건에 대해 그 후신 조직인 국가정보원이 자체 조사하여 밝혀 낸 진실이라는 점에서 매우 의미가 컸다. 국정원발전위는 그 사건은 "유신 체제에 대한 학생들의 거센 저항에 직면

한 당시 박정희 정권이 학생 시위의 배후에 공산주의자들이 있다는 인
상을 심어 주고자 조작한 국가 형벌권의 남용"이며, "이처럼 조작한 이
유는 당시 권력의 정당성이 없는 박정희 유신 독재 정권이 권력 유지를
위해 필요한 공포 분위기를 조성하기 위한 것"이라고 명쾌하게 정리했다.

마침내 2006년 12월 23일, 서울중앙지방법원 형사 합의부 문용선
재판장은 1975년 4월 9일 사형된 인혁당 재건위 관련자 8인의 이름을
하나하나 호명했다. 그렇게 호명되는 이들의 가족들 역시 심장이 오그
라드는 극도로 긴장된 순간이었다. 이어 사건 판결문 주문을 낭독했다.

"피고 도예종, 서도원, 하재완, 이수병, 김용원, 송상진, 우홍선, 여정
남에 대한 판결을 선고합니다. 원심을 모두 파기합니다. 피고 각 무죄."

인혁당 희생자 8인이 억울하게 사형된 지 31년 만에 받은 무죄 판결
이었다.

'민중의 벗'
김승훈 신부님

내 기억 속 김승훈 신부님은 그런 분이었다. 만약 그때 김승훈 신부님
이 아니었다면, 신부님이 대책위원회의 대표로 동의하지 않으셨다면
31년 만에 인혁당 재건위 희생자 8인의 명예를 회복할 수 있었을까. 어
쩌면 더 많은 시간과 노력이 필요하지 않았을까. 김승훈 신부님의 헌신
은 그뿐이 아니었다. 무수히 많은 족적을 남긴 분이기에 그 내용을 일

일이 다 거론할 수 없다. 내가 직접 신부님과 함께 관여했던 사건 중 하나만 더 언급한다면, 1998년 2월 판문점에서 발생한 군 의문사 김훈 중위 사건이 있다. 김훈 중위의 아버지 김척 예비역 장군이 찾아와 도움을 요청한 이후 나는 지금까지도 이 사건의 진실을 밝히기 위해 노력하고 있다.

그때 김승훈 신부님은 명동 가톨릭회관 내에 위치한 천주교인권위원회를 일주일에 한 번 꼴로 찾아오셨다. 그때마다 신부님은 먼저 나를 찾았다. "그동안 판문점 김훈 중위 사건은 어떻게 되고 있느냐"고 물으셨다. 때로는 군 사망 사고 유족의 불쌍한 처지를 들으며 혀를 차셨고, 때로는 국방부의 야박하고 황당한 거짓말에 기막혀 하셨다. 그러면서 신부님은 말씀하셨다.

"그래, 스테파노가 지금 큰일 하고 있는 거야. 그러니 끝까지 잘 노력해봐. 숨겨진 것은 드러나기 마련이고 감춰진 것은 알려지기 마련이라는 마태복음 10장 26절처럼 스테파노가 노력하면 진실은 곧 밝혀질 거야. 힘내."

이후 신부님은 군에서 사망한 군인들의 의문사 진상 규명과 넋을 위로하기 위한 추모 미사를 집전하며 국방부의 회개를 강도 높게 촉구했다.

신부님이 우리 곁을 떠난 때가 2003년 9월 2일이었다. 신부님은 1939년 평안남도 진남포에서 태어나 향년 64세로 선종했다. 1976년 천주교정의 구현전국사제단 대표를 시작으로 유신 독재에 온몸으로 항거했던 김승훈 신부님. 이후 1976년 3월 1일, 명동 '민주 구국 선언' 미사에서 박정희 유신 정권을 비판하는 강론으로 재판을 받고, 1979년 YWCA 위장 결혼식 사건과 1980년 김대중 내란 음모 사건에 휘말려 구속·구금당했던 신부님. 김승훈 신부님은 우리나라 민주주의와 인권 신장을 위해 자신을 아낌없이 주는 큰 나무였다.

요즘, 참으로 어려운 시절을 거치면서 많은 이들이 김승훈 신부님을 그리워하고 있다. 이럴 때 잔잔한 미소로 지켜보다가 단호한 목소리로 격려해 주셨던 신부님이 계신다면 얼마나 좋을까. 신부님께서 늘 해 주셨던 그 말씀이 다시 내 가슴을 울리며 귀에 들리는 듯하다.

"그래, 스파테노, 힘들지? 그렇게 힘들면 내 이름 갖다 써."

김승훈 신부님. 신부님의 이름으로, 신부님이 염원하는 민주주의와 인권이 활짝 핀 세상을 위해 더 열심히 살겠습니다. 김승훈 신부님, 잊지 않겠습니다.

대한민국 사법부의 부끄러운 판결,
강기훈 유서 대필 조작 사건

1991년 5월 8일이었다. 당시 나는 감방에 수감 중이었다. 그해 3월, 학내 민주주의를 요구하는 시위를 주도하다 집시법 위반 등의 혐의로 구속되었다. 그런데 구속영장이 발부된 첫날, 입감되는 과정에서 나는 미리 대기하고 있던 교도관 세 명에게 무차별 집단 구타를 당했다. 이유도 없었다. 그야말로 마구잡이 폭행이 쏟아졌고 나는 전혀 예상도 못한 채로 속절없이 당했다. 후에 들은 말로는, 내가 지역 최초의 공안 사건 구속자여서 기선을 제압하고자 미리 계획한 폭행이었다고 한다.

여하간 그렇게 시작된 수감 생활 중 뜻하지 않은 병을 얻었다. 몇 차례 심한 집단 폭행을 당해 얻은 병인지, 아니면 온기 하나 없는 감방에서 생활하면서 생긴 병인지 알 수 없으나, 심한 허리 통증으로 앉지도

눕지도 못하는 상태에 이르렀다. 결국 외부 진료를 받게 해달라고 요구했고, 치료차 바깥 병원으로 외진을 나온 날이 5월 8일, 어버이날이었다.

한 시간쯤 진료를 받고 약을 받기 위해 병원 로비로 나왔다. 텔레비전에서 정오 뉴스가 나오고 있었다. 시력이 좋지 않은 나는 화면이 안보여 아나운서가 읽어 주는 뉴스를 듣기만 했다. 지금은 그러지 않지만, 당시에는 안경 렌즈가 유리로 되어 있어 그것으로 자해할 가능성이 있다며 교정 당국이 안경을 수거해 갔기 때문이다. 그때 귀에 들려온 뉴스였다. 서강대 옥상에서 아침 일찍 또 한 명이 분신자살을 했다는 것이다. 들려온 이름 석자, '김기설'이었다.

김기설의 분신자살,
그리고 타살된 강경대

내가 김기설을 만난 때는 구속영장이 발부되기 3일 전인 1991년 3월 23일이었다. 1990년 3월 우리 대학의 학생회장이었던 김용갑이 의문사했고, 이 의문사를 규명해 달라며 1년 후인 1991년 3월 정연석이 분신자살을 기도했다. 나는 정연석의 피맺힌 절규가 허망하게 묻히지 않도록 해야 한다고 생각했고, 그래서 학생들과 함께 학내 점거 농성에 돌입하여 싸웠다. 그때 농성장을 방문한 이들이 있었다. 우리들의 정당한 농성을 지지하겠다며 늦은 밤, 대여섯 사람이 찾아온 것이었다. 그중 가장 눈에 띈 사람이 서울에서 내려왔다는 젊은 남자였다. 그는 강원도 원주의 전교조 지부 창립식에 참석하기 위해 출장을 왔다가 그곳에서 우리 상황을 듣고 일행과 함께 내려오게 되었다고 했다. 정말 고마웠다. 너무 큰 일이 벌어져 어떻게 해야 할지 난감하던 그때, 격려하기 위해 찾아와 손을 내밀어 준 그에게 나는 깊은 호감을 느꼈다.

그로부터 30분 정도 그간 우리가 싸워 온 과정을 듣고 나서 그들이 서둘러 자리에서 일어났다. 당일 오전 가두시위 도중 경찰에 연행된 학생들의 석방을 요구하겠다며 경찰서로 가겠다는 것이었다. 그때 서울에서 내려온 그 남자가 나에게 다가와 자신이 갖고 있는 자료를 잠시 맡아 달라고 부탁했다. 자신의 명함을 주겠다며 주머니를 뒤졌으나 남아 있는 명함이 없었다. 그는 다른 사람 명함 뒷면에 볼펜으로 자신의 직위와 이름, 연락처를 적어 주었다.

전국민족민주운동연합 사회부장 김기설

그런데 방송에서 그 김기설이 분신 자결을 했다는 것이다. 잘못 들은 게 아닌지 의심하며 내가 만난 그 김기설이 맞는지 혼란스러웠는데, 화면 가득 분신한 사람의 얼굴이 나왔다. 나는 얼른 텔레비전 가까이 다가가 그 얼굴을 봤다. 김기설이 맞았다. 마음이 무너지는 안타까움과 슬픔이 몰려왔다.

1991년 4월 29일, 명지대 1학년 강경대가 시위 도중 백골단의 쇠파이프에 맞아 숨지는 사건이 발생했다. 이후 노태우 살인 정권을 규탄하는 시위가 벌어졌고, 그 과정에서 학생과 노동자의 잇따른 분신자살이 이어졌다. 전남대 박승희, 경원대 천세용, 안동대 김영균 등 학생들의 분신으로 노태우 군사정권의 앞날은 예측 불가능한 지경이었다. 그러던 5월 8일 새벽 6시경, 또 다시 서강대 옥상에서 김기설이 분신한 것이다. 네 번째 분신 희생자였다.

감옥으로 돌아온 나는 김기설에 대한 미안함으로, 또 그를 애도하는 마음으로 일주일간 단식 농성에 돌입했다. '강경대를 타살한 노태우 군사정권 퇴진'을 요구하는 1인 단식 농성이었다.

분신자살 특공대 만들어 낸
노태우 정권

묘한 일들이 벌어지기 시작했다. 김기설이 분신 자결한 후 공안당국에서 "잇따른 분신 사건에 배후가 존재한다"는 말이 흘러나왔다. 그러더니 당시 서강대학교 총장이었던 박홍 신부가 밑도 끝도 없이 "죽음을 부추기는 어둠의 세력이 있다"는 말을 꺼낸 후 이른바 '분신 배후설'은 진짜인 것처럼 번지기 시작했다. 심지어 "운동권 내부에서 제비뽑기로 분신 순서를 정한다"는 어처구니없는 말조차 진짜처럼 돌았다. 그러자 감방에 함께 수용되어 있던 일반 재소자들 역시 나에게 "진짜냐"며 은밀히 물어 오는 지경이었다.

처음엔 이러다 말 것이라 여겼다. 그런데 매일 조금씩 형태를 달리하더니, 이번에는 "김기설이 분신하는데 유서를 대신 써 준 사람이 있어 검찰이 수사 중"이라는 보도가 나왔다. 이른바 '유서 대필 조작 사건'이 세상에 정식으로 고개를 내민 것이다.

유서 대필 조작 사건을 자세히 들여다보면 이 사건이 얼마나 엉터리인지 금방 알 수 있다. 당시 검찰은 그 사건의 범인이 누구든 상관하지 않았다. 그저 유서를 대필해 줬다는 천하의 파렴치범이 재야 운동권에 있다는 것만 입증하면 그만이었기 때문이다. 그래서 당시 공안 검찰은 처음엔 전민련 동료인 임아무개 씨를 대상으로 사건을 조작하려 했다. 임아무개를 상대로 하려니 너무 무리한 느낌이 들자 그다음 대상으로 삼은 이 역시 같은 전민련 동료인 김아무개였다. 그러다가 검찰이 최종 대상으로 삼은 이가 바로 당시 전민련 총무부장이었던 강기훈 씨였다. 그렇게 조작된 사건이기에 재야에서는 검찰의 이 무리한 조작극이 끝까지 갈 거라고 믿지 않았다. 너무나 터무니없는 억지였기 때문이다.

한편, 많은 이들에게 알려지지 않았지만 그 시기 유서 대필 조작은 그 사건만이 아니었다. 조작 기도가 최소한 세 건 더 있었다. 그중 하나가 바로 1991년 5월 11일 전남대에서 분신 자결한 노동자 윤용하의 죽음을 둘러싼 음모였다. 당시 공안 당국은 초등학교만 졸업한 노동자 출신의 윤용하가 노태우 정권의 유서 대필 조작 음모를 비난하는 유서를 쓰고 분신 자결하자 그의 친형에게 접근했다.

이어 경찰은 윤용하의 형에게 "아무것도 모르는 노동자 출신인 동생이 뭘 알고 분신했겠느냐"며 "우리 말대로 하면 다 잘해 주겠다. 대학생들이 당신 동생에게 술을 많이 먹여 만취하게 한 후 기름을 부어 죽이고 유서도 그 학생들이 대신 써 준 것이라고 형이 기자회견을 하자"며 회유, 협박했다는 것이다. 이후 윤용하의 형은 그들의 뜻에 따르는 척하다가 도망쳐 강경대범국민대책위원회가 설치되어 있던 연세대를 찾아가 기자회견에서 이를 폭로했다.

"아니 땐 굴뚝에 연기 날까"라는 속담이 있다. 여전히 일부에서는 김기설의 분신 과정에서 강기훈이 뭔가 역할을 했으니 이런 일을 당하지 않았겠냐는 의혹의 눈초리를 거두지 않는 이들도 있다. 하지만 윤용하 사건에서 보듯 당시 노태우 군사정권은 권력 유지를 위해 필요하면 사건을 조작해서라도 만들어 냈다. 완성된 사건이 바로 '강기훈 유서 대필 조작'이었다.

사건 발생 21년,
사법부의 부도덕은 계속된다

그 후 감옥에서 석방된 나는 '유서대필조작 강기훈 무죄석방 공동대책위원회'를 찾아갔다. 당시 전민련 인권 위원장이었던 서준식 선생이 집행위원장을 맡고 있던 그곳에서 나는 간사로서 인권 운동에 첫 발을 디뎠다. 그곳에서 일하면서 나는 이 사건에 대한 더 많은 진실을 알게 되었다. 무엇보다 김기설이 죽기 전 마지막으로 사람들과 나눴다는 말을 전해 듣고 나는 다시 한 번 그의 죽음에 고개를 숙였다.

김기설이 분신 자결하던 날인 1991년 5월 8일 새벽 1시경, 김기설과 함께 방을 얻어 공동 자취를 하던 동료 임근재가 오랜만에 집에 들어갔다고 한다. 그런데 김기설은 보이지 않고 방바닥에 A4 용지가 몇 장 떨어져 있었다. 그것을 주워 읽어 보니 다음과 같은 글귀가 쓰여 있었다.

단순하게 변혁 운동의 도화선이 되고자 함이 아닙니다. 역사의 이정표가 되고자 함은 더욱이 아닙니다. 아름답고 맑은 현실과는 다르게, 슬프게 아프게 살아가는 이 땅의 민중을 위해 무엇을 해야 할까 하는 고민 끝에 얻은 결론이겠지요. 노태우 정권은 퇴진해야 합니다. 민자당은 해체되어야 합니다. 우리에게 슬픔과 아픔만을 안겨 주는 지금의 정권은 꼭 타도되어야 합니다. 더 이상 우리에게 죽음과 아픔을 안겨 주지 말아야 합니다. 이제 우리는 모두 하나가 되어 죄악스러운 행위만을 일삼아 온 노태우 정권을 향해 전면전을 선포하고, 민중 권력 쟁취를 위한 행진을 위해 모두 하나 되어야 합니다. 김기설.

자살을 암시하는 김기설의 유서였다. 깜짝 놀란 임근재는 잠시 고민하다가 곧바로 재야 단체 관계자에게 전화하여 김기설이 분신자살을 생각하고 있는 것 같다며 바로 달려와 달라고 연락했다. 잠시 후. 임근재는 잠시 나갔다가 집으로 들어온 김기설을 설득하고자 연락을 받고 달려온 이들과 함께 집 근처 포장마차로 들어갔다. 술을 몇 잔 마신 후 김기설에게 방바닥에 있던 유서를 내밀며 이게 뭐냐고 물었다. 김기설은 당황해하더니 자신이 관여했던 두 가지 사건을 언급하며 "그들에게 아무것도 해 준 것이 없어 미안해서 그런 것"이라고 말했다.

그 두 가지 사건 중 하나는 1991년 사회적으로 큰 파문을 일으켰던 원진레이온 노동자 산재 사건이었다. 당시 전민련 사회부장으로 일하던 김기설이 제일 처음 관여한 사건이었다. 원진레이온은 친일파로 유명한 화신백화점 사장 박흥식이 일본 동양레이온이 폐기 처분하려던 낡은 기계를 도입하여 1966년 설립한 인견사 생산 공장이다. 애초 '흥한 화학 섬유'라는 이름으로 설립한 공장은 큰 호황을 누렸다. 그 호황을 위해 노동자들이 죽어 갔다. 박흥식은 보다 많은 이익을 얻기 위해 노동자를 보호하는 안전 설비 비용을 아꼈다. 그로 인해 노동자들은 작업 도중 발생한 치명적인 유해 물질인 이황화탄소에 노출되었고, 신경 독가스에 중독된 노동자들은 하나둘 쓰러졌다. 대표적인 피해자가 1991년 1월 사망한 김봉환 씨였다. 그는 7년간 그곳에서 근무하던 중 팔다리 마비, 언어 장애, 기억력 감퇴, 정신 이상, 성 불능, 콩팥 기능 장애 등의 증상이 나타나 진단 결과 이황화탄소 중독 판정을 받았다. 그러나 원진레이온 회사 측은 김봉환 씨가 요구한 산재 요양 신청을 거부했고, 김 씨는 그 후 3개월이 지나지 않아 사망했다. 이런 직업병 피해 환자가 1993년 8월에만 257명이나 발생했다.

김기설은 원진레이온 노동자들이 이 같은 '산업 재해'로 죽어 가고 있는데도 자신이 아무런 도움도 되어 주지 못해 미안하다고 말했다. 원진레이온 노동자 역시 그런 김기설을 기억하고 있었다. 노동자들은 김기설이 분신하기 전날에도 경기도 구리에 위치한 원진레이온을 찾아왔다고 증언했다. 그날도 이 안타까운 피해가 조속히 해결되지 않는 현실을 아파했다고 했다.

또 한 가지 미안한 일은 앞서 언급한 속초 동우대학 정연석 분신 사건이었다. 김기설은 갓 스무 살이 넘은 어린 학생들이 공권력과 조직폭력배의 탄압 속에 방치된 채 싸우는 모습을 보며 그런 학생들을 지켜주지 못하는 무력감에 고통스러워했다고 한다. 결국 김기설은 분신을 결심하게 되었다. 자신이 가진 유일한 생명을 던져 이 부조리한 세상에 '큰 고함'을 남기겠다는 극단적인 생각이었다.

사람들은 김기설에게 "살아서 싸워야지 죽기는 왜 죽느냐"며 야단도 치고 화도 내며 거듭 설득했다고 한다. 잠시 후 김기설은 자신이 쓴 유서를 찢으며 마음을 바꿨다면서 사람들을 안심시켰다. 이내 유쾌한 듯 웃으며 같이 술을 마셨다. 그러던 김기설이 "잠깐 전화 한 통 하고 오겠다"며 포장마차를 벗어났는데, 그렇게 나가서 돌아오지 않았다는 것이었다. 그때 함께 있었던 이들은 지금까지도 그 순간의 판단 착오를 크게 후회하고 있다. 공중전화를 이용하겠다는 그를 쫓아가지 않은 것에 대한 후회였다. 스스로 유서도 찢었고 쾌활하게 웃으며 앞으로 살아서 더 열심히 싸우자고 다짐도 한 터라 다른 마음을 품었을 것이라고는 의심하지 않았다. 일행 중 한 명이 따라나서려 하자 김기설은 걱정하지 말라며 도망가지 않고 바로 온다는 말까지 했다는 것이다. 그렇게까지 말하는 김기설을 따라 가는 것도 예의가 아닌 것 같아 믿고 기다렸는데 한참 시간이 지나도 그가 돌아오지 않자 일행은 불안감에 정신없이 그의 행방을 찾았다. 그렇게 찾던 김기설의 행방을 알게 된 것은 그로부터 약 세 시간 후인 새벽 6시였다. 김기설이 서강대 옥상에서 온몸에 불을 붙인 후 아래로 투신했다는 소식이었다.

김기설의 분신 항거에 대해 당시 노태우 군사정권은 윤용하 사건 때처럼 터무니없는 조작을 시도했고, 결국 강기훈을 유서 대필범으로 기소했다. 또한 대한민국 법정은 이 말도 안 되는 사건을 유죄로 만들었다. 진실을 밝혀야 할 법원마저 엉터리 조작 사건에 정당성을 부여해 준 것이다.

결국 이로 인해 강기훈은 동료에게 잘 죽으라고 유서를 대신 써 준 '세계 최고의 파렴치범'이 되었고, 김기설은 죽으면서 제 손으로 유서 한 장 못 쓰는 '세계 최고의 바보'가 되고 말았다. 이 거지 같은 판결 앞에서 강기훈이 받은 상처는, 그 길이와 깊이를 잴 수 없을 만큼 고통스럽고 분하며 억울한 '인격 사형'이었다. 1992년 7월, 강기훈은 결국 형법상 '자살 방조죄'라는 죄명으로 징역 3년을 선고받았다. 그 판결이 내려진 날, 평소 자신의 울분을 외부에 발산하지 못하던 강기훈은 재판부를 향해 외쳤다. "이 거지 같은…." 그 순간 교도관이 강기훈의 입을 틀어막아 나머지 외침은 소리가 되어 나오지 못했지만, 사람들은 알고 있을 것이다. 그가 외치려 한 말은 여전히 대한민국 사법부의 수준을 보여 주고 있다.

드러난 진실,
유서는 김기설의 필체가 맞다

한편 강기훈 유서 대필 사건은 1975년 인혁당 재건위 사건과 더불어
우리나라 사법사상 '가장 부끄러운 판결' 중 하나로 언급되어 왔다. 다
행히 지난 2007년 1월 23일, 인혁당 재건위 사건은 재심을 통해 무죄
가 확정되었다. 강기훈 유서 대필 조작 사건 역시 진실을 바로잡기 위한
많은 노력이 수없이 이어졌다. 2006년 12월 16일 '경찰청 과거사진상규
명위원회'를 시작으로 '진실·화해를위한과거사정리위원회' 역시 강기훈
유서 대필 조작 사건에 대해 재조사를 착수했고 2007년 11월 마침내
그 결과를 발표했다. 결론은 단순했다. 문제의 유서는 김기설이 쓴 것이
맞다는 것이었다. 무려 16년 세월을 돌아 찾아낸 결론은 지극히 상식적
이었다.

유서의 필적 감정을 조작하여 만든 사건이었으니 진실 역시 필적 감
정을 통해 드러났다. 1991년 당시 유서 대필 사건을 조작하는 데 앞장
섰던 경찰청 산하의 국립과학수사연구소(약칭 '국과수')가 이번에는 진실
을 말했다. 그럴 수밖에 없었다. 그때는 재판부가 국과수에만 필적 감정
을 의뢰했지만, 이번에는 국과수를 비롯하여 일곱 개 사설 감정 기관에
도 의뢰했기 때문이다. 당시 강기훈이 대신 썼다는 유서와 새로 입수한
김기설의 필적 등을 감정한 결과 국과수를 포함한 여덟 곳의 감정 결과
는 동일했다. "유서의 필적은 김기설 본인의 것"이라는 결과였다. 노태우

정권이 조작한 유서 대필 사건의 진실이 '깔끔하게' 밝혀진 것이다.

두 달 후인 2008년 1월, 강기훈은 법원에 재심을 청구했다. 다시 1년 8개월이 지난 2009년 9월, 서울고등법원 형사 10부는 마침내 '강기훈 유서 대필 사건'에 대한 재심 개시 결정을 내렸다. 그러나 대한민국 검찰은 비열했다. 진실을 인정할 용기가 그들에게는 없었다. 그들은 고등법원의 반대에도 이 사건 재심 개시 결정에 불복하는 항고장을 대법원에 냈다. 검찰이 입만 열면 말하는 정의가 무엇인지 모르겠다.

강기훈 사건과 드레퓌스 사건의
같은 점과 다른 점

한편 검찰의 항고 후 만 3년이 지나도록 대법원은 이 사건의 재심 개시 여부에 대한 재판을 열지 않았다. 조속한 재판을 요청하는 각계의 호소와 항의에도 대법원은 침묵했다. 그사이 심각한 일이 벌어졌다. 사건 피해자인 강기훈이 말기 간암 판정을 받은 것이다. 병세가 너무나 짙어 그가 앞으로 얼마나 더 살 수 있을지 장담할 수 없는 지경에 이르러 많은 이들이 분노했다.

많은 이들이 강기훈 유서 대필 사건을 언급하며 프랑스의 드레퓌스 사건과 흡사하다는 말을 흔히 한다. 1894년 10월, 프랑스 육군 참모본부에 근무하던 포병 대위 알프레드 드레퓌스가 독일 대사관에 군사 정보를 팔았다는 혐의로 체포되었다. 육군 기밀을 담고 있는 문서의 필적이 드레퓌스의 필적과 일치한다는 것이 그가 이 사건의 범인이라는 유일한 단서였다. 반유태인 신문은 유태인 출신인 드레퓌스가 매국 행위를 했다며 그를 단죄하라고 사설을 통해 군부에 요구했다. 그 같은 언론 보도에 당황한 당시 프랑스 군부는 비공개 군법회의에서 드레퓌스에게 종신형을 선고했다. 결국 드레퓌스는 이후 '악마의 섬'으로 유폐됐다. 2년 뒤인 1896년, 드레퓌스의 군대 동료 한 명이 '명세서 필적은 사실 에스테라지 소령의 것'임을 밝히고 나섰다. 드레퓌스가 범인이 아니라는 매우 유력한 증거가 새로 나온 것이었다. 그러나 프랑스 군 수뇌부는 그 사실을 은폐하려 했다. 자신들이 오심을 내렸다는 사실이 드러나 군부의 권위가 실추될 것을 두려워했던 것이다. 이에 드레퓌스의 가족들은 1897년 11월, 진범인 에스테라지 소령을 정식으로 고발하며 진실을 밝혀 달라고 했으나, 군부는 형식적인 재판 끝에 진범인 그를 무죄로 석방했다. 프랑스 군부는 진실을 원한 것이 아니었다. 오직 드레퓌스가 그 사건의 범인이면 족했던 것이다. 그렇게 에스테라지 소령이 무죄로 석방되고 이틀이 지난 1898년 1월 13일, 당시 프랑스 최고의 소설가였던 에밀 졸라의 글이 한 신문의 1면에 발표되었다. 당시 프랑스 대통령 펠릭스 포르에게 보내는 편지 형식으로 쓴 "나는 고발한다"라는 글이었다.

"대통령 각하, 저는 진실을 말하겠습니다"로 시작되는 그 기고문에서 에밀 졸라는 프랑스 장군과 장교 일곱 명, 필적 감정가 세 명, 그리고 일부 언론의 부도덕성을 가차 없이 질타했다. 동시에 '프랑스의 양심'을 향해 드레퓌스의 무죄를 호소했다. 국가 권력에 의해 희생된 개인의 정의와 진실을 바로 세우라는 에밀 졸라의 외침은 지금까지도 불후의 명문으로 손꼽히고 있다.

그 후 12년. 마침내 드레퓌스는 프랑스 군부로부터 무죄 선고를 받았다. 지난한 싸움이었지만 12년 만에 그는 진실을 밝혀 내고 이후 행복한 결말을 맺었다. 진실이 드러난 후 그는 다시 예전 직장으로 돌아가 진급도 하고 훈장도 받았기 때문이다. 하지만 강기훈은 그러지 못했다. 필적을 이유로 억울한 누명을 쓴 것만 같을 뿐, 강기훈은 지금 생활고로 항암 치료도 받지 못한 채 죽어 가고 있다. 드레퓌스의 12년이 아니라 23년이 지난 2014년 4월까지도 강기훈의 명예는 여전히 회복되지 못하고 있다.

그래서 나는 '에밀 졸라'의 심정으로 '대한민국의 양심'을 향해 고발한다.

"대법원장님, 저는 지금부터 진실을 말하겠습니다. 강기훈은 무죄입니다. 강기훈은 김기설의 유서를 대필한 적이 없으며, 그의 자살을 방조한 사실 역시 없습니다. 그럼에도 강기훈을 유서 대필범으로 묶어 두는 것은 한편으로는 자신을 던져 사회적 약자들에게 눈물을 보인 김기설의 명예를 한없이 더럽히는 것이며, 다른 한편으로는 아무 죄도 없는 강기훈에게 인격적 학살 행위를 지속하고 있는 것입니다. 도대체 왜 당신들만 이 사건의 진실을 외면하는 것인가요? 누구나 다 아는 이 사건의 진실, 이미 다 드러난 진실을 왜 여전히 처박아 두고 꺼내지 않는 것인가요? 당신들이 한 번 내린 판결을 뒤집는 것이 두려워 문제의 강기훈이 죽어 버릴 때까지 마냥 기다리기로 작정한 것인가요? 도대체 얼마나 더 많은 고통을 줘야 당신들의 비열함에 스스로 만족하겠다는 것인가요? 헌법재판소의 판결이 내려지기 전까지 잠시 대법원 선고를 유보해 달라는 곽노현 서울시교육감 사건에 대해서는 많은 논란에도 선고를 서두른 이 나라 재판부가 왜 강기훈 재심 개시 재판에 대해서는 아무런 반응도 하지 않는 것인가요? 이것이 대한민국의 양심인가요? 이것이 당신들이 말하는 법의 정의란 말입니까?"

강기훈 '무죄'
23년 만의 진실, 그러나…

2012년 10월 19일, 검찰의 항고 후 만 3년이 지나도록 이 사건 재심 개시 여부를 결정하지 않았던 대법원이 각계의 항의가 빗발치자 마침내 재심 개시를 결정했다. 그해 12월 20일 서울고등법원에서 유서 대필 조작 사건에 대한 재심 첫 공판이 열린 후 다시 기나긴 2년 2개월이 지나가던 2014년 2월 13일, 서울고등법원 재판부가 역사적인 선고를 내렸다.
　결과는 강기훈 '무죄'였다. 23년 만에 찾은 진실이었다. 신문과 방송은 그때, '피도 눈물도 없이' 동료에게 잘 죽으라고 유서를 써 줬다며 강기훈을 악마로 보도하더니, 이번엔 '23년 만에 무죄 선고받은' 강기훈의 심경을 보도한다며 야단법석을 떨었다. 그러나 강기훈은 단 한 번

웃지도, 울지도 않았다. 다만 한마디 했다.

"검찰이 어떤 형태로든 유감을 표시해 줬으면 좋겠습니다."

이 말도 안 되는 조작 사건으로 자신이 잃어버린 23년에 대해 가해자인 검찰이 사과해 달라는 요구였다. 처음 이 사건을 조작한 1991년 5월 그때로 되돌릴 수 없다면 유감 표시라도 해 달라는 뜻이었다. 강기훈이 잃어버린 것은 23년 세월만이 아니었다. 모든 것이 산산이 부서졌다. 부모님은 아들을 믿었지만 유서 대필범으로 세인들의 비난을 받는 아들을 보며 세상을 떠났다. 정상적인 직장 생활은 고사하고 간암 말기로 건강은 철저히 무너졌다. 행복한 가정이 유지되는 것은 불가능했다. 다른 누구였다면 무죄 선고를 받은 순간 땅을 치며 쌍욕이라도 했을 텐데 강기훈은 그러지 않았다. 자신에게 자살 방조범이라며 유죄를 선고한 1심 재판부를 향해 "이 거지 같은…"이라고밖에 분노를 표할 줄 몰랐던 강기훈다웠다.

강기훈에게 '진심 어린 유감 표명'을 요구받은 검찰의 화답은 참으로 끔찍했다. 2014년 2월 13일, 서울고등법원 재심 결과 무죄를 선고받은 강기훈에 대해 서울고등검찰청은 그로부터 6일 후인 19일, 대법원 상고를 하기로 결정했다고 밝혔다. 무죄 선고된 재심에서 배척된 다른 필적 감정 증거에 대해 다시 판단받겠다는 것이 이유였다.

정말 그럴까. 정말 사건 발생 후 23년이 지난 지금까지도 대한민국 검찰만 이 사건의 진실을 몰라서 정말 이러는 것일까. 정말 그들이 찾는 것은 이 사건의 진실인가. 아니면 이 사건 당시 수사를 담당했던 검사, 이 사건에 유죄를 선고했던 판사들의 명예를 위해 죽어도 인정할 수 없는 것일까.

강기훈은 또 다시 이 '지긋지긋한' 진실 찾기 재판의 연장전에 돌입하게 되었다. 말기 간암을 앓고 있는 강기훈이 언제 끝날지 모르는 없는 이 재판을 버틸 수 있을까. 참으로 비열하고 부도덕한 국가 권력의 폭력이 아닌가. 23년 전, 이미 한 번 진실을 짓밟은 대법원이 또 다시 진실을 외면하지 않기를 마지막으로 촉구한다. 지금 강기훈은 죽어 가고 있다. 병상의 강기훈을 다시 일으킬 수 있는 '희망의 약'은 오직 하나다. 그의 진실을 지금 당장 밝혀 주는 것뿐이다. 검찰이 제기한 이 말도 안 되는 비열한 재심 상고에 대해 대법원은 지금 당장 재판을 개시하여 검찰 상고 기각 결정을 내려야 한다. 검찰이 외면한 피해자 강기훈에 대한 사과 혹은 유감 표시를 대법원이 그렇게라도 대신해 줄 것을 간절히 기대한다. 나는 그때까지 강기훈의 몸이 버텨 주기만을 기도할 뿐이다.

어떤 이념도 인간의
존엄성보다 우선할 수 없다
_ 한국전쟁 고양 금정굴 사건

1950년 10월 2일, 그러니까 한국전쟁이 일어나고 북한군에 의해 남쪽으로 밀려났던 국군이 서울과 경기도를 수복한 직후였다. 행색이 초라한 사람들이 양 손목을 전깃줄로 서로 묶인 채 총을 든 사람들에게 끌려가고 있었다. 그들이 끌려가던 곳은 경기 고양시 황룡산과 고봉산으로 이어지는 높이 74미터 야산에 위치한 수직 폐광 굴. 사람들은 그곳을 '금정굴'이라고 불렀다. 한편 그날을 시작으로 하루에 스무 명에서 많게는 마흔 명 넘는 사람들이 매일 금정굴로 끌려갔다고 한다. 그러나 그렇게 끌려간 이들 중 돌아온 사람은 없었다. 단 한 사람을 제외하고. 대체 그곳 고양시 금정굴에서는 당시 무슨 일이 벌어진 것일까. 비극의 시간을 1950년 10월 2일로 되돌린다.

전쟁 부역자의 친척,
그것이 죄가 될 줄 몰랐다

"너무 걱정하지 말고 기다려. 설마 부역자 친척이라고 죄도 없는 사람들을 다 죽이기야 하겠나. 내 잠시 다녀올게. 그때까지 다들 몸 성히 잘 있어."

1950년 10월 2일, 당시 고양군(현 고양시)에 살던 고산돌 씨가 치안대에 잡혀가면서 가족에게 남긴 마지막 말이었다. 하지만 그는 사랑하는 가족에게 다시 돌아가지 못했다. 그렇게 잡혀간 고산돌 씨는 연행된 지 일주일이 지난 같은 달 9일, 비슷한 사연으로 잡혀간 마을 주민 20여명과 함께 금정굴로 끌려갔다. 그곳에서 벌어진 참상은 끔찍했다. 차마 그 세세한 내용을 전부 글로 옮기는 것이 불편할 지경이다. 그날 오전 11시경, 치안대와 경찰에 강제로 끌려 올라가 도착한 곳은 줄을 타고 17미터 아래로 내려가야 하는 직각 형태의 금정굴 입구였다. 일제 강점기에 금을 캐던 곳이었지만 더 이상 금이 나오지 않아 방치된 지 오래된 폐광이었다. 잠시 후. 경찰과 치안대원들은 끌려온 주민들에게 다섯명씩 짝을 지어 금정굴 벼랑 입구를 향해 꿇어앉으라고 명령을 내렸다. 사람들은 영문을 알지 못한 채 그들이 시키는 대로 금정굴 입구를 내려다보며 꿇어앉았다. 그때였다. "설마 죽이는 것은 아니겠지" 하며 두려움에 떨던 이들의 등 뒤에서 '빵' 하는 큰 소리가 울렸다. 경찰이 꿇어앉은 이들 뒤에서 총으로 밀착 사격을 한 것이었다. 양손이 전깃줄로 묶인 희생자들은 이내 외마디 비명과 함께 17미터 아래 금정굴 속으로 굴러떨어졌다. 두 사람의 손목이 같이 묶여 있어 다른 사람이 떨어질 때 함께 떨어졌고, 어떤 이들은 옆에서 난 총소리에 놀라 지레 떨어지기도 했다.

살려 달라는 비명과 울부짖음. "나는 잘못이 없다"는 처절한 울음과 절규 역시 이내 잦아들었다. 잠시 후 사람들을 모두 '처리'한 경찰관과 치안대원들은 그들이 떨어진 금정굴 안으로 흙을 마구 퍼부었다. 목숨이 끊어지지 않은 사람이 있더라도 생매장해 죽이려는 것이었다. 그 같은 일이 이후 20여 일간 계속되었다고 한다. 한편 그날 금정굴로 끌려간 희생자들은 그 길이 죽으러 가는 길인 줄은 꿈에도 몰랐다. 경찰과 치안대원들이 "경기도 문산으로 재판받으러 가는 것"이라며 희생자들을 속였기 때문이다. 재판받으러 간다는 말에 희생자들은 오히려 기뻐했다고 한다. 재판을 받으면 '부역자의 친척'이라는 이유만으로 죽이지는 않을 것이라고 믿었기 때문이다. 또 재판을 받기 위해 문산으로 가면 적어도 그동안 갇혀 있던 고양경찰서 유치장을 벗어날 수 있었기 때문이다. 고양경찰서 유치장에서의 수용 생활은 그만큼 극심한 고통이었다.

부역 혐의자,
억울하다

한편 그처럼 끔찍한 죽음을 맞이한 희생자들의 사연을 살펴보면 그들이 얼마나 억울한지 짐작할 수 있다. 그들의 혐의는 6·25전쟁 중 북한 인민군을 위해 부역했다는 것이었다. '부역자'의 정확한 의미는 "한국전쟁 시기 북한의 침공으로 인한 적 치하 3개월 동안 인민군의 통치 행위 전반에 협력한 자"이다. 나는 먼저 그들이 정말 부역 혐의자인지, 또 만약 실제 부역을 한 사실이 있다 하더라도 그런 방식으로 목숨을 빼앗는 것이 온당한 일인지 따져 보고 싶다. 가장 큰 문제는 그들이 실제 부역을 했는지 여부였다. 공정한 재판을 통해 부역 사실 여부를 확정하고 그에 따라 적절한 법적 처분을 내리면 된다. 그러나 실상은 그러지 못했다. 잡혀간 이들 중에 실제 북한 인민군의 통치 행위 전반에 협력하여 부역한 사람은 거의 없었다. 어떻게 된 것일까.

금정굴에서 죽임을 당한 이들 대다수는 자신이 한 어떤 부역 혐의 때문이 아니라 부역자의 친척이나 가족이라는 이유로 잡혀간 것이었다. 경찰과 치안대원들은 그들을 상대로 부역 혐의자의 행방을 물으며 고문과 가혹 행위를 서슴지 않았고, 끝내 금정굴로 끌고 가 재판 절차도 없이 죽여 버린 것이다. 이런 처분은 당시 법으로도 매우 억울한 일이었다. 1950년 12월 1일 제정된 '부역자 처벌법' 어디에도 단지 '부역자의 친척 또는 가족'이라는 이유로 체포되거나 그로 인해 처벌받아야 한다는 규정은 없었고, 있을 수도 없는 일이다. 금정굴에서 희생된 이들의 유족들이 그 많은 세월이 흘러간 지금까지도 억울함을 소리치는 이유 중 하나다.

한편, 부역자의 친척이라는 이유로 죽임을 당한 이들은 말할 것도 없고, 실제 '부역 혐의'로 연행된 이들 중에도 자신이 처벌받을 만큼 큰 죄를 저질렀다고 생각한 이는 아무도 없었다. 잡혀간 이들 중에는 국군이 고양군을 수복하기 위해 진입했을 때 국군을 환영하러 나갔다가 거기서 체포된 사례도 있었다. 그들은 정말 북한 인민군을 위해 부역 행위를 했다면 인민군이 퇴각할 때 따라 도망을 갔지 왜 바보처럼 국군을 환영하러 나갔겠느냐고 울며 항변했다. 부역자로 낙인찍힌 이들 대다수가 그랬다. 자신들은 재판도 받지 못한 채 죽임을 당할 잘못을 하지 않았다는 것이다. 당시 인민군이 집으로 찾아와 총을 들이대며 쌀을 내놓으라고 강요하여 할 수 없이 쌀 서너 되를 내주었거나, 인민군들이 자신들을 대신해 보초를 서 있으라고 요구하여 거절할 수 없어서 잠시 나갔다가 돌아온 정도가 전부였다는 것이다. 그처럼 인민군 치하에서 어쩔 수 없이 하게 된 행위를 두고 '부역 행위'라며 재판도 없이 총살 후 암매장한 것은 너무한 일이 아니냐며 희생자의 후손들은 눈물을 흘렸다.

하지만 억울하다는 이들의 항변을 반박하는 이들도 일부 있다. 6·25전쟁이 벌어졌는데 남쪽으로 피난하지 않고 그대로 고향에 남아 있었던 것 자체가 이미 '사실상 부역 행위'이며 또한 북한 인민군을 환영한 행위라는 주장이다. 그러나 당시 대통령 이승만의 거짓 라디오 방송을 안다면 이런 주장은 참으로 터무니없는 것이다. 한강 이남의 국민에게 '피난을 가지 말라'고 한 사람은 바로 당시 대통령이었기 때문이다.

'나 홀로 피난' 이승만 대통령의
대국민 사기극

한국전쟁이 발발하고 이틀이 지난 1950년 6월 27일 밤 10시경. 피난을 가야 할지, 그대로 있어야 할지 서울 시민들은 혼란에 빠져 있었다. 한 치 앞도 알 수 없는 극도의 혼란 상태였다. 그때 사람들 사이에서 소문이 퍼져 나갔다. 잠시 후 라디오를 통해 이승만 대통령이 특별 담화문을 발표할 것이라는 소문이었다. 사람들은 라디오가 있는 곳으로 몰려들었다. 사람들이 웅성거리며 과연 대통령이 무슨 말을 할지 방송 시각을 기다리던 그때, 이승만 대통령의 목소리가 스피커를 통해 흘러나왔다.

이승만 대통령의 어조는 단호하고 분명했다. 그는 "우리 국군이 지금 적을 물리치고 있으니 국민과 공무원은 정부 발표를 믿고 동요하지 말며, 대통령도 서울을 떠나지 않고 국민과 함께 서울을 반드시 지킬 것"이라고 말했다. "시민들은 생업에 종사하라. 우리 국군은 계속 승리하고 있으며, 곧 북진 통일을 할 것"이라고 덧붙였다. 대통령의 담화문을 들은 국민들은 당연히 안심했다. 이승만 대통령도 서울을 떠나지 않고 있다고 하니 정말 우리가 이기고 있다고 생각했으며 피난을 갈 이유도 없다고 생각한 것이다. 그렇게 믿은 것이다.

하지만 그것은 이승만 대통령의 엄청난 '대국민 사기극'이었다. 충격적인 반전은 이랬다. 그날 라디오 방송이 나오기 세 시간 전인 6월 27일 저녁 7시경. 당시 서울중앙방송국으로 전화 한 통이 걸려 왔다. 발신지는 대전에 위치한 충남지사 관저였고 전화를 걸어온 이는 대통령 이승만이었다. 그랬다. 당시 국민들은 대통령의 라디오 방송을 당연히 서울에서 진행된 '생방송'이라고 생각했고, 대통령도 피난을 가지 않은 채 함께 서울에 있다고 믿었다. 하지만 그 시각 대통령이 있었던 곳은 대전이었고 방송은 녹음이었다.

그렇다면 이승만 대통령이 대전에 위치한 충남지사 관저로 피난 간 때는 언제였을까. 라디오 방송을 송출하기 20시간 전인 6월 27일 새벽 2시, 이승만 대통령은 서울역에서 대기하고 있던 비상 열차를 탔다. 국방부 장관이었던 신성모 등 정부 각료와 함께였다. 라디오 방송이 나가기 전날 이승만 대통령은 이미 서울 등 이남에 사는 대한민국 국민을 버리고 몰래 서울을 벗어났던 것이다. 웃지 못할 촌극이 더 있었다. 맨 처음 이승만 대통령이 피신한 곳은 대구였다. 그런데 아직 서울 미아리 고개도 넘어오지 않은 북한 인민군을 피해 대구까지 도망친 것은 너무 부끄럽다고 여긴 이승만 대통령은 신성모 국방부 장관에게 대전까지만 돌아가자고 지시했다. 그렇게 도착한 곳이 대전의 충남지사 관저였다. 그런데도 이승만 대통령은 라디오 방송을 통해 마치 서울에 있는 것처럼 국민을 속인 것이다.

국민들은 "대통령도 서울에 있는데 피난을 갈 필요가 있느냐"며 안심했다. 이승만 대통령의 대국민 사기 방송은 이후 밤 10시부터 12시까지 두 시간 동안 되풀이되었다. 비극은 거짓 방송이 끝나고 채 몇 시간이 지나지 않은 6월 28일 새벽 2시 30분경 터졌다. 방송은 거짓말이고 이승만 대통령은 이미 남쪽으로 피난을 갔다는 소문이 국민들 사이에 빠르게 퍼져 나갔다. 생방송이라고 생각했는데 두 시간 동안 똑같은 방송이 되풀이되는 것을 의심한 것이다. 일순간 엄청난 혼란이 서울 시민들을 흔들었다. 수천 명에 달하는 피난민들이 앞다투어 한강 인도교로 몰려들던 그 시간, 서울 미아리 고개에는 탱크를 앞세운 북한 인민군이 이미 입성하고 있었다. 바로 그때였다. 서울을 포기하기로 결정한 이승만 정부는 북한 인민군의 남진 속도를 늦추려 한다며 결코 해서는 안 될 '나쁜 결정'을 내렸다. 수천 명이 살기 위해 몰려들었던 한강 인도교를 폭파하기로 한 것이다. 마침내 아무런 예고조차 없이 한강 인도교가 폭파되었다. 그 순간 인도교에서는 몇 사람인지도 알 수 없는 많은 피난민이 그 자리에서 죽었다. 폭발로 죽고, 누군가는 칠흑같이 어두운 한강에 빠져 죽었다. 영문도 모른 채 그렇게 많은 서울 피난민들이 떼죽음을 맞아야 했던 1950년 6월 28일 새벽 2시 30분 '한강 인도교 폭파 사건.' 이승만 대통령 시대에 우리나라에서 벌어진 비극이었다.

물도 주지 않은 고양 경찰서, 오줌 먹으며 연명한 사연

피난하지 않은 이들을 '부역자' 또는 '부역자의 친척'이라는 이유로 연행하여 고문과 가혹 행위를 하고 집단 학살까지 자행한 고양경찰서 경찰과 치안대원의 만행은 전쟁 중이라 해도 명백한 '범죄'이며, 한국전쟁 과정에서 벌어진 '반인권 학정의 집약판'으로 비난받아야 한다. 도피한 부역 혐의자의 소재를 대라며 경찰과 치안대원은 부역자의 친척과 아내, 심지어 자녀들까지 불법으로 연행하여 때리고 고문했다. 그런데 더 심각한 인권 유린 행위가 또 있었다. 그 죽음의 한복판에서 천신만고 끝에 살아남은 이의 증언은 참담했다.

연행된 순간부터 그들은 경찰과 치안대원에게 개머리판이나 장작개비로 무조건 맞았다고 한다. 그런 구타나 가혹 행위보다 더 극심한 고통은 '목마름'과 '배고픔'이었다. 연행된 이들에게 경찰은 쌀 한 톨, 물 한 모금도 내주지 않았다. 결국 그들은 살기 위해 자신의 오줌을 받아 마시며 연명했다. 그뿐 아니었다. 당시 고양경찰서 유치장 순경으로 근무했던 정 모 씨의 증언에 따르면, 경찰은 연행된 이들을 남녀 구분 없이 비좁은 감옥 안으로 몰아넣었다. 불과 7-8명이 들어갈 감방에 그 배가 넘는 20여 명을 억지로 몰아넣었으니, 그 안에서의 상황은 그야말로 아비규환 그 자체였다. 경찰은 화장실을 가고 싶다는 희생자들의 요청을 들어준 적이 없었다. 결국 소변을 참지 못한 여자들이 서서 오줌을 누는 모습, 아침이면 전날 받은 고문으로 죽은 사람이 실려 나오는 모습을 지켜봐야 했다. 자신 역시 세월이 흘러도 당시 기억은 떠올리고 싶지 않은 악몽이라고 했다.

도대체 어떻게 이런 일이 벌어질 수 있는지 끔찍할 뿐이다. 인민군 치하에서 인민군이 총을 들이대며 강제로 무엇을 요구하는데 그것을 거절한 사람이 있다면 그는 칭찬받아 마땅하다. 그런데 대통령의 말을 믿고 피난하지 않았다가 맞이한 북한 인민군 치하였다. 그런 상황에서 일반 국민 대다수는 그저 살아남기 위해 그들의 강요를 거부할 수 없었다. 이런 소극적 행위를 부역이라는 이유로, 또는 그런 부역자의 친척이라는 이유로 그처럼 가축만도 못한 대우를 하고 죽여야 마땅한 일인가.

희생자들의 유족이 억울해하는 것 역시 그 점이었다. 당시 국군이 고양군을 수복하자 고양경찰서 경찰과 치안대원은 부역자들을 체포한다며 피난하지 않고 마을에 남아 있던 이들을 잡아들였다. 그런데 그때는 실제 부역자들은 이미 인민군을 따라 북으로 떠난 후였다는 것이다. 그러니 남은 이들은 부역자일 수 없다는 것이다. 이미 언급한 것처럼 인민군의 강요로 쌀을 내주거나 두어 시간 보초를 서라는 요구에 응한 것, 또는 "집이 넓으니 인민 재판소로 쓰겠다"는 인민군에게 강제로 집을 빼앗긴 것이 전부였다. 그들은 자신들이 하기 싫은 일을 강요에 의해 억지로 하게 된 것이니 오히려 피해자라고 생각했다. 인민군 치하에서 고통받고 지내다가 마침내 국군이 고양군을 수복하여 기쁘게 맞이했는데 자신들을 '부역 혐의자' 또는 '부역자의 친척'이라는 이유로 잡아가니 얼마나 억울했겠는가. 그야말로 마른하늘에 날벼락이었다.

금정굴의 유일한 생존자 구한
이병순 씨의 증언

1950년 10월 2일부터 벌어진 금정굴 집단 학살 행위는 최소한이라도 법적 정당성을 지니고 있었을까. 당연히 아니었다. 금정굴 집단 학살이 중단된 것은 처음 학살이 벌어진 10월 2일 이후 꼭 한 달이 되던 11월 2일이었다. 유족 일부가 부역자 처리를 위해 이승만 정권이 설치한 '군 검경 합동 수사본부'에 진정 서류를 제출한 덕분으로 추측된다. 최소 153명이 금정굴에서 억울하게 목숨을 잃고 난 후였다.

한편, 금정굴 집단 학살 만행이 세상에 널리 알려진 때는 2006년 4월이었다. 금정굴 희생자 유족들이 노무현 정부에서 출범한 '대통령 소속 진실·화해를위한과거사정리위원회'(약칭 '진실화해위')에 이 사건의 진상 규명을 요청하면서였다. 진실화해위는 이후 약 1년간 조사를 거쳐 2007년 6월 26일, 이 사건에 대한 '진실 규명 결정문'을 다음과 같이 발표했다.

1950년 당시 고양경찰서장의 지휘 아래 1950년 10월 9일부터 31일까지 고양 지역과 파주 일부 지역에서 거주하던 고산돌 외 75명을 포함한 153명 이상의 주민들이 부역 혐의자 및 부역 혐의자의 가족이라는 이유로 고양경찰서 소속 경찰관들에 의해 금정굴에서 불법적으로 집단 총살당한 사건.

이 같은 진실화해위 '고양 금정굴 사건 진실 규명 결정' 발표에서 눈을 끄는 증언이 있었다. 바로 금정굴에 끌려간 희생자 중 '이경선'이라는 유일한 생존자를 구한 이병순 씨의 증언이다. 1950년 10월 9일, 이병순 씨는 자신의 아버지 역시 금정굴로 끌려가 경찰과 치안대원에 의해 죽임을 당했다는 사실을 알게 되었다. 아버지 시신이라도 모셔 와야겠다는 마음으로 금정굴 사건 현장을 찾아갔다고 한다. 그의 증언이다.

"[아버지의 희생] 소식을 듣고 억울했지만 시신이나마 수습하고자 그 즉시 작은아버지와 동네 어른 등 일곱 분을 모시고 함께 금정굴로 찾아갔습니다. 점심때 즈음이었습니다. 동아줄을 이용해 작은아버지와 동네 어른 두 분이 [17미터 아래] 금정굴 안으로 내려가셨습니다. 두 분이 내려가시자 동굴 바닥에서 '사람 살려' 하는 소리가 나서 살펴보니 살아 있는 사람이 한 명 있었답니다. 그분이 바로 [금정굴의 유일한 생존자] 이경선 씨입니다. 우리가 굴 안에서 꺼내주자마자 그는 바로 고봉산 쪽으로 도망갔습니다. 나중에 이경선 씨 사위를 우연히 만나 어찌된 경위인지 알게 되었는데, 그때 이경선 씨는 뺨에 [경찰이 쏜] 총알이 스친 상처만 입어 목숨이 떨어지지 않은 것이라고 하더군요. 잠시 후 작은아버지가 굴에서 올라와서 하시는 말씀이 피비린내 나고, 아직 생명이 덜 끊어져 살려 달라고 악을 쓰는 사람, 팔이 떨어진 사람들로 굴 안이 가득 차 있어 도저히 참을 수 없어 올라왔다고 했습니다. 흙이 조금씩 덮여 있었고요. 시간은 점심때인 낮이었지만 17미터 아래 굴 안은 캄캄하고 비좁아서 어떻게 해 볼 도리가 없었어요."

희생자의 부인을 차지한 치안대,
야만의 극치

고통은 희생당한 이들만의 몫이 아니었다. 살아남은 이들의 고통 역시 죽어 간 사람들 못지않게 참담했다. 차마 일일이 다 적기가 고통스러운 사연들로 차고 넘친 그들의 지난날은 말 그대로 '한 많은 세월'이었다. 사건 이후 금정굴에서 희생된 이들의 남은 가족들은 다시 생명의 위협을 받아야 했으며 땅과 살림살이 등 전 재산을 치안대원에게 빼앗기기도 했다. 또한 연좌제에 따라 자녀들은 직장을 얻거나 육사 등 국립대학에 진학할 수도 없었다고 한다. 요시찰 대상자로 분류되어 늘 공안 기관의 감시 속에서 살아야 했다. 하지만 그런 피해 사례들은 희생된 이들의 부인들이 당한 '성적 치욕' 앞에서 무색해진다. 고양군 덕이리에 살던 박 모 씨가 금정굴에서 죽임을 당한 후, 치안대원이 그의 부인을 강제로 치안대에 끌고 갔다. 끌려간 그곳에서 남편을 죽인 치안대원의 첩이 되어야 했다고 희생된 박 씨의 아들이 증언했다. 사건 당시 여섯 살이었다는 그 아들은 치안대에 의해 아버지를 잃고 어머니마저 빼앗긴 채 '고아 아닌 고아'로 살아야 했다며 서럽게 울었다고 한다. 기막힌 일은 그뿐이 아니었다. 당시 치안대 대장이었던 김 모 씨 역시 자신이 죽인 노 모 씨의 부인을 성적으로 괴롭혀 결국 고향을 떠나게 만들었다. 또 다른 희생자인 최 모 씨의 부인은 자신이 겪은 치욕을 잊을 수 없다며 진실화해위에서 증언했다. 남편을 억울하게 잃고 며칠이 지나지

않은 어느 날, 경찰관이 찾아와 자신을 지소로 끌고 간 때가 새벽 4시
경이었다고 한다. 도대체 왜 자신을 잡아가는지 종잡을 수 없었는데 경
찰의 심문을 듣고 너무도 기가 막혔다. 남편이 죽었으니 하루빨리 재혼
을 하라는 것이 경찰의 요구였다. 경찰이 남편을 죽인 것도 분한데 왜
그런 터무니없는 강요를 하는지 기가 막혀 답변조차 나오지 않았다. 그
러자 경찰은 "왜 말 안 하느냐? 네 자식들 길러 [나에게] 원수를 갚으려
하느냐? 2주 안으로 팔자 고쳐"라고 하면서 몽둥이로 마구 때렸다.

너무도 끔찍한 야만이 아무렇지도 않게 자행되던 시절이었다. 그 같
은 불법 행위에 대한 책임 결과를 확인해 보면 황당할 지경이다. 피해
유족들의 신고로 사건으로 접수한 합동 수사본부가 체포한 사람은 당
시 고양경찰서 경찰관 한 명이었다. 그것도 이 사건의 책임자일 수밖에
없는 당시 고양경찰서장 이무영이 아니라 하위직 경찰관이었다. '사람을
재판도 없이 불법으로 죽인 혐의'로 고작 하위직 경찰관 한 명을 재판
에 회부했다는 것이다. 더 이상한 일은 그에 대한 처분 결과다. 그 한 사
람조차도 처벌을 받은 것인지 알 수 없기 때문이다. 1950년 12월 22일
서울지방법원에서 '부역자 불법 처형 혐의'로 사형선고를 받았다는 그
에 관한 기록을 찾았으나 진실화해위 조사관은 끝내 아무것도 찾지 못
했다. 어처구니없는 사건의 황당한 결말이다.

금정굴의 비극,
잊지 말아야

어느덧 이 끔찍한 일이 벌어진 지 반백 년이 훌쩍 지나가고 있다. 그동안 적지 않은 일들이 있었다. 2007년 진실화해위의 진실 규명 결정으로 진실이 밝혀졌고, 그에 따라 유족들이 경찰의 불법 행위에 대한 책임을 묻고자 제기한 국가 상대 민사소송에서 서울고등법원이 2012년 8월 23일 원고 승소 판결을 내리기도 했다. 국가기관과 법원이 금정굴 희생자들과 유족들에게 그 억울함을 분명하게 인정한 것이다.

하지만 현실로 돌아오면 실정은 다르다. 진실화해위는 금정굴 사건 희생자 유족들에 대한 국가 차원의 공식적 사과, 임시 보관 중인 유해 영구 봉안, 이들을 추념하는 고양시 평화 공원 설립, 위령 시설 설치 등을 국가와 해당 자치단체 등에 권고했다. 하지만 이 같은 권고는 2014년 4월 현재까지도 전혀 이행되지 못하고 있다. 어쩌면 영원히 불이행될지도 모른다. 왜 그런가.

1950년 10월 당시 금정굴에서 가해한 이들이 여전히 반성하지 않기 때문이다. 그들은 자신들의 행위가 명백한 잘못임을 인정하는 국가기관의 결정과 법원의 판결에도 불구하고, 여전히 그 희생자들과 유족들에게 사과는 고사하고 밑도 끝도 없는 '빨갱이' 매도를 거듭하고 있다. 지난 2010년 지방선거 당시 야권 연대 단일 후보로 선출된 시장과 '금정굴 희생자를 위한 평화 공원' 건립을 공약했던 일부 고양 시의원들 역시 임기 내 자신들의 약속을 지키지 않았다. 억울한 피해 유족들의 한은 또 그만큼 쌓여 가고 있다. 도대체 언제 이 문제가 해결될까.

이념 갈등으로 일어난 한국전쟁 중에 빚어진 야만은 결코 되풀이 되어서는 안 된다. 그 어떤 이념도 인간의 존엄성보다 우선할 수 없다. 그렇기에 나는 수백억 원을 들여 웅장하게 지어 놓은 서울 용산의 '전쟁기념관'보다 '고양 금정굴 평화 공원'을 만드는 것이 더 시급한 일이라고 주장한다. 전쟁을 기념한다는 발상 자체가 참으로 어처구니없는 일이다. 싸우고 죽이는 것을 기념하여 무엇을 어쩌자는 것인가. 나는 전쟁을 통해 평화의 소중함을 되새기자는 말장난보다 실제로 평화가 얼마나 소중하고 중요한지를 후세 사람들이 기억하기를 바란다. 전쟁은 사람을 죽이고, 평화는 인류를 구한다. 전쟁 중에 억울한 죽임을 당한 희생자들을 기억하며 그 야만을 반성하는 것이야말로 우리가 선택해야 할 진짜 '평화를 위한 교육'이다. 이것이 평화를 위한 첫걸음이 되어야 한다. 1950년 한국전쟁 중에 숨진 고양 금정굴 희생자 고산돌 씨를 비롯한 모든 이들을 추모하며, 또한 가족을 잃고 여전히 고통스럽게 살아가고 있는 그 후손들의 평화를 기원한다.

김근태가 큰 소리로
연설할 수 없었던 까닭은?

2006년 2월, 열린우리당 전당대회가 한창 열기를 더해 가던 어느 날이
었다. 당 의장 경선에 출마한 당시 열린우리당 국회의원 김근태 후보를
지지하던 사람들 사이에서 심각한 논란이 일었다. 김근태 후보가 경선
연설에서, 방송 토론회에서 왜 좀 더 자신 있게 연설을 하지 못하느냐는
것이었다. 막강한 경쟁 상대였던 정동영 후보처럼 김근태 후보도 큰 소
리로 당당하게 연설해야지, 말투도 어눌하고 목소리도 작다는 불만이었
다. 어떤 이들은 "김근태 후보가 성품 온화한 것은 좋은데 당 의장을 뽑
는 경선에서조차 이렇게 하면 어찌 이기겠느냐"고 걱정했다. "삼수갑산
을 가더라도 다른 후보들처럼 큰소리부터 뻥뻥 쳐야 하는데 너무 얌전
한 선거운동을 하니 안타깝다"는 등 여러 말이 보태지던 때였다.

시간은 점점 흐르고, 바다의 흐름 역시 더욱 비관적으로 바뀌고 있었다. "열린우리당의 개혁 정신을 잇기 위해선 김근태 후보가 당 의장으로 선출되어야 하는데 아무래도 어렵겠다. 계속 저런 식으로 후보 연설을 한다면 반드시 패할 것"이라는 비관적 흐름이 더욱 깊어지던 때였다. 지금이라도 빨리 김근태 후보 선거 캠프에 이런 바닥 여론을 알려 연설 방식을 바꾸도록 해야 한다는 말이 여기저기서 속출했다. 김근태 후보를 진심으로 사랑하고 지지하는 사람들이었기에 걱정 역시 컸던 것이다.

결국 나 역시 고민 끝에 전화기를 들었다. 김근태 후보의 최측근으로 일하고 있던 모 선배에게 전화하여 "김근태 의원님이 연설하실 때 좀 큰 소리로, 그리고 정동영 후보처럼 당당하게 연설하셔야 되지 않겠느냐. 지금 사람들이 걱정을 많이 한다"는 말을 전했다. 그러면서 "지지하는 사람들 속에 이런 불만이 있다는 것을 의원님도 알고 계시느냐"는 말도 꺼냈다. 그런데 그 선배가 하는 말은 놀라웠다.

손수건의
비밀

선배는 가볍게 한숨을 내쉬었다. 그러면서 씁쓸하게 웃었다.

"우리도 알지. 그런데 의원님은 큰 소리로 연설을 할 수가 없어."

"아니 왜요? 그럼 여태 정치 연설을 그렇게 해 오셨다는 거예요?"

그렇게 해서 듣게 된 그 선배의 말은 정말 충격적이었다. 1985년 8월, 당시 재야 단체인 '민주화운동청년연합'(약칭 '민청련')에서 의장으로 활동하던 김근태가 서울 남영동 소재 치안본부 대공 분실로 연행된다. 그곳에서 김근태는 저 악명 높은 '고문 기술자' 이근안에게 지독한 고문을 당한다. 당시 연행된 김근태가 받은 혐의 내용은 단순한 재야 활동에 관한 것이 아니었다. 간첩이었다. 당시 전두환 군사정권은 대표적인 운동권 인사인 김근태를 간첩으로 조작하여 죽이려 작정했던 것이다. 고문 기술자 이근안까지 동원해 김근태의 허위 자백을 얻기 위해 잔혹한 고문을 자행했다. 전기고문 여덟 번, 물고문 두 번이었다. 그 고문이 얼마나 지독했는지는 이후 김근태가 남긴 글을 통해 유추해 볼 수 있다. 다음은 1988년 7월, 감옥에서 석방된 김근태가 당시 〈한겨레〉에 기고한 글 "무릎을 꿇고 사느니…" 3부작에서 발췌한 것이다.

고문은 물고문으로부터 시작되었다. [1985년] 9월 4일 오전 7시 반부터 12시 반까지 5시간 걸렸다. 팬티만 남긴 채 알몸이 되어 칠성판 위에 올려졌다. 담요에 둘둘 말린 채 발목, 무릎, 허벅지, 배, 가슴 다섯 군데가 칠성판 위에 꽁꽁 묶였다. 눈은 가려지고 코와 입에는 두꺼운 노란 타월이 덮여 쓰였다. 머리는 약간 뒤로 젖혀지고 두 사람이 양 옆에 서서 힘껏 눌러 머리를 움직이지 못하게 했다. 수도 샤워 꼭지와 주전자에서 물이 쏴아 하고 내리꽂혀 왔다. 물에 빠져 익사할 때의 고통과 공포 속으로 처넣어진 것이었다.

고문 기술자 이근안에게 고문당한 피해자들의 공통된 증언에 의하면 이근안의 고문 주특기는 이른바 '관절 뽑기'였다고 한다. 팔과 다리 등 사람의 사지 관절을 모두 뽑는 고문이었다. 이렇게 사지 관절이 뽑힌 사람은 마치 고장 난 인형처럼 땅에 널브러져 있었다. 사지가 다 뽑혔기에 어디 한 군데 힘을 줄 수 없는 상태였다. 그런 상태로 있다 보면 서서히 온몸으로 지독한 고통이 엄습해 왔다. 의식은 살아 있는데 손가락 하나 자신의 의지로 움직일 수 없는 상태로 피해자가 지독한 고통을 느끼는 사이 고문 기술자 이근안은 그런 사람을 옆에 두고 코까지 골며 잠을 잤다. 참으로 끔찍한 일이다. 이근안의 또 다른 주특기는 '전기고문'이었다. 김근태 역시 이근안에게 모두 여덟 번 전기고문을 당했다. 김근태의 전기고문 피해에 대한 증언이다.

[이근안이] 전기고문을 할 때는 팬티마저 벗겨 버렸다. 회음부가 터져 피가 팬티에 묻게 되면 골치가 아프게 될 것이기 때문이라고 했다. [증거가 남을 수 있으니] 전기 접촉면을 새끼발가락과 그다음 발가락 사이에 끼우고, 그것이 움직이지 않도록 붕대를 엄지발가락과 발등에 칭칭 감았다. 그리고 전기고문을 하기 전에 반드시 물고문을 먼저 했다. 전기 충격을 예방하기 위해서였고, 또한 전기고문과 물고문이 서로 작용하여 상승효과를 내도록 하기 위해서였을 것이다. 물고문이 어느 정도 진행되면 온 몸이 흠뻑 땀으로 젖게 되는데 그때부터 전기고문은 시작된다. 처음에는 짧고 약하게, 그러다가 점점 길고 강하게, 중간에는 다시 약해지고 또 별안간 강력하게 전류를

보냈다. 가끔씩은 전기를 발등에 직접 대기도 했는데 그 때문에 발등의 살가죽이 점점이 꺼멓게 타 버리고 말았다. 외상을 남기지 않으면서 치명적으로 내상을 입히는 전기고문, 그것은 뜨거운 불 인두로 온 몸을 지져서 바싹 말라 바스러지게 하는 것이었다. 핏줄을 뒤틀어 놓고 신경을 팽팽하게 잡아당겨 마침내 마디마디 끊어 버리는 것 같았다.

김근태가 이근안으로부터 이 같은 고문을 당한 곳은 당시 치안본부(현 '경찰청')가 관리하던 보안 분실로서 흔히 '남영동 공안 분실'이라 불리던 곳이었다. 1985년 9월 김근태가 이근안으로부터 고문을 당한후 1년 반쯤 지난 1987년 1월 14일, 서울대생 박종철 열사가 경찰의 물고문 끝에 목숨을 잃은 곳이 바로 거기였다.

김근태 후보가 큰 소리로 연설할 수 없었던 이유 역시 바로 이근안의 고문 때문이었다. 특히 물고문을 당하면서 코로 고춧가루 물을 너무 많이 마셔 그 후유증으로 김근태 후보는 만성 비염에 시달렸다. 그런 질병으로 고음으로 연설을 하면 콧물이 흐르고 목소리가 갈라져 괴성이 나오는 등 김근태 후보가 남모를 고통을 겪고 있다는 것이 그 선배의 말이었다. 우리가 불만을 토로했던 그 낮은 음성으로 연설을 하면서도 콧물이 흘러 늘 준비해 둔 손수건으로 몰래 훔치곤 한다는 김근태. 그 아픈 '숨겨진' 비밀을 들으며 나는 김근태 후보가 감당해야 했던 그 시대의 고통이 얼마나 끔찍한 것인지 새삼 깨달았다.

아내의 생일 축가
"사랑의 미로"가 슬픈 이유

한편, 우리나라의 대표적인 민주화 인사 중 한 명이었던 김근태는 모든 사람에게 영원한 '선배'였고 또한 '의장님'이었다. 의장님이라는 호칭은, 민청련 활동 당시 의장을 지냈고 이후 열린우리당에서 당 의장을 지냈기 때문에 붙은 것이다. 사람들은 '의원님'이라는 호칭보다는 '의장님'이라는 호칭을 더 좋아했고 익숙하기도 했다. 그러나 그보다 더 우선되었던 호칭은 역시 '김근태 선배'였다. 김근태 의장님의 부인인 인재근 씨는 '형수'라는 호칭으로 많이 불렸다. 나이가 많든 적든 후배들은 김근태와 인재근을 '선배'와 '형수'로 불렀다. 그들을 그만큼 존경했다. 그들은 그만큼 아름다운 동지요 다정한 부부였다. 특히 두 분의 눈물겨운 사랑 이야기는 많은 이들에게 감동을 주었다. 민주화 운동 과정에서 5년 8개월간 감옥 생활을 하던 의장님이 부인 인재근 씨와 어린 자녀들에게 보낸 편지가 이후 책으로 발간되기도 했다. 1992년 출간된 옥중 서간집 《열려진 세상으로 통하는 가냘픈 통로에서》(한울)가 그것이다. 이 책에서 의장님은 사랑하는 어린 아들과 딸에게 미안하고 안타까운 마음을 아름답게 표현했다. 극한 상황에서도 그 사랑하는 마음을 잃지 않았던 분이었다. 그중 많은 이들의 가슴을 울린 이야기가 하나 있다. 구속된 후 아내 인재근 씨가 면회를 왔는데 마침 그날 생일을 맞은 아내를 위해 의장님이 면회실에서 가수 최진희 씨의 노래 "사랑의 미로"를 불러

주었다는 것이다.

그토록 다짐을 하건만 사랑은 알 수 없어요.

사랑으로 눈먼 가슴은 진실 하나에 울지요.

그대 작은 가슴에 심어 준 사랑이여,

상처를 주지 마오 영원히.

끝도 시작도 없이 아득한 사랑의 미로여.

흐르는 눈물은 없어도 가슴은 젖어 버리고

두려움에 떨리는 것은 사랑의 기쁨인가요.

그대 작은 가슴에 심어 준 사랑이여,

상처를 주지 마오 영원히.

끝도 시작도 없이 아득한 사랑의 미로여.

고문으로 온몸은 망신창이가 되었지만 생일을 맞이한 아내에게 구치소 면회실에서 축가를 불러 줬다는 김근태 의장님. 남편의 생일 축가를 들으며 인재근 씨는 깔깔거리며 즐거워했다고 한다. 그렇게 면회를 마친 후 집으로 돌아가려고 혼자 되짚어 나오면서 인재근 씨가 흘린 눈물은, 많은 이들의 마음을 뜨겁게 했다. "사랑의 미로"를 들을 때마다 김근태 의장님을 떠올리는 이유다.

의장님은 그런 분이었다. 언제 어디서 만나든 여느 정치인과 다른 따

스함이 있었고 진정성이 있었다. 돌이켜 생각해 보면 의장님은 어디서
든 만나면 먼저 악수를 청했다. 악수를 하면서 내 눈을 바라봤다. 그렇
게 악수하는 사람과 눈을 맞추며 상대의 변화나 느낌에 대해 조곤조곤
말을 건넸다. 앞에 서 있는 사람과는 손만 잡고 눈은 다음에 악수할 사
람을 바라보는 건성이 아니었다. 손잡고 있는 사람과 눈을 맞추며 한마
디씩 안부를 물었던 김근태 의장님. 생전 의장님이 사람을 대하던 모습
은 늘 따뜻했다.

사람을 대하는 따뜻함은 어쩌면 천성이었는지도 모른다. 자신을 죽
이려고 고문했던 이근안을 끝내 용서하지 못하는 것을 두고 내내 괴로
워하기도 했다. 사연은 이랬다. 2005년 어느 날, 당시 보건복지부 장관
이었던 의장님은 여주교도소에 수감 중인 모 인사를 면회하러 갔다. 면
회를 마치고 돌아서는데 일행 중 누가 "마침 여기에 이근안도 수용되
어 있다고 하는데 한번 만나 보시면 어떨까요. 이근안이 의장님을 뵙
고 직접 사과하고 싶다는 말을 전부터 했다는데…"하며 면회를 권했
다. 그 말을 듣고 잠시 망설이던 의장님은 고민 끝에 이근안을 한번 만
나 보기로 했다 한다.

여기서 의장님 타계 후인 2012년 1월 11일 고문 기술자 이근안이 조
선일보 종편인 TV조선에 출연하여 한 말을 돌아본다. 이근안은 의장
님과 면회할 당시 의장님이 자신을 용서했다고 주장했다. 그는 이후에
도 여러 차례 같은 주장을 되풀이했다. 2005년 여주교도소에서 자신이
"죄송합니다. 면목 없습니다"라고 용서를 구하자 의장님이 자신을 끌어

안으며 "그게 개인의 잘못입니까? 시대가 만든 것이지. 저도 그만한 아량은 있습니다" 하면서 용서했다는 것이다. 이근안의 주장은 사실일까.

사실이 아니었다. 의장님이 그를 용서하지 않았다는 것은 여러 사람의 증언을 통해 확인된다. 의장님 역시 이근안을 끝내 용서하지 못하는 자신을 책망하는 속마음을 고백하기도 했다. 의장님이 타계한 직후 소설가 공지영 씨가 자신의 트위터에 올린 글에서도 확인할 수 있다. 몇 년 전 공지영 씨가 의장님을 만났을 때 직접 들은 일화였다. 당시 의장님은 공지영 씨에게 "여주교도소에서 우연히 이근안을 만났다. 그가 용서해 달라고 했을 때 너무 가식적으로 느껴져 도저히 용서할 수 없었다. 그게 몇 달 후까지 나를 괴롭힌다. 용서해 달라고 하는데 그를 받아들이지 못하는 내가 너무 옹졸한 것 아닌가"라고 말하며 괴로워했다고 공지영 씨는 전했다. 자신을 지독하게 고문했던 이근안을 용서하지 못해 몇 달 동안 고민했다는 의장님이 끝내 그를 용서하지 못한 이유는 무엇일까. 그에 대한 의장님의 생전 심경 고백이다.

이근안이 어떻게 행동하는지에 따라 용서를 할 작정을 하고 그를 만났다. 그런데 이근안 씨는 '잘못했다'고 하는데 가식처럼 느껴졌다. 왜냐면, 용서를 비는 사람이 전혀 눈물을 보이지 않고 고개도 떨어뜨리지 않고 멍하게 앞만을 바라보며 잘못했다는 거다. 그렇게 짧은 만남이 이뤄지고 그것이 끝이었다.

의장님의 판단은 정확했다. 이근안은 사실 전혀 반성하지 않았다. 그는 그 일이 있고 난 후 석방되어 세상에 나와 언론 인터뷰를 하면서 자신이 저지른 고문에 대해 "고문이 아니라 심문이며, 심문은 일종의 예술이고, 당시 시대 상황에선 애국"이라는 어처구니없는 궤변을 토했다. 보수 정권인 이명박 정부가 들어서면서 더 이상 고개 숙일 필요가 없어진 것일까. 그는 "지금 당장 그때로 돌아간다고 해도 나는 똑같이 일할 것이다"라는 말까지 내뱉었다. 이근안을 용서할 수 없는 자신을 두고 "이런 내가 옹졸한 것 아닌가" 하며 괴로워했던 의장님을 생각하니, 이근안의 그 표리부동은 더욱 용서할 수 없는 일이다. 억장이 무너진다는 말은 이럴 때 쓰는 말인 듯하다.

웃을 자신이 없어
조지지도 못했던 정치인

"2002년 [대선 후보] 경선 때 아홉 명이 한 줄로 앉아 있으면 한 명씩 차례로 나가서 연설을 하고 들어왔다. 차례로 나가 뒤에 앉아 있는 사람들을 신나게 조지고, 뒤돌아서선 웃으면서 악수하고 자리에 앉더라. 나는 신나게 조지지도, 웃으면서 악수하지도 못하겠더라."

2011년 12월 30일, 의장님이 돌아가신 후 트위터에서 가장 많이 돌았던 생전 의장님의 말씀이었다. 민주주의를 위해 누구보다 무섭게, 또 단호하게 싸워 온 그였지만 보통 정치인처럼 살지 못했던 그의 모습이었다. 누구처럼 자신의 이익을 위해 소위 '조지고 난 후' 바로 돌아서서 웃으며 악수하는 것을 감당하지 못했던 순수한 사람, 김근태.

다시 2008년 가을 어느 날이었다. 내가 김근태 의장님에 대해 세상 사람들에게 꼭 알리고 싶은 그날의 증언이다. 2008년 국회의원 선거에서 의장님은 '모두가 다 아는 것처럼' 낙선했다. 서울 도봉구 갑을 지역구로 둔 의장님이 지역구 내 모든 투표소에서 다 이겼지만 단 한 곳의 투표함에서 크게 지면서 결국 낙선한 것이다. 바로 뉴타운 개발 예정지역이었다. 마지막으로 개표한 그 투표함에서 뉴타운 개발 공약을 내걸었던 한나라당 후보가 몰표를 쓸어 갔고, 결국 의장님은 1,200표 차로 낙선했다. 2007년 대통령 선거에서 건설업체 사장 출신인 이명박 후보가 당선된 후 곧바로 치러진 2008년 총선에서 '뉴타운 도심 재개발 공약'이 쓰나미처럼 총선 정국을 강타했다. 너도 나도 뉴타운 공약을 남발했다. 그렇게만 되면 모두가 곧 부자가 될 것처럼 선동했고, 집을 가진 사람이나 세입자나 너나없이 환호했다. 참 이상한 광풍이었다. 그런 광풍이 휩쓸었던 2008년 총선이었다. 하지만 광풍의 결말은 허무했다. 당시 한나라당 후보들이 내걸었던 허황된 뉴타운 개발 공약은 모두 거짓이었다. 뉴타운 개발이 이뤄진 곳도 없었고, 서민이 부자가 된 곳도 없었다. 오히려 뉴타운 개발 정책으로 인해 원주민들이 살던 집을 빼앗긴 채 쫓겨나는 황당한 사례가 속출했다. 결국 뉴타운 개발 공약은 실패한 정책으로 지금까지도 큰 상처를 남겼다. 한나라당의 '떴다방' 같은 거짓 공약이었다. 그런 거짓 공약으로 당선된 한나라당 국회의원들의 배지가 남았을 뿐이다.

그런 광풍 속에서 김근태 의장님 역시 낙선했다. 많은 이들에게 의장님의 낙선은 안타까움과 충격, 그 자체였다. '민주주의 대표 주자'인 김근태 의장님과 '뉴라이트 대표 주자'를 자임하던 당시 한나라당 후보와의 대결에서 의장님이 패배했다는 것은 단순히 국회의원 의석 하나를 잃었다는 산술적 의미를 넘어서는 부끄러움이었다. 그래서 당시 세간에 유행했던 표현이 "김근태 지못미"였다. '지켜주지 못해서 미안해'라는 말의 준말인 '지못미'가 세상 사람들에게 회자될 정도로 당시 김근태 의장님의 낙선은 많은 이들에게 오히려 미안한 일이었다.

한편 국회의원 선거에서 낙선하고 난 얼마 후, 의장님이 이사장을 지낸 정치 조직인 '한반도평화와경제발전전략연구재단'에서 모임이 있었다. 재단 사무실을 이전한 후 첫 회의를 했는데 오랜만에 모였으니 회식을 하기로 했다. 재단 사무실 인근에 있는 닭백숙 집으로 몰려가 회식을 하던 중이었다. 마침 의장님도 회식에 참석하신다는 연락이 왔다. 국회의원 선거 후 어찌 생활하고 계신지 궁금하던 차에 모임에 오신다니 참 반가운 소식이었다. 그런데 식사 시간이 다 되어 가는데도 여전히 의장님의 모습은 보이지 않았다. 보좌관으로 있던 선배에게 "의장님이 오시는 것이 확실하냐"고 묻자, "지금 버스를 타고 오시는 중인데 아마도 길이 좀 막히는 것 같다"고 답변하는 것 아닌가.

"아니, 그럼 의장님 차 없으세요? 왜 버스를 타고 오세요?"

선거에서 낙선했다 하나 차 한 대 쓰지 못할 정도로 어려울까 생각했던 것이다. "모아 놓은 돈도 없고 숨겨 놓은 돈도 없으니 당연한 것 아니냐"는 그 선배의 담담한 대답을 들으니 당연한 말인데도 나는 괜히 화도 나고 민망한 생각도 들었다. 다른 이들 역시 나와 다르지 않은 반응이었다. 약간은 우울한 느낌으로 술잔을 기울이는데 마침 의장님이 식당에 도착했다. 식당에서 일차 회식이 끝난 후, 집으로 돌아가겠다며 의장님이 다시 버스 정류장을 향했다. 그때 의장님을 배웅하려 여러 명이 자연스럽게 뒤따라가는데, 그 일행 중 누군가가 "아무래도 이건 아닌 것 같다. 의장님이 버스를 타고 혼자 이렇게 다니시는 건 좀 그렇지 않은가. 차를 마련하실 수 있도록 우리가 나서야 하는 것 아닌가" 하고 말했다. 그러자 사람들이 이구동성으로 "그렇게 하자"며 맞장구를 쳤다. 그때 의장님이 말씀하셨다.

"자네들 말은 고마운데 그렇게 하지 않아도 돼. 내가 예전에 자가용을 탔을 때는 말이야, 늘 혼자 자동차 뒷좌석에 앉아 국가만 생각하고 정치를 어떻게 할 것인가 하는 생각만 했거든. 그런데 요 근래 버스와 지하철을 타고 다니면서는 그게 아니라 같이 사는 사람들을 생각하게 되더라고. 내 옆에 앉아서 가는 저 사람은 뭘 하는 사람일까? 돈을 어떻게 벌어서 누구와 먹고사는 것일까? 저 사람하고 내가 같이 먹고살아야 하는데 그렇게 하려면 어떻게 해야 하나? 그래서 난 지금이 더 좋은 것 같아. 너무 큰 것만 생각하고 내 주변에 대해선 생각해 보지 못했는데 그런 것도 반성 많이 하고. 그러니 내 생각은 하지 말고 자네들과 내가, 또 우리가 같이 살아갈 수 있는 좋은 방안이 뭔지 같이 생각해 보자고."

가슴이 먹먹했다. 의장님의 그 마음이, 그 진정성이 그대로 내 가슴에 와 닿았다. 그래서 그랬다. 의장님이 끝내 우리 곁을 떠났다는 뉴스 속보를 접하던 2011년 12월 30일, 나는 잠시 잊고 있었던 그날의 모습을 다시 떠올렸다. '같이 살자'며, '우리 이웃과 더불어 먹고살 수 있는' 방법을 같이 고민하자던 의장님의 말씀은 나에게 마지막 유언이 되었다. 어렵고 고통스러운 우리 이웃들과 같이 살자던 김근태 의장님. 자신을 고문했던 이를 진심으로 용서할 수 없어 진심으로 괴로워한 그는 우리 시대 '진짜 거인'이었다. 그런 의장님을 나는 잊지 못할 것이다.

"영원한 선배 김근태 의장님, 사랑합니다"

알리고 싶지 않았지만 알려졌다. 비록 예전과 같은 모습일 수는 없겠지만 뚜렷이 건강을 회복해서 비슷한 모습으로 이야기해 주길 바랐다. 단 한 번도 횡단보도도 아닌 길을 건넌 적이 없는 사람, 식당에서 냅킨은 꼭 한 장만 써야 하는 사람, 분노를 표출하지 않고 사람들에게 설명하는 사람, 아끼고 존경한 만큼 딱 그만큼 늘 가까이서 아쉬웠던 김근태 의장이 결국 입원했다. 항상 조금씩 기울어진 머리, 찬바람에 노출되면 어김없이 흐르는 콧물, 회갑이 되면서 점점 불편해지기 시작한 오른손…. 역사는, 고문의 역사는 결국 그렇게 남았다.

의장님이 임종하기 전, 건강이 매우 좋지 못하며 그래서 남몰래 병원에 입원 중이라는 사실이 사람들의 입을 통해 알려졌다. 곧 있을 2012년 국회의원 선거에 출마를 준비하던 상황에서 의장님의 와병은 세상에 알리고 싶지 않은 비밀이었기 때문이다. 하지만 더 이상 비밀로 둘 수 없을 정도로 병세가 깊어지던 그때 의장님의 최측근 중 한 사람이 자신의 페이스북에 올린 글이다. 얼마 후, 정말 거짓말처럼 의장님은 우리 곁을 떠났다. 그 부고 앞에 참으로 많은 이들이 눈물 흘리며 슬퍼했다.

나 역시 의장님의 부고에 망연자실했다. 믿을 수 없는 사실이었고 믿고 싶지 않은 현실이었다. 그 순간, 그날 버스 안에서 우리를 향해 손을 흔들던 의장님의 미소가 떠올랐다. 의장님이 남기신 그 말씀, '같이 살자'는 메시지였다. 나는 의장님의 그 말씀을 세상 사람들에게 꼭 전해주고 싶다. 그 외침이 바로 우리 시대 '진짜 민주주의자' 김근태 의장님이 이 세상에 와서 자신의 몸과 영혼을 바쳐 싸워 온 진짜 이유라고 생각하기 때문이다.

존경하는 김근태 선배님, 사랑합니다. 정말 아름답게 잘 사셨습니다. 이제 고문 없는 세상에서 편히 쉬소서.

노무현과 강금원,
두 분 인연 원망하지 않습니다

'바보' 노무현이 있었다. 고백하건대, 나는 그를 사랑했다. 대학 1학년 때인 1989년 12월 31일이었다. 그날 마지막으로 5·18 광주 학살 청문회가 열렸는데, 처음 노무현이라는 정치인을 알게 된 날이었다. 당시 야당인 통일민주당 청문 위원으로 5·18 광주 항쟁 청문회에 참석한 노무현국회의원이 "자위권 발포" 운운하며 표리부동한 변명을 늘어 놓던 전두환에게 국회의원 명패를 집어 던졌다. 나는 그렇게 정치인의 아름다운 분노를 본 후 '용기 있는 정치인' 노무현을 사랑하게 되었다.

하지만 그가 국회에 머문 시간은 너무나 짧았다. 90년 2월 9일, 노태우와 김영삼과 김종필이 3당 합당을 선언하면서 이를 거부한 노무현은이후 정치인으로서 지독하게 외롭고 힘든 길을 걸어야 했다. 그렇게 12년을 보냈다. 그사이 노무현에게 '바보'라는 별칭이 생겼다. 낙선을 감수하면서도 끊임없이 지역주의 타파에 도전하는 그에게 국민이 붙여 준 자랑스러운 별칭이었다.

바보라 불리던 노무현이 대통령으로 당선된 것은 2002년 12월 19일이었다. 바보를 지지하던 수많은 '바보' 국민들이 만들어 낸 기적 같은 승리였다. 그 자체가 믿을 수 없는 감동의 물결이었다. 다시 5년. 대통령 노무현은 권위주의를 타파하고 민주주의를 위해 노력했다. 하지만 모든 것을 다 잘했다고 말할 수는 없었다. 기대했던 국민의 욕심에 부족한 것도 사실이었고, 더러는 지지자들로부터 심각한 비난을 받을 결정을 하여 논란의 대상이 되기도 했다.

국민들이 '바보' 노무현의 진심과 가치를 다시 알게 된 것은 그가 대통령 임기를 마치고 고향 봉하 마을로 돌아간 후였다. 재임 당시 그리 많은 지지를 받지 못했던 노무현에 대한 국민의 재평가가 시작된 것이다. 국민과 함께해 준 소탈하고 정직한 대통령 이미지가 만들어지면서 봉하 마을을 찾는 사람들이 기하급수적으로 늘어 갔다. 하지만 그 같은 국민적 호감이 이후 노무현 대통령을 큰 정치적 위기로 내몬 이유가 될 줄은 아무도 상상하지 못했다.

당시 광우병 항의 시위로 위기에 처한 이명박 정권이 국민적 인기를 얻고 있던 노무현 전 대통령을 흠집 내기에 나선 것이었다. 측근과 가족에 대한 전방위적 수사가 무차별적으로 진행되었고, 검찰은 사실로 확인되지도 않은 내용을 매일 언론에 브리핑했다. 의혹과 의혹이 쏟아지며 노무현 대통령은 만신창이가 되고 있었다. 결국 2009년 5월 23일, 노무현 대통령은 부엉이 바위에서 몸을 던졌다. 억울한 그의 서거에 국민은 오열과 눈물로 애도했다.

또 다른 바보,
강금원이라는 사람

그런 바보 노무현을 지켜 준 유일한 사람이 있었다. 많은 이들에게 노무현의 후원자로 알려진 창신섬유 강금원 회장이 바로 그 사람이었다. 1998년 노무현 대통령이 서울 종로 보궐선거에 출마할 당시 처음 만나게 되었다고 한다. 2009년 4월 17일, 노무현 대통령은 직접 쓴 "강금원이라는 사람"이라는 글에 그 인연을 이렇게 적었다.

강 회장이 나를 찾아온 것은 내가 종로에서 국회의원에 출마했을 때였다. 모르는 사람한테서 전화가 왔다. "후원금은 얼마까지 낼 수 있지요?" 전화로 물었다. "1년에 5천만 원까지 낼 수 있습니다." 그리고 사무실로 온 사람이 강 회장이다. "나는 정치하는 사람한테 눈곱만큼도 신세질 일이 없는 사람입니다." 첫마디를 이렇게 사람 기죽이는 이야기로 시작했다. '눈치 안 보고 생각대로, 말하고 싶은 대로 하는 사람이구나' 싶었다. 그래서 경계를 하지 않았다. 인연은 그렇게 시작되었다.

그렇게 시작된 노무현과 강금원의 인연은 깊었고, 또한 뜨거웠다. 자금도, 정치적 배경도 없던 노무현을 대통령으로 만든 사람은 물론 국민이었지만, 강금원이라는 사람이 없었다면 그것은 결코 가능하지 않았을 것이다. 노무현 대통령은 같은 글에서 이를 진솔하게 고백했다.

2000년 부산 선거에서 떨어졌고, 2002년 대통령 후보가 되었을 때는 '장수천'(운영하던 생수 회사) 빚 때문에 파산 직전에 가 있었다. 강 회장의 도움이 아니었더라면 나는 대통령이 아니라 파산자가 되었을 것이다.

자신이 만든 대통령이었지만 강금원 회장이 누구처럼 그 덕을 본 것은 아무것도 없었다. 스스로 말한 것처럼 "정치하는 사람에게 눈곱만큼도 신세"지지 않았다. 그가 노무현 대통령 덕을 본 것이 있다면 역설적이게도 감옥살이였다. 그것도 두 번이나. 왜 대통령에게서 아무런 덕도 보지 않았던 강금원은 감옥을 가야 했을까.

노무현을 대통령 만든 죄, 강금원의 감옥살이

강금원이 처음 감옥을 간 때는 노무현 대통령이 임기를 시작한 2003년 가을이었다. '불법 대선 자금' 혐의였다. 그 일은 당시 노무현 대통령과 검찰의 긴장 관계 속에서 빚어진 억울한 일로 많은 이들이 평가한다.

검찰 개혁을 요구하는 대통령과 '너는 깨끗하냐'는 검찰의 묘한 대립 갈등 속에서 대선 자금 문제가 불거지면서 결국 강금원 회장이 그 희생양이 되었다는 지적이다.

강금원 회장은 억울했지만 초연했다. 그때의 일화다. 자신을 도왔다가 결국 감옥에 갇힌 강금원 회장에게 노무현 대통령은 미안한 마음이 컸다. 대통령 신분이지만 자신 때문에 감옥에 갇힌 강금원 회장을 면회하여 위로하겠다는 계획을 세웠다고 한다. 하지만 이는 성사되지 못했다. 강력히 반대한 사람이 있었기 때문이었다. 바로 강금원 회장이었다. 대통령이 자신 때문에 곤경에 처하게 되는 것이 싫다며 거듭 거절했다는 것이다.

"대통령님의 뜻은 충분히 알겠지만 제발 없던 일로 해 주시기 바랍니다."

대통령 면회에 앞서 그 사실을 알려 주고자 구치소를 먼저 찾아온 청와대 민정수석실 관계자에게 강금원 회장이 전한 말이었다. 강금원은 그런 사람이었다. 하지만 강금원의 고난은 그것이 끝이 아니었다. 2009년 이명박 정부가 들어선 바로 그해, 노무현 대통령이 서거하기 한 달 전인 4월 초순경, 강금원은 두 번째 구속을 당하게 된다.

하지만 두 번째 구속을 당할 때 강금원 회장의 반응은 첫 번째 때와 많이 달랐다고 한다. 억울해했고 승복할 수 없다며 분노했던 것이다. 그때 강금원 회장보다 더 분노한 사람이 있었다. 바로 퇴임한 노무현 대통령이었다. 다시 노 대통령이 쓴 "강금원이라는 사람" 중 일부다.

"회사 일은 괜찮겠어요?"

"아무 일도 없어요. 지난번에 들어갔다 나오고 나서 직원들에게 모든 일을 법대로 하라고 지시했어요. 수시로 지시했어요. 그리고 모든 일을 변호사와 회계사의 자문을 받아서 처리했어요. 세무조사도 다 받았어요."

그래서 안심했는데 다시 덜컥 구속이 되어 버렸다. 털어도 먼지가 나지 않게 사업을 한다는 것이 말처럼 쉬운 일은 아닌 모양이다. 어떻든 강 회장은 '모진 놈' 옆에 있다가 벼락을 맞은 것이다. 이번이 두 번째다. 미안한 마음 이루 말할 수가 없다.

노무현 대통령의 분노는 단순히 자신의 측근을 상대로 정치 보복을 가하는 이명박 정권에 대한 의분 때문만은 아니었다. 두 번째 구속된 강금원 회장의 건강 때문이었다. 당시 강금원 회장은 심각한 뇌종양 환자였다. 당장 수술과 치료가 필요한 상태였는데 무리한 법 적용으로 인신 구속까지 시킨 것을 보며 노무현 대통령은 해도 너무한 정치 보복이며 비열하기 짝이 없다고 분노했던 것이다. 그랬기에 노무현 대통령은 이 글에서 자신을 "모진 놈"이라고 표현하고, 강금원 회장을 그 옆에 서 있다가 '벼락 맞은 사람'으로 표현한 것이다. 강금원 회장에 대한 노 대통령의 미안함이 얼마나 컸는지 알 수 있는 대목이다.

한편 구속된 강금원 회장의 건강은 매우 심각했다. 강금원 회장 측은 수술이 시급하다는 여러 병원의 진단서를 제출하며 법원에 보석을 신청했다. 하지만 2009년 5월 19일 열린 보석 재판에서 법원은 보석을 허락하지 않았다. 그 같은 재판 결과는 당연히 노무현 대통령에게도 전달되었다. 수술이 시급한 강 회장의 보석 불허 소식을 전해 들은 노무현 대통령의 심정은 어땠을까. 그래서였을까. 그로부터 나흘이 지난 2009년 5월 23일 새벽, 노무현 대통령은 다음과 같이 시작하는 유서를 썼다.

너무 많은 사람들에게 신세를 졌다. 나로 말미암아 여러 사람이 받은 고통이 너무 크다. 앞으로 받을 고통도 헤아릴 수가 없다. 여생도 남에게 짐이 될 일밖에 없다. [⋯]

강금원 회장 외아들
강석무를 만나다

노무현 대통령의 유서에 적힌 "신세"와 "고통"은 어쩌면 강금원 회장을 향한 마음이 아니었을까. "강금원이라는 사람" 말미에 "제발 제때에 늦지 않게 치료를 받고 건강하게 다시 볼 수 있기를 바란다"고 적으며 강금원 회장의 건강을 걱정했던 노무현 대통령.

뇌종양 수술이 시급한 강금원 회장이 석방되지 못하자 결국 노무현 대통령은 '내가 없어져야 강금원이 풀려나와 수술을 받을 수 있다'고 생각한 것은 아닐까. 그래서였을까. 노무현 대통령이 서거한 이틀 후인 5월 25일, 법원은 강금원 회장의 보석을 받아들여 석방했다.

석방된 강금원 회장이 제일 먼저 찾은 곳은 노무현 대통령의 빈소였다. 노 대통령의 서거 소식을 들은 후부터 내내 오열과 통곡을 멈추지 못하던 강금원 회장은 이후 남은 5일 동안 빈소를 벗어나지 않았다. 그의 오열과 통곡 역시 멈추지 않았다. 3년 세월이 흐른 2012년 8월 2일, 결국 강금원 회장은 그때 수술 시기를 놓쳐 앓고 있던 뇌종양이 악화되었고 끝내 노무현 대통령의 뒤를 따라가고 말았다.

나는 노무현 대통령과 노무현을 사랑했던 강금원 회장의 이 아름답고 안타까운 인연을 접하고 가슴이 너무 아팠다. 꼭 한 번 그에 대한 이야기를 기록으로 남기고 싶었다. 그러던 어느 날이었다. 우연한 자리에서 강금원 회장의 외아들 강석무 이사를 만나게 되었다. 그는 기업가로서 회사를 경영하고 있었다. 나는 그에게 '아들 입장에서 바라본 아버지 강금원'에 대한 진솔한 이야기를 듣고 싶다고 인터뷰를 청했다. 강석무 이사는 잠시 고민하더니 일부에서 오해하고 있는 아버지에 대해 해명하고 싶다며 제안을 수락했다. 참고로 강 이사의 장인은 참여정부 당시 청와대 비서실장을 지낸 이병완 현 '사람사는세상 노무현재단' 이사장이다. 그는 지난 2008년 9월 6일, 노무현 대통령의 주례로 결혼하여 2014년 현재 세 아이를 두고 있다. 다음은 그와 나눈 인터뷰 전문이다.

〉 아들이 본 아버지 강금원 회장은 어떤 분입니까?

〉〉 자식들에게는 엄한 아버지였지만 항상 가족을 생각하고 주변 사람들에게 인정이 무척 많았던 분으로 기억합니다. 그냥 전형적인 우리

나라 아버지 모습이라고 할까요.

> 강금원 회장과 아들로서 가진 특별한 추억이 궁금합니다.

>> 가장 기억에 남는 추억은 아버지와 함께 여행한 것입니다. 아버지는 아무리 바빠도 꼭 며칠 동안은 시간을 내서 가족들과 여행을 다니셨습니다. 그중 가장 기억에 남는 여행을 꼽는다면, 1996년 제가 수능시험이 끝난 후 아버지와 단둘이 광주와 지리산을 다녀온 일입니다. 또 초등학교 시절, 학원을 안 가고 오락실 갔다가 어머니에게 들켜 결국 아버지에게 크게 혼났던 기억이 있습니다. 5월쯤으로 기억하는데 종아리에 멍이 들도록 맞아 그해 여름에는 반바지를 입지 못할 정도였습니다. 그날 밤에 자고 있는데 아버지가 들어와 묵묵히 약을 발라 주시던 기억이 납니다.

> 강금원 회장은 두 차례 옥고를 치렀습니다. 당시 아버님의 구속이 노무현 대통령에 대한 정치적 탄압이라는 주장이 강했습니다. 아들 입장에서 아버님의 구속을 겪으며 어떤 느낌이셨는지요?

>> 처음 구속되셨을 때 저는 대학원을 휴학하고 군 복무 중이었습니다. 20대 초반의 어린 나이였기에 그때는 어떤 사정인지 솔직히 잘 몰랐습니다. 다만 어려서부터 보아 온 아버지는 회사 직원에게 월급을 주기 위해 노력하시는 분이었습니다. 누구처럼 치부하거나 돈을 함부로 낭비하는 것을 본 적이 없었기에 아무 일 없을 것이라고 생각했습니다. 결론적으로는 일부 유죄가 확정되었지만 지금도 다 이해되지는 않습니다. 하지만 두 번째 구속 때는 충격이 컸습니다.

첫 번째 구속 이후 만약을 대비해서 아버지가 모든 회사 업무를 철저하게 변호사와 회계사를 통해 처리하셨거든요. 아무런 문제가 발생하지 않도록 모든 일을 합법적으로 하라고 지시하셨어요. 두 번째 구속 직전에 국세청 세무조사까지 받은 결과 아무 문제가 없는 것으로 확인되어 정말 걱정하지 않았어요. 그런데 아버지가 납부한 추징금을 검찰 직원이 유용한 비리가 적발되었는데 엉뚱하게도 그 불똥이 아버지께 미친 것입니다.

이후 집과 회사로 압수 수색까지 나오는 것을 보고 '정말 해도 너무한다'는 생각을 하지 않을 수 없더라고요. 지금 생각해 보면 그때 아버지에게 뇌종양이 발견되어 극히 조심하고 있을 때였는데, 결국 그 일로 건강을 잃게 된 것 같습니다.

> 노무현 대통령 역시 그때 강금원 회장의 구속을 듣고 크게 격노한 것으로 알려져 있습니다. 당시 봉하 마을 측근에 따르면 소식을 듣고 "나쁜 놈들. 성한 사람도 아닌데…. 대전지검으로 가자. 검사장 따귀부터 한 대 때려야겠다. 그러면 누가 답해도 답하겠지. 암 환자한테 왜 이런 짓을 하는지, 누가 시켜 이 따위 짓을 하는지. 가자" 하고 말했다고 합니다. 당사자인 아버님은 어떠셨나요?

>> 특별히 하신 말씀은 없었고, 다만 '별일 없을 것'이라며 오히려 저희를 안심시켰던 기억이 납니다. 그냥 평소처럼 잘 지내고 있으라고 하셨습니다.

> 그런데 아버님이 구속되어 있던 그때, 강 이사님의 주례 선생님이기도 한 노무현 대통령께서 갑작스럽게 서거하는 비극이 발생했습니다. 노 대통령의 서거 소식을

듣고 난 후 어떠셨는지 궁금합니다.

>> 그날이 토요일이었죠. 아침에 일어나 뉴스를 접하고 아무 말도 나오지 않더라고요. 무엇보다 아버지 생각이 났습니다. 서거 전날인 22일에 면회를 다녀왔는데, 그때 아버지가 신청했던 병보석이 기각되어 많이 힘들어하셨거든요. 수술이 시급하다는 진단서를 첨부하여 보석을 신청했는데 당장 죽을병이 아니라며 법원이 받아들이지 않았습니다. 아버지가 많이 상심하셨는데 그때 아버지가 상심하신 진짜 이유는 노 대통령님 때문이었습니다. 아버지가 빨리 나가야 자신 때문에 구속되었다며 미안해하는 대통령님의 마음이 좀 편해지지 않겠냐고 생각하신 겁니다. 그런데 갑작스러운 서거 소식을 듣고 참 많이 힘들어하셨습니다. 서거 이틀 후 갑자기 보석이 허가되어 제가 봉하로 모시고 가는 내내 슬퍼하시던 모습이 기억납니다.

> 결혼식 전에 노 대통령을 뵌 적이 있었나요? 혹 주례 말씀 중 기억에 남는 것이 있다면 무엇입니까?

>> 주례 전에도 노 대통령님을 뵐 기회는 여러 번 있었습니다. 결혼 전 봉하 마을로 가서 아내와 함께 인사를 드리기도 했습니다. 결혼식 당일 주례 말씀은 너무 긴장했던지라 솔직히 거의 기억이 나지 않습니다. 다만 형식적인 주례가 아니라 마음에서 우러나오는, 진심을 담은 말씀이었다는 것은 기억이 납니다.

> 결혼식을 마친 후 노 대통령을 다시 뵌 적이 있나요? 만약 있다면 당시 노 대통령이 당부하신 말씀이 궁금합니다.

>> 결혼 후에 몇 번 더 뵌 적이 있습니다. 아버지가 운영하시던 골프장에 오신 적도 있고, 명절에 봉하 마을로 가서 인사드린 적도 있습니다. 서거하신 2009년 설 명절에도 세배드리러 갔더니 "잘 살고 있느냐"고 물으면서 제 아내에게 세뱃돈을 주시기도 했습니다.

> 강 이사님은 주례 말씀을 기억하지 못하신다고 하는데, 언론 보도에 따르면 주례 당시 노 대통령이 "나와 하는 일은 다르지만 세상을 보는 생각이 같아 뜻을 같이하고 있다"며 아버님을 평한 바 있습니다. 아들 입장에서 아버님이 본 세상, 바라던 세상은 무엇이었다고 생각하시나요?

>> 저도 노무현 대통령님과 아버지의 생각이 크게 다르지 않았다고 봅니다. 원칙과 신뢰가 통하는 세상, 상식으로 살아갈 수 있는 세상을 아버지도 자주 말씀하셨고 그런 세상을 바라셨다고 생각합니다.

> 아버님은 정치인 노무현을 도왔고, 결국 그를 대통령으로 만들었습니다. 노 대통령은 "정치적 성취에 큰 보탬이 됐지만 나 대신 고초도 겪은 특별한 인연"이라고 역경을 표현하기도 했습니다. 아들로서 아버님과 노 대통령의 특별한 인연, 원망스럽지 않습니까?

>> 아닙니다. 원망스럽다 생각해 본 적 없습니다. 오히려 여러 원치 않는 고초를 겪으셨음에도 아버지가 스스로 옳다고 생각하시는 것에 마지막까지 최선을 다하신 모습이 저로서는 좋았습니다.

> 2012년 8월 2일, 아버님이 끝내 뇌종양으로 운명하셨습니다. 그렇지만 아버지가 남긴 그림자는 여전히 클 것 같습니다. 그런 측면에서 좋은 그림자도 있고 반대도 있을 것 같은데, 그런 일화가 있다면 들려주세요.

≫ 아버지가 돌아가신 후에도 아버지를 기억해 주시는 분들이 많습니다. 훌륭한 아버지를 뒀다며 저를 격려해 주시는 분들이 많아 항상 노력하며 살아야겠다는 마음을 먹게 합니다. 특히 아버지 상중에 다른 분을 조문하러 같은 장례식장을 방문했다가 우연히 제 아버지 장례 중임을 알고 찾아와 문상해 주신 분들이 많았습니다. 그런 분들을 뵈며 "아버지가 나쁘게 사시지는 않았구나" 하는 생각을 했습니다. 반면, 안 좋은 일도 있습니다. 제가 사는 집 근처에서 종종 술을 한잔하기도 하는데요, 제 옆 테이블에서 손님들이 노 대통령님 이야기를 하다가 제 아버지를 두고 안 좋게 말씀하실 때가 있었습니다. 그럴 때 참 마음이 아픕니다. 사실과 다른 억지가 대부분이더라고요. 그렇다고 제가 나서서 해명할 수도 없어 속상했습니다.

› 아버님이 노무현 대통령 외에 정치인으로서 정말 신뢰하고 좋아한 사람이 있었을 것 같습니다.

≫ 안희정 충남지사님을 좋아하셨습니다. 돌아가실 때까지 안 지사님을 대통령님만큼이나 아끼셨습니다.

› 다음 카페 "강금원으로부터 살아감에 용기를 얻는 사람들의 모임"을 통해 아버님을 추모하고 그리워하는 분들이 적지 않다는 것을 알았습니다. 평소 그분들과 소통을 하시는지 궁금합니다. 그분들에게 아들로서 하고 싶은 말이 있다면….

≫ 모임이 있다는 것은 알고 있습니다. 아버지를 좋아해 주시고, 그리워해 주시는 분들이 있다는 것만으로도 매우 고마울 뿐입니다. 더구나 아무런 이해관계도 없는 분들이 이렇게 제 아버지를 좋게 기억해 주시

니 진심으로 감사합니다.

> 강금원 회장의 아들로서 아버님이 남긴 유훈이 무엇이라고 생각하시나요?

>> 원칙과 소신, 그리고 보편타당한 상식을 가지고 주위 사람들과 함께 살아가라는 것입니다.

> 마지막 질문입니다. 강 이사님 입장에서 귀한 두 분이 곁을 떠났습니다. 아버지 강금원 회장님과 노무현 대통령님이십니다. 지금 먼 곳에 가신 두 분께 꼭 전하고 싶은 말씀이 있다면 무엇일까요?

>> 많이 알려지지 않은 이야기가 하나 있습니다. 2008년이었는데 퇴임하신 대통령님이 아버지가 운영하시던 골프장에 종종 오셨습니다. 골프장에 수양벚나무가 한 그루 있었는데 대통령님이 유독 그 나무를 좋아하셨습니다. 그때 아버지가 장난삼아 "원하시면 그 나무를 대통령님께 팔 테니 사시지요. 다만 파서 어디로 가져가지는 마시고 그냥 여기 오실 때마다 '내 나무다' 하십시오"라고 하신 겁니다. 그러자 대통령님이 웃으며 "그럼 얼마에 팔 거요?" 하시자, 아버지가 "만 원만 주십시오" 했습니다. 그랬더니 대통령님이 진짜 만 원을 주셨는데 이후 오실 때마다 "내 나무 잘 있느냐"고 나무에게 말을 걸며 참 좋아하셨습니다. 그런데 참 이상하게도 대통령님이 서거하신 후 그 나무가 시름시름 죽어 가는 겁니다. 온갖 방법을 다 써서 살리려 했지만 결국 나무가 죽어 지금은 그 밑동만 남아 있습니다. 생각해 보면 이 모든 일이 참 가슴 아프고 안타깝습니다. 생전 대통령님이 그리 아끼던 나무이니 가져가신 것이 아닐까 생각도 합니다. 그래서 그리 믿고 좋아하시던 두 분이 지금

은 그 나무 아래에서 잘 지내고 계시지 않을까 좋게 생각도 합니다. 제가 두 분께 드리고 싶은 말씀은, 항상 잊지 않고 제가 두 분이 못 이루신 큰 뜻을 조금이나마 이어 나갈 수 있도록 노력하겠다는 약속입니다. 부끄럽지 않은 아들이 되도록 하겠습니다. 지켜봐 주세요.

의심할 자유 보장,
그것이 진짜 민주주의다

의심할 자유는 오래전부터 금지되었다. 대표적인 사례 중 하나가 과학자이자 철학자로 널리 알려진 갈릴레오 갈릴레이의 지동설 주장에 대한 탄압이었다. 1564년 이탈리아 항구 도시 피사에서 태어난 갈릴레이가 처음 지동설을 자신의 눈으로 확인한 때는 1609년이었다. 그것은 위기의 시작이었다. 당시 유럽은 모든 것을 성경을 중심으로 해석했다.

문제는 당대 사람들이 성경 해석대로 태양이 지구를 중심으로 돈다는 '천동설'을 절대적으로 숭배하고 있었다는 점이었다. 기원전 6세기 그리스 철학자들 역시 지구가 우주의 중심이라고 생각했다. 대표적인 이가 유명한 철학자 아리스토텔레스였다. "지구는 움직이지 않는 존재"라고 그는 주장했다. 모든 철학자들이 그에 동의했고, 그것을 부정하는 주장은 '신성모독죄'로 엄하게 다스리던 시대였다.

갈릴레이는 네덜란드에서 처음 발명된 망원경을 개량하여 천체를 관측한 결과 과거 코페르니쿠스가 주장했던 지동설을 확인했다. 움직일 수 없는 진리로 굳어진 사안을 두고 의심을 시작하는 순간이었다. 그렇다면 코페르니쿠스는 어떻게 지동설을 주장하게 되었을까.

코페르니쿠스가 주장한
발상의 전환, 지동설

1543년, 어려서부터 천문학을 좋아했던 코페르니쿠스는 70세가 되던 해에 《천구의 회전에 관하여》라는 책을 발간했다. 이 책에서 그는 30년이 넘도록 천체를 관찰한 결과 지구가 우주의 중심이 아니라는 사실을 확인했다며 '지동설'을 최초로 주장한다. 신성모독으로 다스리던 시대에 그것은 매우 위험한 일이었지만, 다행히 코페르니쿠스는 교회로부터 크게 박해받지는 않았다. 코페르니쿠스의 작은아버지가 로마가톨릭의 대주교였기에 가능했던 것으로 보인다.

신체적 박해를 피할 수 있었다고 해서 천동설을 '의심하는' 주장마저 자유롭게 할 수는 없었다. 코페르니쿠스가 용기 내어 발표한 책, 《천구의 회전에 관하여》를 교황청이 판매 금지한 것이다. 코페르니쿠스의 지동설은 이후 누구도 주장해서는 안 되는 것으로 금기시되었는데, 그것을 깨고 지동설을 들고 나온 이가 갈릴레이였다. 그는 코페르니쿠스가 《천구의 회전에 관하여》를 처음 발간한 지 89년 후인 1632년 다시 지동설을 주장하는 책을 발간했다.

갈릴레이는 코페르니쿠스와 달리 심각한 위기에 처했다. 지동설을 주장하는 갈릴레이를 성직자들이 종교재판에 회부했던 것이다. 교황청 도서 검열계로부터 코페르니쿠스의 지동설을 가설로 서술하는 것은 허락을 받았으나, 그 책에서 실질적으로 지동설을 주장하고 있다는 이유였다. 종교재판에서 재판장은 갈릴레이에게 다음과 같은 질문을 했다.

"갈릴레이, 너는 있지도 않은 지동설을 제자들에게 가르쳤다. 이는 사실이 아닌 내용을 많은 이들에게 퍼뜨려 우리 사회를 혼란에 빠뜨리려는 매우 불순한 의도라고 볼 수밖에 없다. 이제 마지막으로 묻겠다. 만약 네 주장을 끝까지 굽히지 않는다면 너는 사형당할 것이다. 묻는다. 너는 아직도 지구가 태양을 중심으로 돈다고 생각하느냐?"

재판장의 최후 질문에 짧은 정적이 흘렀다. 갈릴레이는 두 눈을 꼭 감은 채 대답했다.

"아닙니다. 제 주장을 거두겠습니다."

재판장이 갈릴레이에게 다시 물었다.

"그렇다면 지구가 태양을 중심으로 돌고 있다는 지동설은 틀렸고, 태양이 지구를 중심으로 돈다는 천동설이 옳다는 것을 네가 인정한다는 것인가?"

"예, 그렇습니다."

세월이 지난 후 갈릴레이가 주장했던 지동설은 과학적인 방법을 통

해 사실로 밝혀졌다. 만약 종교재판에 회부된 갈릴레이가 끝내 자신의
신념을 포기하지 않았다면 그는 죽었을 것이다. 생과 사의 기로에서 겨
우 살아났지만, 갈릴레이는 자신의 의심을 버리지 않았다. 그는 재판정
문을 나서며 중얼거렸다.

"그래도 지구는 돈다."

지동설의 또 다른 이름, 천안함 침몰 사건

지금으로부터 약 500여 년 전 중세 시대에 천동설과 지동설을 둘러싸
고 벌어진 일이다. 지금 와서 보면 어처구니없는 희극이다. 당시 지배층
은 지구가 둥글다고 믿지 않았다. 지구가 둥근 모양이라고 주장하는 사
람을 잡아들여 종교재판을 통해 사형하기도 했다.

그들은 배를 타고 너무 먼 바다로 나가면 폭포에서처럼 우주로 떨어
진다는 황당한 주장을 하기도 했다. 과학으로 규명해야 할 일을 성경으
로 해석했기 때문에 벌어진 일이었다. 또한 자신들의 지배 논리를 대중
이 의심하지 않도록 강요했고, 만약 의심하면 과학적인 입증이나 논쟁
을 통한 설득이 아닌 생명을 빼앗고 위협하는 방식으로 해결하려 했다.
전형적인 독재적 지배 방식이었다. 천동설을 주장하고, 지구가 도넛 모
양이라는 당시 주류의 주장을 의심한다는 이유로 사람의 목숨을 빼앗
았던 무지막지한 시대였다. 지금 보면 얼마나 기막힌 야만인지 동의하

지 않을 사람이 누가 있겠는가.

그런 기막힌 일이 그때 모두 사라졌어야 했는데 불행하게도 그러지 못했다. 문명 세계를 넘어 상상 속에서나 가능할 것 같은 일들이 과학으로 이뤄지는 지금, 2014년 오늘 현재에도 형태만 다를 뿐 실체는 같은 일들이 계속되고 있기 때문이다. 가장 대표적인 사례 중 하나가 지난 2010년 3월 26일 우리나라에서 발생한 '해군 천안함 침몰 사건'이다.

서해 해상을 운항 중이던 해군 제2함대 소속 천안함이 갑자기 침몰했다. 그로 인해 젊은 용사 46명이 목숨을 잃었다. 너무나 끔찍한 비극이었다. 대한민국 모든 국민이 경악했다. 무엇보다 국민들의 가슴을 더욱 아프게 한 일은, 사고 발생 초기 국방부가 발표한 병사들의 생존 가능성에 대한 이야기였다. 군 고위 관계자가 침몰된 천안함 함정 안에 생존 병사들이 있는 것처럼 밝혔던 것이다.

"천안함의 특성을 고려해 함정 내 산소 유지량을 측정하여 계산한 결과 최대 생존 한계 시간은 69시간으로 추정된다."

당시 해군 고위 관계자가 사건 발생 다음 날, 경기도 평택시 해군 제2함대 사령부에 설치된 실종자 가족 임시 숙소를 방문하여 밝힌 내용이다. 그 같은 발언을 언론이 외면할 리 없었다. 언론 보도를 접한 전 국민은 국방부가 곧 특공대를 투입해 깊은 바닷속 함정 안에 갇혀 있는 천안함 병사들을 생존 시간 내에 구출하기를 염원했다. 희망과 절망이 교차하는 소위 '희망고문'이 시작되었던 것이다.

하지만 현실은 달랐다. 영화의 그것처럼 극적이지도 감동적이지도 않았다. 결국 군 관계자가 말한 69시간은 가족과 국민의 바람과 달리 허망하게 지나갔다. 당연히 실종자 가족과 국민들 사이에서 군의 구조 실패를 두고 거센 비난이 일었다. 문제는 그때부터였다. 두 번째 희망고 문이 시작되었던 것이다.

전 국민을 희망고문한
국방부의 거짓말

그랬다. 군은 그때부터라도 솔직했어야 옳았다. 하지만 이해할 수 없는 군의 거짓말은 거기서 멈추지 않았다. 시효가 다 된 69시간이 경과하자 국방부가 재차 실종자 가족과 국민을 상대로 새로운 '거짓 희망'을 불어 넣었다. 애초 생존 가능 시간이라던 69시간을 72시간으로, 또 다시 120시간으로 고무줄처럼 늘려 나갔다. 그 같은 발표에 정말 생존이 가능하냐는 의문이 제기되자 그것을 상쇄하기 위한 목적이었을까. 군은 '희망 퍼포먼스'까지 주저하지 않았다. "천안함 함미에 공기를 주입했다" 는 것이었다.

사건 발생 4일이 지나가던 3월 30일, 해군 해난 구조대 소속 모 중령이 언론 브리핑을 했다. 전날 일부 언론이 "천안함에 공기를 주입했다" 는 보도를 했는데, 국방부가 그것을 부인한 사실을 번복하는 내용이었다. 국방부의 주장과 달리 사실은 공기통 1개 분량을 천안함 함미의 깨진 틈으로 주입했다는 발표였다. 그는 "이 같은 작업을 통해 한 사람이

5시간 정도 더 생존할 수 있을 것"이라며, "앞으로 실종자 수색 작업을 하는 동안 계속 공기를 주입하겠다"는 말까지 덧붙였다.

국민들은 군의 이런 일련의 조치를 보며 천안함에 생존자가 있다고 믿지 않을 수 없었다. 당연히 믿었다. 직장에서, 술자리에서 천안함 장병들의 무사 귀환을 염원했고, 혹시 내가 놓친 구조 소식이 있는지 주위 사람들에게 묻는 모습 역시 심심치 않게 볼 수 있었다. 나 역시 그런 소식을 간절히 기대했다.

하지만 국방부 발표가 결과적으로 모두 거짓이었다는 충격적인 사실은 그리 오래지 않아 밝혀졌다. 다른 사람도 아닌, 그 모든 희망 퍼포먼스를 해 온 국방부 최고 수장의 입을 통해서였다.

생존 불가능?
장관은 처음부터 알고 있었다

2010년 4월 8일, 국회 대정부 질문에서 민주당 박선숙 의원이 김태영 국방부 장관을 상대로 물었다.

"천안함에 구형 환풍기가 있어 천안함 실종자가 69시간 동안 생존하는 것은 불가능하지 않나?"

김태영 국방부 장관의 답변은 충격적이었다. "천안함은 잠수함이 아니기에 완벽한 방수 기능이 갖춰져 있지 않았다. 처음부터 완벽하게 수밀이 돼 [실종자들이] 생존해 있으리라 생각진 않았다"고 답변한 것이다.

그는 덧붙여 "천안함 침몰 초기, 실종자들의 69시간 생존 가능성은 희박했다"고 답하기까지 했다. 놀랍고도 어처구니없는 발언이었다. 전 국민을 철저히 속였다는 사실이 드러난 것이다.

누구보다 분노한 이들은 당연히 천안함 실종자 가족이었다. 4월 12일, 이정국 실종자 가족 대표는 "처음부터 군은 실종자에게 희망이 없다는 것을 알면서도 시간을 끌기 위해 69시간을 발표한 것이며, 가족들을 상대로 한 고도의 심리전"이었다고 격하게 반응했다. 또한 "민군 합동 조사단에서 이 문제를 집중적으로 따져 어떤 의도에서 발표가 나왔는지 책임을 묻겠다"고 말하기도 했다.

하지만 이상했다. 당연히 이 문제에 대해 정부나 국방부 측이 국민들에게 명확한 해명이나 조치를 취하리라 여겼는데 이후 어떤 책임 조치도 확인할 수 없었다. 누가, 왜, 어떤 목적으로 이런 거짓말을 시작한 것인지, 왜 이 거짓말을 확대 재생산한 것인지 묻지도 따지지도 않은 것이다. 정말 이해할 수 없는 일이었다.

생존 불가능을 처음부터 알고 있던 국방부 장관을 비롯한 군 당국은 왜 그 사실을 국민에게 솔직히 말하지 않은 것일까. 이에 대해 김태영 국방부 장관은 국회에서 "한 명이라도 생명을 구해야 한다는 취지에서 구조 작전을 한 것"이라고 답변했다. 전 국민을 상대로 거짓말을 한 이유 해명을 그것으로 끝냈다. 나는 무슨 말인지 이해가 가지 않는다.

노력하는 것과 거짓말은 분명 다른 사안이다. 국방부는 실종자 가족과 국민에게 사실 그대로를 설명했어야 했다. 그럴 시간도, 상황도 충분했다. 국방부 장관의 국회 답변 이전부터 이미 언론은 국방부의 거짓말을 의심했기 때문이다.

최초 보도는 4월 5일 CBS 〈노컷 뉴스〉를 통해서였다. 당시 〈노컷 뉴스〉는 군의 발표와 달리 천안함 침몰 직후 천안함 내 격실마다 설치되어 있는 환풍기를 통해 물이 유입됐을 가능성이 높다고 보도했다. 환풍기로 인해 격실이 밀폐될 수 없어 방수가 불가능하다는 과학적 의심이었다. 이어 동아일보 등 여러 언론에서 잇따라 비슷한 의혹을 제기하며 국방부의 주장을 의심했다.

충무공 이순신함, 세종대왕함 등 최근 건조된 함정과 달리 1989년 취역해 20년이 넘은 천안함은 방수 기능이 갖춰지지 않아 침수할 수밖에 없다는 전문가의 의견을 달아 보도한 것이다. 그런데도 국방부는 최초 보도가 나온 지 3일이 지나도 진실을 밝히지 않았다. 결국 야당 국회의원에게 질문을 받고서야 애초부터 생존이 불가능했고 장관 자신도 생존 가능성을 믿지 않았다고 답변한 것이다. 이런 행태를 우리는 어떻게 이해해야 할까.

우리 국민이 너무 관대한 것일까. 실종자 가족들이 반드시 그 책임을 묻겠다고 했던, 이 사기극의 최초 발언자인 김성찬 해군 참모총장은, 이후 천안함 희생자 영결식에서 장례 위원장을 맡기도 했다. 정상적인 상식을 가진 사람이 보기에는 이해하기 어려운 결말이 아닐 수 없다.

천안함은 폭침되었다.
정말?

때문에 천안함 침몰 사건은 출발부터 의심하지 않을 수 없었다. 무엇보다 국방부가 사실이 아닌 것을 누구보다 정확히 알고 있으면서도 왜 사고 발생 직후 귀한 시간을 쓸데없는 구조를 명분으로 허비했는지에 대한 의혹이다. 사고 원인을 정확하게 규명하려면 무엇보다 사건 발생 초기 대응이 중요하다는 점은 초등학생도 다 아는 상식이다. 그런데 국방부는 그 귀한 시간에 전 국민을 상대로 한 생존 가능성 운운하는 엉뚱한 거짓말로 불필요한 시간을 끌었고 결국 상당한 시간을 허비하는 데 성공했다. 왜 그래야 했을까.

그래서 상식을 가진 사람들의 의심이 시작된 것이다. 왜 국방부는 사고 원인 규명보다 가능하지도 않은 구조 여부로 국민의 관심을 집중시킨 것일까. 천안함 침몰 과정에서 어떤 사실을 숨기려 한 것은 아닌가. 그러다 보니 사고 경위에 대한 최초 보고에서부터 횡설수설하던 천안함 침몰 과정에 대한 진실은 과학적 상식을 가진 사람이 살펴봐도 갖가지 의문이 들 수밖에 없었다. 이 의문을 신랄하게 제기한 사람이 바로 2012년 《천안함은 좌초입니다》(책보세)라는 책을 펴낸 신상철 전 조사위원이었다.

그는 한국해양대 출신으로 해군 중위 제대 후 10년간 조선·해운업계에 몸담았던 선박 전문가다. 천안함 사건이 발생한 후 민간 추천 위원으로 천안함 민군 합동 조사단에 조사 위원으로 참여한 그는 사건 초기부터 2014년 현재까지도 꾸준히 정부의 공식 발표와 다른 사고 원인에 대한 여러 의혹을 제기해 오고 있다. 내가 말하고자 하는 것은 천안함 침몰 사건의 진실에 대한 논쟁은 아니다. 말하고 싶은 것은 하나다. 의심할 자유를 보장하라는 것이다.

신상철 위원과 상식적인 사람들은 천안함 침몰 사건이 왜 일어났는지에 대한 의심을 품고 있다. 정부 발표대로 정말 북한의 폭침 공격에 의한 침몰인지, 아니면 또 다른 이유로 벌어진 침몰 사고인지 나름대로 과학적·경험적 근거를 가지고 의심하는 것이다. 그런데 의심을 한다는 이유로, 의심할 만한 근거를 가지고 언론과 방송을 통해, 또한 글을 통해 평화적으로 의심을 제기했다는 이유로 신상철 위원은 형사 고소를 당했다. 몇 년이 지나가는 지금까지도 재판이 계속되고 있다.

의심할 자유,
그것이 민주주의다

그뿐인가. 천안함 침몰 사건에 대해 자신들의 생각과 다른 입장을 가졌다는 이유로 또 다른 피해를 입은 사람이 있다. '민주사회를위한변호사모임' 소속의 조용환 변호사다. 그는 야당인 민주당으로부터 헌법 재판관 후보자로 추천받아 국회에서 임명안 표결을 받았다. 그런데 2012년 2월 9일, 국회에서 열린 헌법 재판관 후보자 임명 동의안 표결에서 의회 과반수를 차지하는 새누리당으로부터 임명안이 부결되었다.

이유는 하나였다. 2011년 6월 28일 개최된 인사 청문회 당시 천안함 침몰 사건에 대한 조용환 후보자의 의견을 묻는 질문에 답한 말이 화근이 되었다. 당시 조 후보자는 "정부 발표를 신뢰하지만, 직접 보지 않았기 때문에 확신할 수 없다"고 답변했다. 북한 폭침에 의한 천안함 침몰을 부인한 것이 아니라 법률가로서의 관점에서 답한 것인데, 그 답변이 정부와 여당인 새누리당의 심기를 건드렸던 것이다.

그때 조용환 후보자가 갈릴레이처럼 자신의 주장을 꺾고, 자신의 합리적 의심을 포기하고 그들의 주장이 맞는다고 했다면, 결과는 어떠했을까. 500여 년 전 지동설을 주장했다는 이유로 종교재판에 회부되었던 갈릴레이 사건이 지금 얼마나 우스운 일인지 생각해 보라. 이 일 역시 향후 50년만 경과해도 얼마나 웃기고 슬픈 야만인지 확인하게 될 것이다. 과학적으로 입증하고 그것을 통해 동의를 구하면 될 일을, 의심한다는 이유로, 자신의 생각과 다르다는 이유로 정치적으로 탄압한다면 결코 민주주의 국가라고 말할 수 없다.

웃기는 일은 거기서 멈추지 않았다. 이번에는 영화였다. 〈부러진 화살〉과 〈남영동 1985〉 등을 연출한 정지영 영화감독이 제작하고 신예 백승우 감독이 만든 〈천안함 프로젝트〉는, 2013년 우여곡절 끝에 상영되었으나 일주일 만에 전국의 모든 영화관에서 강제 하차당했다. 천안함 침몰 과정에 대한 의심을 과학과 상식의 눈높이로 다루는 영화 제작 계획이 알려지면서 예상되었던 반발이기도 했다. 정부의 공식 발표를 의심하자 보이지 않는 권력이 아예 대중에게 말할 수 없도록 그 통로를 차단해 버린 것이다.

대한민국은 민주공화국이다. 민주주의는 한 사람의 생각과 계획에 따라 일사불란하게 움직이는 전체주의 국가도 아니고 독재국가도 아니다. 생각이 다른 이들이 서로 논쟁하고 토론하여 그 속에서 다름을 인정하는 것, 그것이 민주주의의 요체다. 폭력을 통해 자신의 주장을 관철하지 않는 한, 그 어떤 말이나 글도 탄압하는 것은 안 된다는 말이다. 하지만 지금 살펴본 것처럼 대한민국에서 의심할 자유는 위협받고 있다. 나는 이것을 민주주의라고 말할 수 없다.

분명히 말하지만 의심할 자유는 보장되어야 한다. 그런 의심을 가진 이들을 납득시키고 설득할 책임은 그것이 진실이라고 주장하는 정부가 감당할 당연한 몫이다. 그래야 토론이 가능하고, 그래야 천동설을 의심한다는 이유로 사람을 죽이겠다는 과거의 억지가 더 이상 되풀이되지 않을 것이다. 이런 어처구니없는 개그가 언제까지 계속되어야 하는가.

민주주의 국가라면 의심한다는 이유로 의심하는 사람들을 탄압하지 말라. 그것은 우리가 미워해야 할 '독재'다. 나는 굴복할 수 없다!

2부

인권 현장 이야기

당신의 이름을 세상에 꼭 남기겠다
_어느 빈민 장애인 노점상과의 약속

빈민운동가이며 장애인 노점상이었던 '최정환'. 나는 그에게 생전 한 가지 약속을 했다. 나 혼자만의 약속이었지만 그 약속을 꼭 지키겠다며 수없이 다짐했다. 이 글은 그 약속에 대한 기록이다.

1995년 3월, 어느 날이었다. 당시 나는 재야 단체인 '민주주의민족통일전국연합'(약칭 '전국연합')에서 인권부장으로 일하고 있었다. 나는 매일 아침 집으로 배달된 신문의 사회면을 보았다. 당시에는 인터넷이 지금처럼 보급되지 않았고 신문이나 방송을 통해 정보를 접하던 시대였다. 그날도 배달된 신문의 사회면을 보며 전날 벌어진 이런저런 인권 침해 소식을 찾았다. 한편, 요즘 시민 단체는 일반 기업체처럼 출퇴근 시간이 정해져 있지만 당시만 해도 출퇴근 제도가 사실상 없었다. 필요하면 주

말에도 출근하지만 특별한 일이 없으면 평일에도 사무실로 나갈 필요는 없었다. 특히 내가 맡고 있던 인권위원회는 업무 특성상 더욱 그랬다. 회의가 있는 매주 월요일 아침을 제외하고 언제나 사무실 대신 신문에서 확인한 사건 현장으로 달려갔다.

〈응답하라 1994〉이라는 드라마가 모 케이블 TV를 통해 방송되어 세간의 화제가 된 적이 있다. 어느 날 후배들과 밥을 먹으며 그 드라마를 가지고 웃음꽃을 피웠다. 그때 문득 의문이 들어, 왜 드라마 제목을 "1994"로 정했을까, 일행에게 물어 보았다. 그러자 한 후배가 "1994년에 사건 사고가 많았다고 하네요. 그래서 1994로 정했다고 하던데요" 하는 것이었다. 정말 그때 사고가 많았나 생각해 보니 그랬던 것 같았다. 군인들이 권력을 장악했던 시대가 마감되고 일반인인 김영삼 씨가 대통령이 되었던 그때 묘하게도 참 많은 사건이 일어났다. 이른바 격동의 시대였고, 경제적으로도, 사회적으로도 참 많은 일이 있었다. 김영삼 정부 시절에는 도시 재개발에 따른 강제 철거와 그에 따른 인권 침해가 극심했다. 또한 시대의 악법으로 널리 알려진 국가보안법 등을 적용한 공안사건 구속자들이 대거 감옥에 끌려가기도 했다. 438명의 구속자가 발생한 1996년 한총련 연세대 점거 농성 사건 역시 김영삼 정부하에서 일어난 대규모 공안 사건이었다. 공권력에 의한 인권 침해가 '꼬박꼬박' 계속되던 그때였다. 재야 단체에서 일하던 나 역시 구속을 각오하며 현장에서 활동하고 있었던 그때, 함께 근무하던 여러 명이 어느 날 갑자기 구속되어 고생하기도 했다. 북한에서 내려온 무장간첩을 만나고도 신고 하지 않았다는 혐의였는데 다행히 억울함이 입증되어 풀려 나왔다. 지금 생각해 봐도 그때 그 간첩 사건의 진실이 무엇이었는지 알 수 없다. 여하간 당시 나는 민주화 운동 과정에서 잡혀간 이들이 조속히 석방될 수 있도록 21명으로 구성된 인권 변호사들과 함께 대응하는 일을 했다.

간밤에 또 무슨 일이 있었는지 확인하기 위해 펼쳐 본 그날 사회면 뉴스에서 나는 또 한 사람의 불행과 마주하게 되었다. 어느 장애인 노점상의 분신 사건이었다. 그가 최정환이었다. 서울성모병원 중환자실. 강남역 앞에서 카세트테이프 노점상을 하던 장애인이 강남구청 안에서 분신자살을 기도했다는 기사였다. 나는 바로 그를 만나러 병원으로 갔다. 잠시 후 중환자실 간호사의 안내를 받아 온 몸에 하얀 붕대를 칭칭 동여맨 채 두 눈만 드러낸 최정환 씨를 만날 수 있었다.

고아로 자라
장애인이 된 사연

서울 강남역 앞에서 노점상을 하던 1급 장애인 최정환 씨. 그는 기억도 안 나는 어린 나이에 버려진 고아였다. 생활 형편이 어려웠던 부모가 그를 포기하면서 고아원에서 자라야 했다. 1960-1970년대 고아원에서의 생활은 상상보다 더 혹독하고 고단했다. 정규 교육은 고사하고 최소한의 생활 여건도 보장받을 수 없는 처지였다. 그렇게 지내다 나이가 차 고아원을 나오게 된 최정환이 선택할 수 있는 직업은 껌이나 수세미 등을 팔며 하루하루 연명하는 날품 장사뿐이었다.

최정환의 불행은 그것으로 끝나지 않았다. 고아원에서 나온 지 얼마 안 되어 뺑소니 교통사고를 당한 것이다. 최정환은 그 사고로 오른쪽 다리를 절단하고 척수 장애를 입었다. 결국 휠체어에 의지하지 않으면 이동할 수 없는 1급 장애인이 되었다. 어쩌면 태어날 때부터 이어진 그의 절대적 불행은 지독한 저주 같은 것이었다. 그러나 그를 잘 아는 이들은 최정환이 불행에 절망하거나 주저앉지 않았다고 말했다. 다른 이들이 보기에는 보잘것없이 가난하고 불행한 처지였지만 자신보다 못한 이웃을 도운 착한 사람이었다고 증언했다. 언젠가는 노점상 중 한 명이 몸이 아파 며칠간 장사를 못했다는 말을 듣고 최정환이 그날 번 수익금을 몰래 그에게 가져다준 적도 있다고 했다. 자신도 어려우면서 다른 이의 어려움을 외면하지 못하던 그 착한 마음이 결국 그를 분신이라는 비극적 상황으로 이끈 가장 큰 이유라고 안타까워하기도 했다.

살인적인 노점 철거, 부러진 생명 수단

94년 6월. 최정환의 비극이 다시 시작된 때였다. 강남구청이 노점상을 강제 철거하기 위해 철거 용역을 동원한 것이다. 억센 깡패들로 구성된 철거 전문 용역은 떼를 지어 노점상들의 허름한 리어카를 부수고 물건들을 길거리로 마구 내던졌다. 갈 곳 없어 최후로 노점을 선택한 사람들에게 그 물건들은 전 재산이나 다름없었다. 그런 전 재산이 철거 용역에 의해 부서지자 노점상들은 죽기 살기로 달려들었다. 물건 하나라도 건지겠다며 달려드는 노점상에게 철거 용역들은 허가라도 받은 듯 거친 욕설과 폭력을 마구 휘둘렀다. 참 치사한 싸움이었다. 때려 부수는 용역이나 저항하는 노점상이나 다 가난한 약자들이기 때문이다. 결국 그들 역시 먹고살기 위해 가난한 누군가의 노점을 때려 부수는 용역으로 동원되었던 것이다. 그날 할당된 것들을 '모두 부수어 버려야' 약속된 하루 일당을 받을 수 있으니 그들도 인정이나 사정을 돌아볼 여유가 없었다. 참으로 끔찍한 현실이다. 그런 상황에서 또 다시 불상사가 벌어졌다.

용역들의 무지막지한 폭력 철거 와중에 장애인 최정환이 큰 부상을 입은 것이다. 그것도 최정환의 몸에서 유일하게 성한 왼쪽 다리뼈가 부러졌다. 큰 부상을 입은 최정환은 강남구청과 철거 용역 업체를 형사 고소하겠다고 반발했다. 그러자 구청 측이 회유책을 내놓았다. 형사 고소를 하지 않으면 앞으로 노점 단속을 하지 않겠다는 것이었다. 또한 다른 노점상의 장사 역시 묵인해 주겠다는 비밀 제안이었다. 고민하던 최정환은 결국 그 제안을 수용했다고 한다.

최정환의 동료들에 따르면 최정환이 그런 제안을 받아들인 가장 큰 이유는 노점 단속을 하지 않겠다는 구청 측의 약속을 믿었기 때문이었다. 자신만 참으면 다른 노점상이 장사를 계속할 수 있다는 생각에 억울하지만 고소를 포기했던 것이다. 당시 함께 노점을 하던 이들은 그런 결정을 내려 준 최정환에게 매우 고마워했다고 한다. 더구나 척수 장애인이었던 최정환의 경우 부러진 다리를 회복하려면 일반인보다 치료 기간이 길다고 했는데, 최정환은 이웃을 위해 무조건 고소를 포기했다. 주변 노점상들은 미안하고 또 고마워서 십시일반 정성을 모아 최정환에게 치료비를 건네기도 했다. 하지만 평화는 오래가지 못했다. 운명의 시간은 비극을 향해 흐르고 있었던 것이다.

95년 3월 8일. 부러진 다리가 다 아물지 않았지만 최정환은 노점 장사에 나서기로 했다. 더 쉬어야 했지만 생활이 어려운 처지에 마냥 치료만 할 수 없었기 때문이다. 하지만 그날은 최정환이 꼭 피했어야 할 운명의 날이었다. 사고 후 9개월 만에 처음으로 카세트테이프 노점을 연 그날, 구청 측이 약속을 깨고 단속에 나선 것이다. 그날, 최정환은 테이프 노점을 하는 데 없어서는 안 될 것을 단속반에게 빼앗겼다. 바로 카세트에 전원을 공급하는 배터리였다. 최정환은 분노했다. 자신과 한 약속을 쉽게 깬 구청 측의 행태에 그는 슬픔과 울분을 참을 수 없었다. 그날 밤 9시 30분경. 최정환은 자신의 삶을 지탱해 준 낡은 휠체어 바퀴를 밀고 강남구청을 찾아갔다. 그곳에서 최정환은 강제 단속을 하지 않겠다며 자신과 한 약속을 어긴 것에 대해 항의했다. 강제로 가져간 배터리를 즉각 돌려 달라고 요구했다. 하지만 그의 요구는 아주 쉽게 무시되었다. 구청 직원들이 답변 대신 최정환을 건물 밖으로 쫓아낸 것이다. 잠시 후, 최정환이 밀려난 구청 현관 문 앞에서 조그만 불꽃이 치솟았다. 최소한의 인격적 대우조차 받지 못한 최정환이 37년간의 고단한 삶에 철철 넘치는 눈물을 붓고 불덩어리가 되고 있었다.

내가 최정환에게
거짓말을 한 이유

장애인 노점상이었던 최정환의 분신 사실이 알려진 후 노점상 연합회
와 장애인 관련 단체는 비상대책위원회를 구성했다. 이어 최정환이 중
환자실에 입원한 서울성모병원에서 '노점상 생존권 보장'과 '장애인 생
계 보장'을 요구하며 연일 항의 집회를 열었다. 내가 최정환을 찾아간
때가 그 즈음이었다. 분신 사건이 있고 이틀이 지난 3월 10일경, 나는
온몸을 흰 붕대로 칭칭 감은 채 검은 호빵처럼 전신이 부풀어 있는 최
정환을 중환자실에서 마주했다. 그 참담한 모습에 무슨 말을 어찌 꺼내
야 할지 몰라 난감하기만 했다. 그때였다. 심한 화상으로 형편없이 구겨
진 작은 눈을 억지로 뜨며 최정환은 나를 똑바로 바라보았다. 그 눈빛
에 정말 어찌해야 할지 몰라 안타깝던 그 순간, 나는 그의 눈물을 보았
다. 이 세상에 태어나 겪은 온갖 서러움과 울분과 슬픔을 말하려는 듯
그 작은 눈에 가득 고인 듯하더니 이내 흘러내리는 눈물을 나는 너무
나 충격적인 느낌으로 바라보았다. 그 순간, 나는 아무 말이라도 해야
한다고 생각했다. 그리고 얼결에 말해 버렸다.

"많이 힘드시죠. 지금 밖에서는 선생님의 안타까운 사연을 알게 된
많은 사람들이 분노하고 있습니다. 하루빨리 건강을 되찾으셔서 일어나

세요. 그러면 다 잘될 겁니다."

그 순간이었다. 최정환이 거칠게 숨을 몰아쉬기 시작했다. 그가 뭔가 간절히 하고 싶은 말이 있는 것처럼 처절하게 몸부림을 치며 조그맣게 이상한 소리를 내고 있었다. 그 모습을 지켜보며 나는 무슨 일이 날까 싶어 걱정도 되었고, 또 그런 상황에서 내가 계속 옆에 있는 것이 과연 그에게 좋은 것일까 염려도 되었다. 결국 나는 서둘러 "나중에 다시 오겠다"는 말만 남기고 돌아서서 중환자실을 성급히 빠져나왔다. 그제야 나는 심한 죄책감을 느꼈다. 그의 눈물에 밀려 거짓말을 하고 말았다는 죄책감이었다. 많은 이들이 당신의 사연을 알고 있다는 말, 그들이 분노하고 있다는 말은 '거짓말'이었다. 세상 사람들은 그의 사연을 거의 알지 못하고 있다는 것이 '진실'이었다. 노점상 관련 단체와 장애인 단체, 일부 재야 관계자 정도가 그의 사건을 알고 있을 뿐 세상은 그의 분신에 아무런 관심도, 분노도 없었다. 그런데 나는 왜 그에게 그런 거짓말을 했을까. 나는 분신으로 온몸이 화마에 휩쓸려 어쩌면 지금이 마지막일지 모르는 최정환을 어떻게 해서든 위로하고 싶었다. 그런 마음에 사실과 다른 거짓말을 해 버린 것이었다. 나는 자꾸만 그것이 마음에 걸리고 미안하고 또 부끄러웠다.

두 번 버리고
세 번 나타난 부모

95년 3월 21일 새벽 1시 50분경. 최정환은 끝내 빼앗긴 배터리를 돌려받지도 못하고 약속을 어긴 데 대한 사과 한마디도 듣지 못한 채 지상에서의 마지막 숨결을 내려놓았다. 분신하고 꼭 13일 만의 일이었다. 37년에 걸친 그의 고단하고 불행한 삶은 그렇게 허무하고 억울하게 끝나고말았다. 장례대책위원회는, 최정환의 억울함을 세상 사람들에게 알리고장애인과 노점상의 참담한 현실을 고발한다는 취지로, 4일 후 연세대학교에서 영결식을 치르기로 했다. 또한 지나친 노점 단속에 항의하고자 서울시청 광장에서 노제도 함께 거행하기로 결정했다. 하지만 계획은 뜻대로 이뤄지지 못했다. 최정환의 장례 행사를 불법 집회로 간주한경찰이 행사 일체를 전부 원천 봉쇄한다는 방침을 발표한 것이다. 장례를 한다며 사실상 불법 시위를 벌여 도심을 마비시키려 한다는 것이 경찰 측 주장이었다. 3월 25일 새벽. 그가 안치된 서울성모병원 영안실에는 일촉즉발의 긴장감이 감돌았다. 병원을 둘러싼 경찰 병력과 장례대책위가 대치했다. 병원 영안실 입구에는 경찰의 시신 침탈을 대비하는노점상 중심의 사수대가 쇠파이프를 든 채 대기하고 있었고, 같은 처지의 최정환을 이렇게 보낼 수는 없다는 노점상과 장애인들의 분노가 대기에 가득했다.

우려했던 일은 25일 새벽 2시 40분경에 발생했다. 백골단 300여 명이 병원 영안실로 침입했던 것이다. 그들은 안치되어 있던 최정환의 시신을 강제로 빼앗아 가려고 했다. 명분은 의외였다. 숨진 최정환의 유족이며 친권자인 부모가 나타났다고 했다. 그 유족이 가족장으로 장례를 하겠다며 경찰에게 대책위가 불법으로 점유하고 있는 최정환의 시신을 찾아 달라고 했다는 것이다. 사람들은 그러한 경찰의 주장에 황당할 수밖에 없었다. 고아인 최정환에게 부모가 있었고 또 그 부모가 그 순간에 나타났다는 것은 우연치고도 아주 고약한 우연이 아니었겠는가. 최정환의 부모를 '찾아낸' 것은 역시 '경찰'이었다. 최정환의 분신 사망 사건이 터지자 주민등록 전산망을 조회하여 최정환의 친부모를 찾은 것이다. 자식을 키울 수 없어 버려야 했던 그 절박한 사정이야 딱하기 그지없었겠지만, 그 절묘한 시기에 친권자를 자처하며 부모가 나타난 것은 참으로 뜻밖이었다. 특히 그런 상황에서 가족장을 내세워 시신 인도를 요구하는 것은 그 의도를 순수하게 이해할 수 없는 상황이었다.

그 과정에서 사람들은 새로운 사실을 알게 되었다. 최정환의 모진 인생 여정을 다시 한 번 아프게 확인했다. 최정환이 부모로부터 외면당한 것은 한 번이 아니라 두 번이었다. 처음 부모가 최정환을 버린 것은 최정환도 기억하지 못할 만큼 어릴 적 일이었다. 그런데 1985년경 최정환이 뺑소니 교통사고로 큰 부상을 당했을 때 사건을 처리하는 과정에서 경찰이 최정환의 친부를 찾아냈다. 하지만 최정환을 만난 아버지는 최정환의 존재를 부정했다. 20여 년 만에 다시 만난 아들이 뺑소니 교통사고로 오른쪽 다리마저 잃은 척수 장애인이었으니 그들 입장에서는 얼마나 기가 막혔겠는가. 더구나 여전히 가난했을 그 부모 앞에 갑자기 나타난 중증 장애 아들은 받아들이고 싶지 않은 존재였을 것이다. 그래서 그랬을까. 당시 경찰이 찾아낸 아버지는 최정환을 자기 아들이 아니라고 부인한 후 종적을 감췄다고 한다.

한편 경찰은 자신들이 찾아낸 부모의 '권리'를 명분으로 최정환의 시신이 안치된 병원 영안실에 끝내 공권력을 투입했다. 순간 장례대책위원회는 절묘한 순발력을 발휘했다고 한다. 경찰이 영안실로 진입하는 순간 최정환의 시신을 화물로 위장하여 트럭에 실은 후 몰래 병원을 빠져나간 것이었다. 하지만 한밤의 시신 공수는 경찰에 발각되고 말았다. 영안실에 잠입해 있던 경찰 정보원이 그 사실을 경찰에 알린 것이다. 결국 최정환의 시신을 신고 달리던 트럭은 강남 테헤란로에서 대기하고 있던 경찰에게 잡혔다. 경찰은 최정환의 시신을 신고 영결식이 예정된 연세대로 가던 트럭을 경찰서로 강제 견인했다. 얼마 후, 경찰의 무전기를 통해 놀라운 소식이 전파되었다. 서울 강남의 서울성모병원 앞 8차선 도로가 전면 불통되었다는 정보였다. 그로 인해 아침 출근길에 엄청난 혼란이 빚어지고 있다는 것이었다. 장애인과 노점상 수백 명이 8차선 도로를 점거하고 있었다. 그들이 강남대로 8차선 도로에 드러누워 울부짖고 있었다. 하늘을 향해 울부짖는 그 외침은 경찰의 무전기를 통해 전파되었다.

"장애인 노점상 최정환의 시신을 즉각 돌려 달라!"

새벽 여섯 시경, 경찰이 압수해 간 최정환의 시신이 다시 병원 영안실로 무사히 돌아왔다. 아침 출근길 강남대로에서 벌어진 장애인과 노점상의 시위를 수습하고자 일단 최정환의 시신을 내주며 타협안을 찾은 결과였다.

폭발한 분노,
참혹했던 1분

하지만 거기서 끝이 아니었다. 예정된 장례식을 앞두고 장례식을 강행하겠다는 이들과 그것을 막겠다는 경찰의 공방은 더욱 치열해졌다. 경찰은 장례 행렬이 병원 밖으로 나올 수 없도록 철저히 차단했다. 그런 충돌은 마침내 화염병과 돌, 최루탄과 곤봉이 난무하는 전투로 번졌다. 소식을 듣고 뒤늦게 달려온 재야 단체 활동가들은 병원 정문 앞에서 경찰과 실랑이를 벌이다 연행되곤 했다. 나 역시 마찬가지였다. 새벽부터 차단된 병원 정문 앞에서 병원으로 들어가겠다며 경찰과 싸우는 것 외엔 별다른 수가 없었다. 참으로 난감했다. 병원의 모든 출입문은 무장한 전투경찰들이 겹겹이 가로막고 있었다. 나는 다시 한 번 병원 안으로 들어가기 위해 무작정 정문으로 걸어갔다. 예상대로 경찰이 또 가로막았다. "병원에 왜 들어가려고 하느냐"는 물음에 나는 준비한 거짓말을 하지 못한 채 머뭇거리다가 곧바로 그들에게 밀려났다. 악에 받친 나는 "경찰이 무슨 근거로 시민의 정당한 보행권을 막는 거냐"며 목청을 높여 항의했다. "나는 들어가야겠으니 길을 비켜서라"고 다부지게 대들었다.

그러자 그중 계급이 높아 보이는 경찰이 인상을 쓰며 내게 말했다.

"니가 뭔데…?" 그 막말에 나도 흥분했다. 똑같이 언성을 높이며 대들었다.

"그러는 너희는 경찰이냐, 깡패냐? 너희는 무슨 권한으로 국민이 가는 길도 못 간다고 막느냐? 영장 있느냐?"

그렇게 경찰과 거칠게 실랑이를 하던 중이었다. 추모 만장을 매단 대나무와 경찰의 곤봉이 쉴 새 없이 부딪히며 욕설과 고함으로 아수라장이 된 그때였다. 전투경찰 병력이 4열 종대로 서서 병원 정문을 완벽하게 막아서고 있는데 그 저지선을 향해 낡은 승용차 한 대가 서서히 다가오는 것이 보였다. "어어" 하며 설마 저러다 멈추겠지 했던 사람들의 예상과 달리 차가 저지선으로 완전히 들어오고 있었다. "앗!" 비명이 절로 나오는 순간이었다. 놀랍고 당황스러운 그 찰나의 순간, 경찰 저지선이 일순 무너지고 모두가 어쩔 줄 몰라하던 그때, 경찰 저지선을 뚫은 차량이 좁은 골목으로 무질서하게 도주했다. 차량을 운전한 이도 자신의 행위에 놀라 제정신이 아닌 듯했다. "잡아!" 경찰 지휘관의 비명 같은 지시가 떨어지자마자 경찰들이 좁은 골목으로 달려 나갔다. 차량 운전자에 대한 분노로 탱천한 경찰은 골목을 들이받고 멈춘 차량을 덮쳤다. 이내 운전석에 있던 운전자를 거칠게 끌어냈다. 나는 분노한 경찰에게 운전자가 당할 보복을 걱정하며 그쪽을 쳐다봤다. 그다음 순간, 끌려 나오는 운전자를 보며 전율했다. 그는 '두 다리가 없는' 30대로 보이는 여성 장애인이었다. 그 모든 상황이 종료되는 시간은 채 1분이 넘지 않았다. 전경의 저지선을 뚫기 위해 차량이 돌진했고, 이어 운전석에서 끌려나온 여성 장애인의 분노. 허공에 들려 경찰에게 강제 연행되며 비명처럼 울부짖던 그 여성 장애인의 절규. 나는 지금도 그 순간을 잊을 수 없다.

당신의 이름을
세상에 꼭 남기겠다!

얼마 후, 경찰은 어디선가 청소 차량의 적재함을 실어 왔다. 그것으로 병원의 모든 출입구를 막아 버렸다. 공방은 계속 이어졌다. 화염병과 최루탄이 병원 앞 도로와 마당에서 날아다녔다. 농성자들은 "사람이 죽어 마지막 가는 길에 장례조차 못하게 막는 게 말이 되느냐"며 거칠게 항의했다. "도대체 무슨 권한으로 장례조차 하지 못하게 하느냐"며 항의했지만 상황은 변하지 않았다. 나는 결국 병원 진입을 포기하고, 바로 옆 건물인 한국감정원으로 들어갔다. 병원 내부를 보려고 제일 높은 층으로 올라갔다. 병원 내 상황이 어떤지 궁금했고, 내가 할 수 있는 역할이 무엇인지 찾고 싶었다. 그렇게 무턱대고 올라가니 회의실 같은 큰 방이 있었는데 마침 아무도 보이지 않았다. 다행히 그곳에는 병원이 내려다보이는 위치에 큰 유리창이 달려 있었다. 그곳에서 내려다본 병원 상황은 그야말로 앞으로도, 뒤로도 헤쳐 나갈 수 없는 절대적인 고립 상황이었다. 경찰이 완벽하게 차단한 상태였기에 어쩔 수 없는 일이었다.

결국 별다른 방법 없이 그렇게 공방만 하면서 시간이 흘러가던 그때, 최정환의 장례식은 대책위의 일방적 패배로 끝났다. 경찰이 허용하지 않는 한, 장례식을 강행할 현실적 힘이 없다는 판단에 따라 대책위는 결국 연세대학교에서의 영결식을 포기하기로 했다. 경찰에게 그 사실을 통보한 후 "장지인 용인 천주교 묘지로 갈 테니 이제 그만 길을 터 달라"고 요구했다. 그러나 그마저도 쉽지 않았다. 경찰의 요구대로 영결식을 포기하고 장지로 가겠다는데도 경찰은 "믿지 못하겠다"며 마냥 기다리라고만 했다. 그렇게 또 얼마간 시간이 흘러가던 오후 3시경. 나는 한국감정원 건물에서 서울성모병원 후문을 통해 운구차가 빠져나가는 것을 보았다.

경찰은 최정환의 시신을 실은 운구차를 경찰 오토바이로 포위하듯 둘러싸고 있었다. 또 경찰 차량이 선두와 후미에 한 대씩 따라 붙었다. 대책위가 "장지로 바로 가겠다"고 약속했음에도 경찰은 운구차가 다른 곳으로 가는 것을 막기 위해 경찰 오토바이와 차량으로 포위한 것이었다. 그런 사정을 모르고 본다면 유력한 사람이 별세해서 대단한 예우를 받는 것으로 착각할 것 같았다. 장애인 노점상 한 명 때문에 경찰이 그처럼 엄청난 호위를 하고 있다고 누가 상상이나 했겠는가. 나는 한국감정원 건물에서 최정환의 마지막 모습을 내려다보며 뺨 위로 흐르는 눈물을 굳이 닦아 내지 않았다. 문득 중환자실에서 그를 처음 만났을 때가 떠올랐다. 그가 흘렸던 한 줄기 눈물. 그가 가는 마지막 길에서 나는 한 빈민 장애인 노점상의 죽음을 꼭 기억하겠다고 약속했다.

"최정환 씨. 당신의 이름을 먼 훗날 세월이 지나서라도 반드시 기록으로 남기겠습니다. 당신이 이 세상에 왔다가 떠나간 그 사연에 대해 많은 이들이 알 수 있도록 하겠습니다. 내가 당신에게 말했던 그 거짓말, 많은 사람들이 당신의 억울한 사연에 공감하고 함께 분노하고 있다는 그 말이 거짓말이 되지 않도록 하겠습니다. 부디부디 편히 가소서."

내가 인권 운동을 하면서 새기게 된 아픈 이름, 그 이름은 '최정환'이었다.

윤성두 중위, 미안합니다
_고난받는 이 땅의 양심선언자들을 위해

2013년 12월 25일 크리스마스였다. 그날 나는 아내와 함께 우리나라 국민 1,100만 명이 봤다는 영화 〈변호인〉을 봤다. 마치 민주화 운동을 하듯 많은 이들이 〈변호인〉을 같이 보자고 했다. 나 역시 대학 동문들과 또 몇몇 모임에서 같이 보자는 제안을 받았다. 하지만 나는 그 영화를 아내와 같이 보고 싶었다. 학생운동 조직의 선후배로 처음 만난 이후 아내는 늘 나와 함께했다. 1993년 결혼한 후 재야 단체를 비롯하여 다양한 곳에서 다양한 삶을 살아 왔는데, 그때마다 아내는 늘 내 편이었다. 특히 내가 양심을 속일 수 없어 어떤 선택을 할 때 아내는 늘 나보다 현명한 판단으로 내 행보를 어지럽지 않게 도와주었다. 그런 아내와 영화를 같이 보며 함께 감동하는 추억을 갖고 싶었다.

남들처럼 참 많이 울었다. 아들을 고문 가해자에게 빼앗기고 울부짖는 극중 어머니의 처절한 모습이 내 가슴에 절절하게 다가왔다. 또한 인간의 한계를 넘어서는 잔혹한 고문 앞에서 속절없이 무너져 가는 피해 학생들의 절규에 과거 수감 생활 중 겪었던 기억이 떠올라 소리 없이 함께 울었다.

시작할 때 꺼내든 손수건이 다 젖도록 울며 본 영화 〈변호인〉이 끝나고 자막이 올라가는 극장에서 내 머리를 꽉 채운 이름은 변호인 '송우석' 대신 중위 '윤성두'였다. 그 양심선언자 윤성두 중위에게 미안해서 나는 또 울었다. 그에게 이 글을 쓰는 이유다.

끌려 나가던 중위 윤성두,
막아선 이가 없었다

피고인들이 고문 가해자들에 의해 '만들어진' 빨갱이임을 밝히고자 영화 속 '변호인'은 처절하게 노력한다. 하지만 검사와 판사는 그들이 정말 '빨갱이'인지 아닌지 밝히는 데 관심이 없었다. 그저 80년 5월 광주를 피로 물들이고 권력을 찬탈한 전두환 권력이 원하는 대로 나라가 빨갱이 천지이니 국민은 민주주의니 뭐니 떠들지 말라는 조작된 공안 정국을 만들면 되었다. 그랬기에 진실을 찾으려는 변호인의 노력은 끝내 절규 속 비극으로 치달아 가고 있었다. 객석의 관객들이 안타까운 한숨을 내쉬던 그때, 영화는 극적 반전을 펼쳤다. 허위 진술을 받아 내기 위해 연행한 학생들을 고문하던 도중 학생들이 사망하는 돌발 상황을 막고자 국방부가 파견한 군의관 윤성두 중위가 등장했다.

그가 영화에 처음 등장하는 장면부터 매우 인상적이었다. 다른 인물들이 능글능글하며 권력욕에 불타는 이미지였다면, 윤성두 중위는 정직하고 정의로운 초급 장교의 순수함이 느껴졌다. 그런 기대는 어긋나지 않았다. 빨갱이라는 자백이 고문으로 조작된 허위 진술임을 입증하지 못하던 그때, 윤성두 중위가 법정 증인으로 출석한 것이었다. 그는 변호인의 질문에 따라 자신이 본 것을 용기 있게 폭로했다. 그리하여 '자백이 유일한 증거'였던 그 사건에서 스스로 빨갱이라고 인정했던 학생들의 자술서는 사실 물고문과 전기고문 등으로 만들어진 허위 진술로 밝혀졌다.

사람들은 윤성두 중위의 양심선언에 환호했다. 마침내 거짓이, 음모가, 고문과 공포로 일그러진 진실이 밝은 빛 앞에 드러나는 것을 보며 관객 역시 감격으로 눈을 반짝였다. 그러나 그 환호는 너무나 짧았다. 예상했던 것처럼, 그리고 이 나라의 실제 모습처럼 그의 양심선언은 곧바로 탄압받았다. 윤성두 중위의 양심선언에 당황해하던 고문 가해 경찰관이 잠시 법정 밖으로 나갔다 오더니 모든 일이 뒤집혔다. 정당하게 휴가를 받고 증인으로 출석한 윤성두 중위를 탈영한 것으로 날조했고, 검사는 탈영 장교가 법정에 출석하여 사실과 다른 증언을 한 것이라며 공격했다. 재판장 역시 마찬가지였다. 탈영이라는 중대 범죄를 한 증인의 증언을 믿을 수 없다며 윤성두 중위가 증언한 모든 진술을 재판 속

기록에서 삭제하라고 법정 서기에게 지시했다. 그다음에는 어떻게 되었을까. 잠시 후 법정으로 진입한 헌병들이 윤성두 중위의 양팔을 잡고 법정 밖으로 끌고 나갔다.

그때 나는 보았다. 끌려 나가던 윤성두 중위의 앞을 가로막는 이가 아무도 없었다. 오직 영화 〈변호인〉의 주인공 송우석만이 "안 된다"며 울부짖었으나 그런 외침이 실제 힘이 되어 끌려 나가는 윤 중위를 막지는 못했다. 나는 질식할 것처럼 꽉 막혀 오는 울분을 참을 수 없었다. 또 그렇게 끌려 나간 후 윤 중위가 당할 고초가 떠올라 소리라고 치고 싶은 격분이 일었다. 그 순간 머릿속에 떠오르는 이름이 하나 있었다. 1992년, 극중 윤성두 중위처럼 자신을 내던지며 양심선언을 한 대한민국 육군 중위 이지문이었다.

이지문 중위,
그는 왜 양심선언을 했나

국회의원 총선거를 앞둔 1992년 3월 22일이었다. 당시 서울 종로 5가에 위치한 공명선거실천시민운동협의회(약칭 '공선협') 사무실에 현역 육군 중위였던 이지문 중위가 들어섰다. 잠시 후 그는 기자회견을 통해 매우 놀랍고 충격적인 비밀 하나를 고발했다. 1992년 4월 총선을 앞두고 벌어진 총체적인 군 부재자 부정투표를 폭로한 것이었다. 이지문 중위의 양심선언에 따르면, 당시 그가 근무하던 부대 지휘관이 전 장병을 상대로 정신교육을 실시했다. 우선 그 정신교육이 문제였다. 지휘관은 다가오는 국회의원 선거에서 군인은 '무조건' 당시 여당인 민주자유당(**현 새누리당 전신**) 후보를 찍어야 한다고 교육했다. "그것이 국가에 충성하는 것"이라고 말했다. 이어진 군 부재자 투표에서는 사병들이 누구에게 투표했는지 지휘관들이 지켜보는 가운데 기표하도록 했다. 민주주의의 기본 원칙인 '비밀투표'를 유린한 충격적인 일이었다. 이지문 중위의 양심선언은 그래서 충격적인 폭로였다.

사실 그날 이지문 중위가 폭로한 양심선언 내용은, 그 시절 대한민국 군대를 다녀온 사람이라면 그다지 놀랄 일도 아니었다. 군 부재자 투표 과정에서 벌어지는 부정선거는 '비밀 아닌 비밀'이었다. 그 같은 부정선거 과정에서 사망하는 피해자도 있었다. 대표적인 사례가 1987년에 실시된 대통령 선거에서 부정투표를 거부했다는 이유로 구타당해 사망한 정연관 상병 사건이다. 그는 당시 여당인 민주정의당 노태우 후보를 지지하라는 지시에도 불구하고 야당 후보인 평화민주당 김대중 후보를 지지했다. 그 사실을 안 부대 선임에게 가슴을 얻어맞고 쓰러진 후 결국 사망했다. 이런 사례는 일일이 언급하기 어려울 정도로 무수히 많았다. 하지만 이 같은 '비밀 아닌 비밀'을 양심선언을 통해 최초로 밝힌 사람이 바로 이지문 중위였다.

한편 이지문 중위의 용기 있는 양심선언은 이후 군 부재자 투표의 공정성을 확보하는 중요한 계기가 되었다. 군 부재자 투표가 부정투표로 얼룩질 수 있었던 가장 큰 요인은 외부 통제 없이 군인들끼리 자체적인 투표 업무를 하도록 방치한 것이었다. 이후 제도가 바뀌었다. 군부대 내에서 하던 군 부재자 투표를 영외 투표소에서 하도록 제도를 바꾼 것이다. 이후 적어도 지휘관이 보는 앞에서 지휘관이 손으로 여당 후보를 짚으면 무조건 찍어야 하는 무지막지한 부정선거는 사라지게 되었다. 이지문 중위의 용기 덕분에 되살아난 대의 민주주의 원칙이었다.

그런데 이처럼 큰 변화를 이끌어 낸 이지문 중위는 양심을 선택한 이후 어떤 대가를 치러야 했을까? 내가 윤성두 중위를 떠올린 이유였다.

이지문 중위,
미안합니다

군부대 내 부정선거를 고발하는 기자회견을 마친 직후 이지문 중위는 밖에서 대기하고 있던 헌병에 의해 끌려가 바로 구속되었다. 영화 〈변호인〉에서 묘사한 윤성두 중위와 하나도 다르지 않은 장면이었다. 구속된 사유 역시 '무단이탈' 혐의였다. 이후 이지문 중위의 처지는, 영화 속 '변호인'에게 사무장이 던진 대사와 다르지 않았다. 돈 잘 벌고 탄탄대로를 약속받은 세무 변호사를 버리고 대신 인권 변호사로서 시국 공안 사건을 맡겠다는 변호인에게 사무장은 말했다.

"오늘부로 송변 니는 니 편한 인생, 니 발로 잡아 찬기다."

이지문 중위 역시 마찬가지였다. 당시 이 중위는 삼성 그룹에 '장교 출신 전역자 특별 채용'에 합격한 상태였다. 얼마 남지 않았던 군 복무 기간 동안 군대에서 회자되던 속된 말처럼 '떨어지는 낙엽도 조심하듯' 조용히 지냈다면, 그래서 장교로 전역만 했다면 그는 지금쯤 연말 상여금만 수천만 원을 받는다는 '안녕한' 대기업 임원이 되어 있을지 모른다. 하지만 양심선언으로 삼성 그룹 특별 채용은 취소되었다. 사건 이후 여러 가지 정치적 고려 끝에 다행히 기소유예로 풀려나오긴 했지만, 국방부 측이 장교 신분이었던 그를 '이등병'으로 강등해 불명예 제대시켰다. 이후 삼성 그룹 측은 "우리는 장교를 특별 채용했지 이등병을 채용한 것이 아니"라며 채용은 원천 무효라고 통보했다. 윤성두 중위 역시 크게 다르지 않았을 것이다.

다만 이 중위가 윤 중위와 다른 한 가지가 있다면 군 검찰이 범죄 혐의 중 추가한 '명예훼손'이 아닐까. 이 중위에게 추가 적용된 명예훼손의 근거를 알게 된 나는 참으로 서글펐다. 경위는 이랬다. 이 중위가 군 부재자 부정선거를 폭로하자 군 수사 당국은 이 중위가 근무하던 부대원들을 상대로 설문 조사를 했다. "이지문 중위의 주장대로 여당 후보를 지지하라는 정신교육과 공개 투표가 실제 있었느냐"는 것이 그 내용이었다. 설문 조사 결과 "이지문 중위가 폭로한 군부대 내 여당 후보 지지 정신교육과 이후 부정투표 주장은 사실"이라고 응답한 부대원이 단한 명도 없었다고 한다. 군 검찰 측은 이 중위가 '사실이 아닌 내용으로' 부대와 군인 개인의 명예를 훼손했다며 군형법상 '명예훼손' 혐의를 추가 적용했다. 궁금했다. 부대원들의 설문 조사 결과를 처음 들었을 때 이 중위의 심정은 어땠을까. 그래서 나는 이 중위에게 물었다. 당시 심정이 어땠는지를 묻는 질문에 그는 잠시 뜸을 들였다.

"9사단 헌병대 영창에 있을 때, 부대원 500여 명 모두가 설문 조사에서 제 양심선언 내용이 거짓이라고 답했다는 말을 듣고 솔직히 마음속으로 절망하지 않을 수 없었습니다. '아, 세상이 내 생각처럼 그렇지 않구나' 하는 실망과 좌절감 같은 것이 들더라고요. 무척 힘들었습니다."

이 중위의 솔직한 느낌을 듣고 나 역시 먹먹해졌다. 다시 물었다. 양심선언을 한 것에 대해 후회하지는 않았느냐고. 이 중위는 "양심선언을 후회하지는 않는다"며 그 이유를 다음과 같이 말했다. 자신이 용기 내어 한 양심선언을 자신과 함께했던 부대원 500명 전부가 사실이 아니라고 부인했을 때, 그래서 절망의 심정으로 헌병대 영창에 갇혀 있을 때였다. 그를 감시하는 역할을 맡은 한 헌병이 조용히 다가오더니 그가 갇혀 있는 철창 안으로 쪽지 하나를 넣어 주고 황급히 사라졌다. 그것을 주위 몰래 펼쳐 보니 이렇게 쓰여 있었다.

"이지문 중위님. 저는 이 중위님이 말씀하신 진실을 알고 있습니다. 세월이 지나면 반드시 그 진실이 밝혀질 것입니다. 용기를 잃지 마세요. 고맙습니다."

또 다른 윤성두 중위, 고난받는 이 땅의 양심선언자들

고난받았던, 지금 이 순간에도 고난받고 있는 양심선언자는 이지문 중위만이 아니다. 또 다른 피해자로 2013년 11월, 대법원의 유죄 확정 판결로 공무원 신분을 잃은 장진수 전 주무관이 있다. 이 사건은 2008년 민간인 김종익 씨가 당시 대통령이었던 이명박을 비판하는 내용의 동영상을 자신의 블로그에 게재하면서 시작되었다. 당시 청와대와 국무총리실 직원들이 대통령 비방 동영상을 게재했다 하여 법적 근거도 없이 민간인을 상대로 불법 사찰과 압수 수색을 자행한 사건이었다. 이는 명백한 불법이었다. 그뿐이 아니었다. 그들은 금융 회사를 운영하던 김종익 씨에게 사장직 사퇴를 강압하기도 했다. 이런 어처구니없는 실태가 세상에 알려지자 다급해진 쪽은 불법을 자행한 그들이었다. 어떻게 해서든 이 범죄 행각을 은폐하고자 그 증거가 담긴 컴퓨터 등을 인멸하는 공모에 나섰다. 그 결과 증거 인멸로 인해 최초 수사에 나선 당시 검찰은 사건의 실체적 진실을 온전히 밝혀 내지 못했다. 그렇게 '국무총리실 민간인 불법 사찰'의 진실이 꼬리 자르기로 끝나려던 순간이었다.

국무총리실 공직지원관실 소속 공무원이었던 장진수 전 주무관이 양심선언을 했다. 그 사건의 실제 주범은 이명박 정권의 실세였던 이영호 전 청와대 고용노사비서관과 박영준 전 지식경제부 차관이며, 그들이 깊이 개입하여 모든 증거를 인멸하도록 했음을 밝혔다. 장 전 주무관이 아니었다면 결코 드러날 수 없는 진실이었다. 하지만 양심선언을 선택한 장진수 전 주무관은 결국 공무원 직위를 잃었다. 참으로 이해할 수 없는 결과가 아닌가. 특히, 양심선언을 통해 진실을 밝힌 장진수 전 주무관에 대해 유죄를 선고한 대법원이, 장 전 주무관에게 증거 인멸을 하도록 지시한 공직윤리지원관실 전 기획총괄과장 진경락 씨에 대해서는 "증거 인멸로 처벌할 수 없다"는 논리로 무죄를 선고했다. 지시한 사람에게는 무죄를 선고하고 상관의 지시에 따른 사람에게는 처벌을 내린 것이니, 이를 공정한 재판이라고 할 수 있을까. 결국 그 같은 판결로 장진수 전 주무관은 국가공무원법 규정에 따라 공무원직을 잃었다. "국무총리실에서 근무했음. 2005년 3월 27일-2013년 11월 27일". 장 전 주무관의 페이스북에 쓰여 있는 직장 기록이었다. 대법원 선고가 내리기 전날, 장 주무관이 유죄 확정으로 공무원 직위를 잃었기 때문이다.

대법원 재판 결과를 확인한 후 장진수 전 주무관은 말했다.

"사건을 축소·은폐하려는 저들의 추악한 범죄 행위를 고발하고자 저는 양심선언을 했습니다. 그런데 대법원은 범죄를 숨기려 한 그들은 처벌하지 않고 왜 오히려 고발한 저를 처벌하는지 이해하기 어렵습니다. 그러나 진실을 밝힌 것을 후회하지는 않습니다. 폭로 이후 오히려 홀가분했습니다. 진실을 얘기 안 하면 살 수 없었을 테니까요. 설령 앞으로 힘든 처지에 놓이더라도 진실을 밝히지 않은 것보다는 마음이 편할 테니 후회는 하지 않습니다."

이 땅의
양심선언자들을 위해

불행하게도 이런 안타까운 사연은 우리 주변에 적지 않다. 지난 제18대 대통령 선거 당시 불거진 국정원 댓글 부정선거 관련 수사를 담당했던 수서경찰서 전 수사과장 권은희 경정, 검찰 특별수사팀장을 지낸 윤석열 수원지검 여주지청장 등도 그런 경우다. 국회 청문회에 출석하여 수사 과정에서 서울경찰청장이 외압을 가했다는 진실을 말하자, 새누리당 국회의원들은 권은희 경정을 상대로 도가 넘는 인격적 모욕을 주었다. 출신 지역을 들어 지역감정을 조장하기도 했고, 공무원인 그에게 정치적 성향을 묻는 상식 밖의 언행을 했다. 권은희 경정이 말한 대로 중세 시대 '십자가 밟기'와 같은 치욕스러운 모욕이었다. 양심적인 내부 고발을 선택했다는 이유로 권은희 경정이 받은 고난은 거기서 멈추지 않았다. 미운 털이 박힌 그를 상대로 서울경찰청장은 공식적인 '서면 경고'를 했다. 상부 보고 없이 허락받지 않은 언론 인터뷰를 했다는 것 등이 사유였다. 보복성 처분으로 보지 않을 수 없다. 하지만 권은희 경정을 향한 경찰 수뇌부의 탄압성 언행은 중단되지 않고 있다. 어쩌면 부정선거 수사와 밀접한 관련이 있는 박근혜 정권이 끝날 때까지 상황이 달라지리라 기대하기는 어려울 듯하다. 그렇기에 경찰 수뇌부의 계속된 징계 위협 속에서도 꿋꿋하게 자기 자리를 지키고 있는 그의 모습은 차라리 경이롭기까지 하다. 그 힘의 근원은 무엇일까. 온 국민의 관심이 국정원의 부정선거 댓글 수사에 집중되었을 때 권은희 경정이 모 언론사 기자와 나눈 대화에서 짐작해 볼 수 있다. 그는 부정선거 관련 수사를 잘 해낼 자신이 있느냐는 기자 물음에 "수사 기록에는 담당 수사관의 이름이 들어갑니다. 그 명예를 더럽히는 일은 없을 것입니다"라고 답했다. 2013년, 이 한 마디 답변은 대한민국을 사랑하는 정의로운 국민들의 가슴에 뜨거운 감동을 불러일으켰다.

'대한민국 진짜 검사' 윤석열 수원지검 여주지청장 역시 마찬가지였다. 그는 2013년 국회 법사위 서울고검 국정감사에 출석하여 권은희 경정과 마찬가지로 국정원 부정선거 수사 과정에서 자신이 느낀 윗선 외압을 고발했다. 강직한 윤 지청장의 소신 발언에 당황한 새누리당 정갑윤 의원은 "이런 대한민국 검찰 조직을 믿고 국민이 안심하고 사는지 걱정된다. 하다못해 세간의 조폭보다 못한 조직으로, 이것이 무슨 꼴이냐. 증인은 조직을 사랑하느냐"는 막말을 퍼부었다. 그때 윤석열 지청장이 남긴 명언은 국민들 사이에서 큰 화제가 되었다.

"저는 조직을 사랑합니다. 사람에게 충성하지 않습니다."

그랬다. 그들은 자신의 소신 발언과 행동으로 어떤 불이익을 받을지 몰라서 바보처럼 그런 결정을 한 것이 아니다. 바로 이런 이들이 대한민국의 정의를 지키는 상식 기준이 되어야 한다. 민주주의와 인권의 가치를 존중한다는 대한민국에서 법을 지키고 양심을 지키고자 노력하는 모든 이들이 마땅히 보호받아야 한다. 그래야 민주주의 대한민국이다. 그런데 지금 양심과 정의를 선택했다는 이유로 정의로운 이들이 위협받고 있다. 상을 받아도 모자란 이들이 처벌과 징계를 받을 뿐 아니라 사랑했기에 그 명예를 지키고자 노력한 조직에서 사직을 강요받는 현실이다. 이런 대한민국을 나는 도저히 정상적인 민주 국가라고 말할 수 없다.

영화 〈변호인〉 속 윤성두 중위는 허구의 인물이지만 이 땅에 살아 있는 진짜 윤성두 중위가 있다. 앞서 언급한 이지문 중위, 장진수 전 주무관, 권은희 경정, 윤석열 여주지청장 등이 그들이다. 대한민국의 정의와 진실을 사랑하는 국민 입장에서 이들에게 진심으로 고맙고 감사하다. 또한 여기서 언급하지 못한 다른 양심선언자들에게도 경의를 표한다. 부당한 지시를 거부하고 양심을 선택했다는 이유로 불의의 권력에 피해 입은 당신들을 지켜 주지 못한 잘못을 진심으로 사과하고 싶다.

2014년 새해가 밝았다. 올해부터는 이 땅의 양심선언자들이 고통받지 않는 정의로운 사회가 되기를 소원한다. 함께 그런 정의로운 사회를 꿈꾸자.

헌병대 수사관의 패륜 문자,
국방부 사과에도 어머니는 왜 울까
_ "군 사망 사고 진상 규명 특별법"을 제정하라

군에서 사망한 군인의 명예 회복에 내가 처음 관심을 갖게 된 때는 1998년 5월이었다. 천주교인권위원회에서 활동가로 일하던 그때, 판문점에서 의문사한 김훈 중위의 아버지 김척 예비역 중장이 찾아와 도움을 요청하면서 비롯되었다. 영화 〈공동경비구역 JSA〉의 모티브가 되기도 한 판문점 김훈 중위 의문사 사건은, 1998년 2월 24일 판문점 241GP 3번에서 그 부대 경비소대 소대장인 김훈 중위가 숨진 채 발견되면서 시작되었다. 이후 자살하기 위해 스스로 세 발을 발사했다는 84년 허원근 일병 의문사 사건과 함께, 판문점 김훈 중위 사망 사건은 대한민국의 대표적인 군 의문사 사건으로 국민들에게 각인되었다.

한편 지난 2009년 이후 2013년까지 5년간 우리나라에서 군 복무 중 자살한 군인 수는 총 441명으로 집계되었다. 매년 평균 82명이 군 헌병대 조사 결과 자살로 처리되고 있는 것이다. 그런데 정말 이상한 일이다. 이렇게 많은 이들이 매년 군에서 자살하는 것으로 알려져 있는데, 우리 사회는 이 문제를 그저 그런 일로만 바라보고 있는 것이다. 군 헌병대가 그들의 죽음을 자살로 '처리하는' 실태를 세세히 살펴보면 나는 분노보다 더한 분노를 느끼지 않을 수 없다.

헌병대 '자살' 결론에
유족은 왜 분노하나

군에서 발생하는 모든 사건은 오직 한 곳에서만 조사할 수 있다. 국방부 조사 본부, 즉 군 헌병대가 자체 조사할 뿐이다. 군인 사망 시에 그 사망 원인을 조사하는 기구 역시 군 헌병대다. 군 헌병대 수사에 대한 군 유족의 불신은 이미 널리 알려진 상식에 속한다. 왜 그럴까. 유족들이 제기하는 가장 큰 불만은 수사가 너무나 형식적이며 어떤 예단을 내려놓고 그에 맞추어 진행된다는 것이다. 사망 사건이 발생했는데 자신이 범인이라며 자수한 사람이 없거나 누가 누구를 죽이는 것을 목격했다는 사람이 없으면 군은 자살을 전제로 하여 사인에 대한 수사를 진행한다고 유족들은 한결같이 호소한다. 군 헌병대는 군인이 목을 매거나 총기를 이용해 죽은 경우, 스스로 그 행위를 했다면 자살로 처리하고 사건을 종결한다. 하지만 피해 유족의 생각은 다르다. 설령 스스로 목을 매거나 방아쇠를 당겼다 해도 왜 목을 맸고 방아쇠를 당겼는지 그 이유를 밝혀야 한다는 것이다. 그래야 그 진짜 사망 원인이 드러난다고 주장한다. 그런데 군 헌병대는 그런 이유를 제대로 밝히지 않은 채 스스로 목을 매고 총을 쏘았으니 자살이라고 처리한다. 따라서 유족이 억울함을 주장하는 것은 불가피하고, 그로 인해 해당 사건은 또 다시 억울한 군 의문사 사건으로 기록되는 악순환이 거듭되는 것이다.

군 헌병대 수사의 문제점을 지적하는 비판의 목소리가 높아지자 군 헌병대 수사 패턴이 조금 바뀌기도 했다. 이를테면, 전에는 유족이 "며칠 전 전화 통화를 할 때만 해도 휴가 나올 생각에 들떠 있었던 아들이 왜 갑자기 죽은 것이냐"며 따지면 군 헌병대는 거의 한 가지로 "군 복무 염증으로 비관 자살했다"고 답변했다. 그러더니 요즘에는 좀 더 다양한 답변을 내놓기 시작했다. 하지만 결론은 다르지 않았다. 결국은 '자살'했다는 말이고, 그 이유는 군 복무 과정에는 문제점이 없으나 다만 개인적인 이유로 자살했다는 것이었다. 정말 그럴까.

2012년 10월 21일, 서울 용산구 소재 다세대 주택 반지하 보일러실에서 김 모 이병이 숨진 채 발견되었다. 군 헌병대 수사관이 출동하여 사망 경위를 확인하고 발표한 바에 따르면, 김 이병은 아버지 기일이라며 중대장에게 보고한 후 외출을 허락받았다. 이후 김 이병은 아무 연고도 없는 사망 장소까지 찾아가 그곳 보일러실에서 목매 자살했다. 그렇다면 그는 왜 아무 연고도 없는 그곳에서 스스로 목숨을 끊었을까. 김 이병의 안타까운 사연을 들은 후 내가 당시 근무하고 있던 민주당 김광진 의원실로 국방부 조사 본부의 관련 자료 제출을 요구했다. 그렇게 받은 군 헌병대 자료에는 김 이병은 스스로 목매어 자살한 것으로 판단된다고 적혀 있었다. 또 김 이병의 성장 환경이 덧붙어 있었는데, "불우한 환경(부모 이혼, 모친 재혼, 부친 자살 등)에서 성장하여 보호·관심 병사로 관리되었다"고 기록되어 있었다. 그 자료를 보니 화가 나지 않을 수 없었다. 자료를 제출한 국방부 담당자에게 전화하여 따졌다.

"제출한 자료를 보니 김 이병 사망 원인을 또 개인적 요인에 의한 자살이라고 밝혔는데, 이게 말이 됩니까? 부모가 이혼하고 모친이 재혼한 군인이 죽으면 다 자살입니까? 그 아버지가 자살했으니 아들 역시 자살했다는 것입니까? 그럼 앞으로 부모가 이혼하고 자살한 사람이 있으면 그런 사람은 군대에서 받지 마세요. 국방부 답변 논리로 본다면 그런 사람은 다 자살할 것 아닙니까?"

군 헌병대의 거짓말, 정말 이래도 되나

내가 화를 낸 진짜 이유는 따로 있었다. 헌병대 측이 제출한 김 이병 사망 이유가 거짓이었기 때문이다. 첫째는 부친이 자살했다는 기록이었다. 김 이병의 아버지는 자살하지 않았다. 교통사고로 인한 죽음이었다. 그런데 군 헌병대 측은 아버지의 불행을 뜬금없이 자살로 왜곡했다. 그 사실을 알게 된 김 이병의 유족들은 오열했다. 김 이병의 죽음을 자살로 만들고자 군 헌병대가 또 거짓말을 했다며 분노했다. 그런데 더 놀랍고 충격적인 거짓말이 또 있었다. 군 헌병대는 부대 측이 불우한 가정환경에서 성장한 김 이병의 사정을 알고 이후 '보호·관심 병사'로 김 이병을 관리해 왔으나 자살한 아버지를 따라 그 역시 끝내 자살한 것처럼 작성한 자료를 국회에 제출했다. 하지만 사실이 아니었다. 천만의 말씀이었고 완전한 거짓이었다.

군 헌병대가 숨기고 싶어 한 김 이병의 진짜 사망 이유가 세상에 알려진 것은 죽은 김 이병의 여자 친구 덕분이었다. 김 이병이 불우한 가정사를 비관하여 자살했다는 발표가 나고 두 달여가 지난 2010년 12월 10일, 포털 사이트인 '다음' 아고라에 김 이병의 여자 친구가 다음과 같은 글을 올린 것이다.

남자 친구(**김 이병**)가 왜 힘든지, 왜 죽을 수밖에 없었는지 이유를 유서에 써 놨습니다. 남자 친구는 군대에서 갖은 모욕과 언어적·정신적인 폭언을 비롯하여 폭행까지 당했습니다. 특히 소 아무개 상병으로 인해 정말 많이 힘들어했더군요. 고참인 소 상병이 제 남자 친구를 죽음으로 몰아 간 주범입니다. '너 같은 건 사회에 나가도 쓰레기 밖에 안 된다. 너 같은 거 내 새끼손가락 하나로도 가지고 놀 수 있다. 맞지?'라고 소 상병이 말하면, 남자 친구는 '네, 그렇습니다'라고 답해야 했다고 합니다. 그렇게 자존심과 수치심을 마구 구겨 놓았으며, 또 이유 없이 괴롭히고자 '부대 일일 식단표'를 외우게 했고, 이를 외우지 못하면 무릎 꿇린 채 머리를 땅에 박게 하거나 엎

드려뻗쳐 등을 시키는 등 남자 친구를 학대하고 정신적으로 괴롭힌 것입니다. 그러다가 자기 마음에 들지 않으면 군홧발로 폭행했다고 합니다.

이 글이 알려지면서 결국 군 헌병대는 재조사에 착수하게 되었다. 재조사를 통해 김 이병은 불우한 가정사 때문이 아니라 부대 선임 열세 명의 집단적인 구타, 가혹 행위, 괴롭힘 등 인권 유린으로 인해 목숨을 끊은 것으로 드러났다.

도대체 이것이 말이 되는가. 열세 명이나 되는 선임이 김 이병을 죽고 싶을 만큼 괴롭힐 동안 그 부대 지휘관은 무엇을 했나. 그러면서도 군부대 측과 헌병대가 불우한 환경에서 성장한 김 이병을 '보호·관심 병사'로 특별히 관리했다고 해명했으니, 얼마나 기가 막힌 일인가. 나는 이런 국방부의 양심을 이해할 수도, 용납할 수도 없다.

성관계 요구 패륜 문자, 그 어떤 막장 드라마보다 심한 막장

나는 군 헌병대의 수사 왜곡이 가능한 이유가 독선적이고 폐쇄적인 수사 제도에 있다고 주장한다. 이 문제를 해결하지 않고서는 억울한 죽음을 막을 방법도, 지금까지 발생한 김훈 중위 사건이나 허원근 일병 사건과 같은 잘못된 수사 결과를 바로잡을 길도 없다. 군 헌병대의 '독선적 완장 권력'의 폐해가 얼마나 심각한지를 알 수 있는 또 다른 사건이 있다. 지난 2013년 10월 국방부 국정감사 당시 사회적 파문을 일으켰던 이른바 '헌병대 수사관 성관계 요구 문자' 사건이다.

2013년 9월 어느 날이었다. 밤늦은 시간에 생각지도 못한 전화를 받았다. 군에서 의무 복무 중이던 아들을 잃은 어머니였다. 무슨 일이시냐는 내 물음에 어머니는 잠시 주저했다. 그러더니 "사실은 제가 너무 억울하고 치욕스러운 일을 당해 상의하고 싶어 전화했습니다. 지금 와서 이런 이야기를 해도 될지 모르겠네요"라고 했다. 무슨 말씀이든 상관없으니 편하게 하시라고 하자, 참으로 충격적인 내용을 털어놓았다. 헌병대 수사관이 군 사망 사고 유족 어머니에게 보낸 성관계 요구 패륜 문자 사건이 그 내용이다.

"때론 친구, 때론 애인으로 만나고 싶어. 무덤까지 비밀로 지키기로. 뽀도 하고 싶은데 어쩌지."

"좀 전 문자 왜 답 안 해, 빨리 답해. 때론 애인처럼 뽀하구 싶은데 어쩌지. 뒤끝 없이 화끈하게."

"뭘 생각해 본다는 거야, 결정하면 되지. 쫀쫀하긴, 죽으면 썩을 몸, 즐겁게 사시오, 후회 말구."

의무 복무 중 사망한 아들의 사인 재조사를 담당한 헌병 수사관이 그 어머니에게 보냈다는 문자 중 일부다. 자식을 잃고 끝없는 절망에 빠진 불쌍한 어머니에게 헌병대 수사관이 어떻게 이런 문자를 보낼 수 있는지 듣고 있던 나도 믿을 수 없는 일이었다. 그 문자를 나에게 보내 달라고 그 어머니에게 부탁했다. 그것이 사실이라면 그 어떤 막장 드라마에서도 상상할 수 없는 패륜의 극치였고, 직접 보지 않고서는 믿을 수 없을 정도였기 때문이다.

문자를 전송받고 사실을 확인한 후 나는 다시 고심하지 않을 수 없었다. 이 문제를 어찌 처리해야 할까. 어머니 역시 억울한 마음을 풀 수 없어 말하기는 했지만 문자를 세상에 공개하는 문제 앞에서는 주저했다. 남편과 다른 아들은 그 일을 모르고 있었는데, 만약 그것을 세상에 공개했다가 그들이 알게 되면 또 어떻게 될지 걱정하지 않을 수 없었다. 하지만 얼마간 시간이 지난 후 어머니는 문자를 공개하기로 결심했다. 어머니로서, 또한 여자로서 치욕스러운 일이었지만 그런 이유로 숨긴다면 자신과 같은 제2, 제3의 피해자가 나올지 모른다는 우려 때문이었다. 그 같은 패륜 문자를 보내도 괜찮다고 생각하는 군 헌병대의 잘못된 수사 태도와 제도를 바로잡지 않으면 안 된다는 나의 설득에 동의한 것이기도 했다.

2013년 10월 14일, 국회 국방위원회 국정감사가 시작된 첫날이었다. 그날, 당시 내가 보좌하고 있던 민주당 김광진 국회의원이 문제의 성관계 요구 패륜 문자를 김관진 국방부 장관 앞에서 고발했다. 그 순간 국방부 국정감사장에 함께 있었던 기자들과 여야 국회의원들이 술렁거렸다. 국방부 장관 역시 눈을 크게 뜨며 상당히 놀라는 표정이었다. 이어 김광진 국회의원은 강한 어조로 국방부 장관에게 촉구했다. 군대에서 발생한 군 사망 사고를 군 헌병대가 독점적으로 수사하고 그에 따라 그 사인 결론도 독단적으로 내리다 보니 발생한 '패륜적 완장 권력의 폐해'

라고 지적한 것이다. 유사 범죄를 막기 위해서는 현행 군 사망 사고 조사 방식을 개선하여 지난 2009년 활동 기간 종료로 해산된 '대통령 소속 군의문사진상규명위원회'와 같은 민관 합동 재조사 기구를 구성해야 한다고 촉구했다. 이를 통해 국민과 유족이 신뢰할 수 있는 군 사망 사고 조사 체계를 구축해 달라는 말로 질의를 마쳤다. 김광진 의원의 이러한 발언은 그다음 날, 공중파 방송을 비롯한 언론 매체에서 큰 이슈가 되었다. 특히 인터넷에서는 이 사안에 대해 분노를 표시하는 네티즌의 글이 1만 개를 넘었고, 국방부의 군 수사 제도를 빨리 개선해야 한다는 목소리 역시 뜨겁게 들끓었다. 그동안 국민에게 보여 준 군 헌병대 수사 제도의 불신이 생각보다 훨씬 깊었다는 것을 느낄 수 있었다. '자업자득'이라는 단어가 떠올랐다.

국방부 대변인,
패륜 문자는 거짓이다?

그런데 놀라웠다. 김광진 의원이 국감에서 이 문제를 고발하여 모든 언론이 군 헌병대를 향해 비난의 화살을 퍼붓던 그때였다. 모 언론사 기자에게서 국방부 대변인이 장문의 '입장문'을 발표했다는 연락이 왔다.

"어제 김광진 의원님이 지적하신 문자 건에 대해 국방부가 입장문 발표한 것 아세요? 사실이 아닌 것으로 확인되었다고 하던데 어떻게 하실 건가요?"

다음은 당시 국방부 대변인 명의로 발표된 "'민원인에게 성적 유혹 문자 발송한 군 조사관' 주장에 대한 국방부 입장" 제하의 언론 보도 자료다.

- 어제('13. 10. 14. 월) 국방부 국정감사에서 국회 김광진 의원의 질의를 통해 제시한 민원인의 주장에 대해 일부 확인한 결과,
- 당시 조사관들은 민원인에게 해당 문자를 보낸 사실이 없다고 주장하며 "사실관계가 정확하게 확인되어 개인과 부대의 명예가 지켜지길 바란다" 라고 밝혔음.
- 민원인이 재조사를 요청한 군 사망 사고는 2002년에 발생한 사건으로, 육군은 민원에 따라 2003년에 군 사망 사고를 재조사한 바 있고, 2009년 10월 군 의문사진상규명위원회에서 기각 처리되었음.
- 민원인의 주장이 사실이라면 참으로 안타까운 일이고, 공직자로서 용납할 수 없는 일임.
- 하지만, 동 사안과 관련하여 양측의 주장이 엇갈리고 있는 바, 국방부는 법적 절차에 따라 동 사안의 사실관계가 조속히 밝혀지기를 희망함.

2013. 10. 15.

국방부 대변인

처음 이 사실을 기자에게 전해 들었을 때 느낀 참담한 심정은 표현할 길이 없다. 군은 그 아들을 죽였고, 헌병대 수사관은 그 어머니를 유

린했다. 그런데 이번에는 그 어머니의 '용기 있는 고발'을 국방부가 대변인 입장문으로 '거짓말'이라며 모욕한 것이었다. 두렵고 치욕적인 일이지만 국방부 장관에게 사실을 알려 잘못된 군 수사 제도를 개선할 수 있을까 기대했던 그 어머니는 끝내 눈물을 흘렸다. "어떻게 이럴 수 있느냐"며 분노하다가 "이 나라 국방부가 정말 해도 해도 너무한다"며 서럽게 울었다.

어떤 이들은 나에게 이런 말을 하기도 했다.

"정말 국방부가 확인해 보고 사실이 아니라고 여겨서 그런 것 아닙니까. 설마 국방부가 알면서도 고의적으로 사실을 은폐하려 거짓말을 하겠습니까."

헌병대 수사관 성관계 요구 패륜 문자 사건이 국감을 통해 사회적 파문으로 불거진 후 나는 여러 국방부 관계자를 만났다. 그중 누구도 나에게 "정말 사실이냐"고 되물어 온 사람이 없었다. 그저 "정말 말도 안 되는 일이 벌어졌다. 그 어머니에게 미안할 뿐이다. 어쩌면 좋겠냐"며 공분하는 분위기 일색이었다. 왜 그랬을까. 이유는 간단했다. 김광진 의원이 국방부 국감 당시 제시한 문자 내용만 봐도 거짓말이라고 의심하거나 반박할 수 없었기 때문이다. 그랬기에 헌병대 관계자들을 비롯하여 그 누구도 나에게 "정말 사실이냐"며 반박하지 못했던 것이다. 그런데 국방부 고위 관계자들의 생각은 많이 달랐던 듯하다. 우리가 공개한 패륜 문자 외에 또 다른 증거가 있겠나 여겼던 듯하다. 그리하여 각 언론사에서 패륜 문자 건에 대한 비판 기사가 쏟아지자 당황한 국방부 측이 일단 '사실이 아니라고' 부인해 보자는 판단을 한 것으로 보인다. 그동안 많이 해 봤더니 일단 부인하고 뭉개면 시간이 지나면서 결국 유야무야되더라고 생각한 것이다. 그렇게 해야 차후에도 군 헌병대가 그런 패륜 문자를 보냈다는 사실이 공식적으로 인정되지 않으니 어쩌면 군 당국의 판단은 치밀했다고도 볼 수 있다. 또한 이미 공개한 문자 증거 외에 김광진 국회의원실이 추가로 제시할 증거가 없으리라는 판단도 그 같은 입장문을 발표하게 된 이유가 되었을 것이다.

피해 어머니의 주장을 부인한 국방부 대변인 명의의 입장문을 확인한 후, 나는 항의하고자 국방부 대변인실로 전화를 걸었다. 대변인이 낸 입장문을 철회하고 유족에게 진심으로 사과할 것을 요구했다. 그러자 핵심 관계자의 답변은 이랬다.

"해당 조사관 전부를 상대로 확인해 보니 그런 문자를 보낸 사실이 없다고 하잖아요. 그러니 전화해서 이런 식으로 따지지 마시고 군 헌병대 수사관이 문자를 보냈다면 진짜로 보냈다는 증거를 바로 제시하세요. 그럼 사과할게요."

"이미 제시했잖습니까. 저희가 국감장에서 공개한 문자 혹시 못 보셨습니까? 왜 그러세요?"

"아니, 공개한 그 문자 내용 중에 보냈다는 사람의 이름이 있습니까? 정말 헌병대 수사관이 보냈는지 알 수가 없잖아요. 그거 말고 증거가 있으면 공개하시면 될 것 아닙니까? 공개하면 우리가 사과하겠다는데 계속 긴 말씀 하지 마시고 있으면 바로 공개하세요. 그럼 되잖아요."

비아냥거리는 그의 말에 울화통이 터졌다. 이런 치졸한 대화를 나누고 있다는 것 자체가 슬펐다. 그래서 말했다.

"그럼 헌병대 수사관이 보내지도 않은 그 패륜 문자를 우리가 거짓으로 조작해서 만들었다는 말입니까? 그렇잖아요. 이미 우리가 제시한 문자만 보면 바보가 아닌 이상 무슨 내용인지, 누가 보낸 것인지 알 수 있는데 믿을 수 없다네요. 가해자인 군 헌병대 수사관이 그런 문자를 보낸 적이 없다고 부인한다고 해서 피해자 측 주장을 믿을 수 없다니, 정말 기가 막힐 뿐입니다. 그럼 좋습니다. 우리를 형사 고소하세요. 국방부 말대로라면 우리가 보내지도 않은 군 헌병대 수사관의 문자를 조작해서 세상에 공개한 것 아닙니까? 대변인이 발표한 입장문처럼 조작 문자로 군 헌병대 수사관 개인과 부대의 명예를 훼손한 것이니 우리를 형사 고소해야지 왜 가만히 있습니까? 안 그래요? 당장 고소하세요."

사실 부인하던 헌병 수사관, 피해 어머니에게 "살려 달라"

국방부의 기대와 달리 우리는 군 헌병대 수사관이 그 문자들을 보냈음을 입증하는 결정적 증거를 확보했고 그것을 세상에 당당하게 공개했다. 성관계 요구 패륜 문자를 전송한 헌병 수사관이 피해 어머니에게 전화를 걸어 그 사실을 인정하며 "제발 살려 달라"고 말하는 통화 녹음 파일이었다. 다음은 그 주요 내용이다.

어머니: 여보세요.

헌병대 수사관(이하 헌병대): 아, ○○○ 어머니시죠?

어머니: 네, 누구세요?

헌병대: 네, 저 그때 사건 취급했던 사람이에요.

어머니: 누구…? 아… ○ 계장님이요.

헌병대: 네, 네.

[…]

어머니: 지금 저한테 무엇을 확인하려고 전화하신 건데요?

헌병대: 지금 보니까 인터넷 같은 데 뭐 뜨는 것 같은데….

어머니: 인터넷에 뜨는 거 사실이잖아요. 제가 뭐 없는 거 이야기했습니까?

헌병대: 아니… 뭐…. 죄송합니다.

어머니: 아니, 지금 저한테 죄송하다고 사과하려고 전화하신 것은 아닐 테고….

헌병대: 아니, 아니 뭐…. 그 때문에 전화했어요. 제가 정말 죽을 지경입니다.

어머니: 뭐가 죽을 지경이신데요?

헌병대: 제가 지금 그렇잖아요. 제가 아주 뭐… 참… 하여간 좀 이렇게… 살
려 주세요.

어머니: 뭐를…. 살려 달라는 게 뭡니까?

헌병대: 제가 정말 잘못했습니다.

어머니: 잘못하셨다는 것이, 저에게 그런 문자를 보냈다는 것이 잘못했다는
것인가요? 아니면 뭐를 잘못했다는 건가요?

헌병대: 예, 예, 예.

어머니: 그래서 제가 어떻게 하라고요?

헌병대: 아이구, 하여간 진짜 제가 잘못했습니다.

어머니: 아니 잘못했다고만 하시지 말고, 제가 어떻게 하라고 하시는 거냐구요?

헌병대: 제가 용서를 구하려고 그랬어요.

어머니: 예?

헌병대: 용서를 구하려고.

어머니: 용서를 구하려고 그랬다구요?

헌병대: 네.

어머니: 전 용서 못합니다.

이 같은 녹음 파일을 공개하자 결국 국방부 측은 사과하지 않을 수 없게 되었다. "긴 말 하지 말고 증거 있으면 공개하라"던 국방부 대변인실의 뻔뻔한 말에 내가 느꼈던 분노를 생각하면 '정의의 승리'라는 생각까지 들었다. 만약 이런 결정적 증거를 확보하지 못했다면 이 사건은 결국 뻔뻔한 국방부의 '비열한 승리'로 끝났을 것이다. 무조건 '사실이 아니라며' 버티는 그들 앞에 증거를 제시하지 못했다면 가해자들은 쾌재를 불렀을 것이다. 국방부 측이 대변인 명의로 군 유족 개인에게 잘못을 사과한 일은 아마도 이 사례가 처음일 것이다. 다음은 그 사과 입장문의 주요 내용이다.

'민원인에게 성적 유혹 문자 발송한 군 조사관' 관련 국방부 입장

- 국방부는 지난 2002년 발생한 군 사망 사고 재조사(2003년) 과정에서 군 조사관이 유가족에게 성적 유혹 문자를 발송하여 군의 명예와 신뢰를 실추한 데 대해 유감스럽게 생각하며, 이로 인해 심적 고통을 받아 온 유가족께도 깊은 송구의 말씀을 드립니다.

[…]

- 국방부는 이와 같은 불미스러운 일이 발생해서도 안 되며, 절대 용납할 수 없는 행위라고 생각합니다.

- 국방부는 이러한 일이 재발하지 않도록 공직자 윤리 교육을 강화하고, 군 수사관 행동 지침을 규정화하는 등 재발 방지 시스템 구축을 강구해 나가겠습니다.

- 다시 한 번, 관련 유가족과 어머니께 고개 숙여 사과의 말씀을 드립니다.

2013. 12. 26.

국방부 대변인

이 같은 사과 입장문을 받아 낸 그 어머니의 심정은 어떠했을까. 기뻤을까. 아니었다. 그 어머니는 또 다시 울었다. 왜 그랬을까.

영혼 없는 국방부 사과,
정말 사과하겠다면…

국방부가 또 진실을 왜곡하려 했기 때문이다. 국방부가 사실이 아니라고 무조건 부인한 그 문자는 처음부터 사실이었다. 헌병 수사관이 그 문자를 보냈던 그때도 사실이었고, 국방부가 사실이 아니라며 부인했던 그때도 여전히 사실이었다. 어머니가 그 문자를 처음 공개한 이유는 그 문자가 사실인지 아닌지를 따지고자 한 것이 아니라 근본 문제를 개선하고자 용기를 낸 것이었다. 지금과 같은 군 헌병대의 '독점적이고 독선적인 수사 제도'를 바꿔 달라는 호소였다. 그러기 위해 국방부 장관에게 그 사실을 고발하고자 다시 떠올리고 싶지 않은 그 일을 세상에 알린 것이었다. 그런데 국방부 측은 반성이 아닌 거짓말로 그런 어머니를 모욕하더니, 결국 결정적 증거 앞에 '영혼 없는 사과' 몇 마디로 끝내려 한 것이다. 우리가 요구한 근본 개선 방안에 대해서는 한 마디도 언급하지 않은 채. 이것이 그 어머니가 다시 눈물 흘린 이유였다.

나는 주장한다. 국방부는 군 사망 사고 시 사건을 공정하게 조사할 수 있도록 민관 합동의 외부 조사 기구 구성에 당장 적극 나서야 한다. 이를 위한 관련 법안 역시 국회에 제출되어 있다. 2013년 9월 25일, 민주당 김광진 국회의원이 대표 발의한 "군 사망 사고 진상 규명에 관한 특별법안"이 그것이다. 국방부가 지금 즉시 협조하고 여야가 합의하여 국회 본회의에서 처리하면 될 일이다. 그래야 지금까지 언급한 '군 헌병대 수사관의 성관계 요구 패륜 문자 사건'과 같은 더러운 완장 권력이 계속되지 않게 될 것이다.

국방부가 이 같은 군 유족들의 요구를 끝내 거부한다면 2013년에 확인된 군 헌병대 수사관의 패륜적 형태는 결코 끝나지 않을 것이다. 지금처럼 독선적인 군 헌병대의 조사 결론만으로 사건을 처리한다면 비슷한 사례인데도 불구하고 누구는 순직으로, 누구는 일반 자해 사망으로 처리한다는 의혹에서 벗어날 수 없다. 그러기에 군 헌병대 수사관이 내 펜 끝 하나로 결과가 달라지니 내 요구대로 하겠느냐 말겠느냐는 식의 패륜 문자를 피해 어머니에게 보내는 것이 아니겠는가. 이것이 '성관계 요구 패륜 문자 사건'의 교훈이다.

나는 기도한다. 군에서 사망하는 모든 군인의 죽음을 군 헌병대의 일방적인 수사에 맡겨서는 안 된다. 공정하고 객관적인 수사가 이뤄질 수 있도록 "군 사망 사고 진상 규명에 관한 특별법"을 제정해야 한다. 이 법이 많은 국민의 관심 속에 속히 제정되어 아들을 잃고 슬픔에 빠진 이 나라 모든 군 사망 사고 피해 유족에게 조그마한 희망이 되기를 진심으로 기원한다.

대한민국의 모든 군인은 '우리의 아들'입니다. 그 아들들을 사랑합니다.

재미 삼아 죽임당한
우리 아들 한 좀 풀어 주세요
_여전히 불편등한 소파 협정과 '이태원 살인 사건'

지금은 대학생이 된 아들이 초등학생이었던 2002년 어느 날이었다. 당시 아들은 세상일에 도통 관심이 없는 아이였다. 초등학생이 세상일에 무슨 관심이 있겠는가마는 아들 녀석은 지극히 관심이 없었다. 2002년에 우리나라 모든 국민을 떠들썩하게 흥분시킨 FIFA 월드컵이 열렸다. 우리나라가 역사상 최초로 월드컵 4강에 진출해 온 나라 국민이 환호하던 그때도 아들은 관심이 없었다. 도통 세상일에 관심이 없던 아들이 어느 날 아빠인 내게 생각지도 않은 말을 툭 던지는 것이었다.

"아빠, 미국은 정말 나쁜 나라인 것 같아요."

뜬금없는 말에 순간 당황하여 "어… 왜?" 하고 웃으며 물었다. 2002년 6월 13일. 월드컵 축구 열풍 속에서 전국 지방선거가 치러지던 그날, 생일에 초대를 받아 친구 집을 찾아가던 당시 중학생 신효순, 심미선 양을 훈련 중이던 미군 장갑차가 잔혹하게 치어 사망케 한 사건을 들었다는 것이다. 아들은 내게 물었다.

"그 누나들이 억울하게 죽었는데 왜 미국은 사과하지 않는 거예요?"

나는 잠시 할 말을 잃었다. 뭐라고 말해 주어야 할지 막막했다. 그랬다. 내가 처음 학생운동을 시작하게 된 계기 역시 그런 미국에 대한 깊은 실망과 배신감 때문이었다. 나 역시 우리나라와 미국은 혈맹 관계이며 세계에서 첫째 가는 우방이라고 배웠고 그런 줄 알았다. 미국은 한국전쟁 당시 우리나라의 자유를 위해 도와주었고 이후에도 우리나라를 위해 도와주는, 세계에서 가장 고마운 나라라고 생각했다.

대학에 진학한 후 그 실체를 알게 되면서 느낀 미국에 대한 배신감과 분노는 너무도 컸다. 특히 전 세계 어느 나라에서도 찾아볼 수 없는 불평등한 한미 관계를 알게 된 후 치욕마저 느꼈다. 대표적인 사례가 1980년 5월 18일 광주에서 벌어진 학살 만행에 대한 미국의 침묵이었다. 당시만 해도 대한민국 국군에 대한 모든 작전 통제권을 미국이 가지고 있었다. 미국의 허락 없이는 군부대가 이동할 수 없는 상황에서 공수부대가 투입되어 광주를 학살한 일은 미국의 승인 없이는 불가능했다. 광주 학살에 대한 미국의 책임을 묻고자 1985년 서울 미국 문화원에서 대학생들이 점거 농성을 하기도 했다. 나는 당시 미국이 어떤 역할을 했는지 지금도 궁금하다.

그뿐이 아니다. 대한민국 현대사에서 거듭되었던 군사 쿠데타 역시 마찬가지다. 1961년 박정희의 5·16 군사 쿠데타와 1979년 전두환의 12·12 군사 반란 등 역시 미국의 승인 없이는 불가능한 일이었다. 특히 12·12 군사 반란 당시 전두환이 동원한 부대에는 휴전선 경계를 담당하는 최전방 부대도 포함되어 있었다. 그런 부대가 전방을 벗어나 서울까지 왔는데 그 과정에서 미국은 아무 조치도 취하지 않았고, 이후 그에 대한 책임을 물은 바도 없었다. 군사 쿠데타 세력과 미국사이에 모종의 합의가 있었다는 방증이 아닐까.

한편, 진정한 우방이고 혈맹국이라면 대등한 우호 관계여야 한다. 한쪽은 부당한 요구를 하고 다른 한쪽은 일방적으로 그것을 수용하는 관계라면 '친구'라고 할 수 없다. 이를테면 조직폭력배가 "우리는 친구"라고 하면서 "앞으로 너를 보호해 줄 테니 매일 나에게 돈을 가져와라"한다면 그것은 우정이 아니라 범죄다. 그런데 이런 불평등한 관계가 우방이라는 한국과 미국 사이에 조약의 형태로 존재한다면 문제가 아닐까. 바로 대한민국에 주둔하고 있는 주한 미군의 법적 지위를 규정한 협정, 즉 '소파 협정Status of Forces Agreement'이 그것이다.

헌법재판소장 후보자도 인정한 불평등, 소파 협정

소파 협정의 정식 명칭은 '대한민국과 아메리카합중국 간의 상호방위조약 제4조에 의한 시설과 구역 및 대한민국에서의 합중국 군대의 지위에 관한 협정'이다. 명칭이 긴 만큼 그 불평등 논란 역시 깊고 길게 이어졌다. 1966년 7월 9일 한국 외무부 장관과 미국 국무 장관이 서울에서 조인한 후 이듬해인 1967년 2월 9일 발효된 이 법은, 이후 대한민국 국민에게 많은 모멸감을 주는, 한미 간의 불평등을 상징하는 조약으로 악명을 얻었다. 그 이유는 무엇일까.

쉽게 말하면, 이 협정은 대한민국에 주둔하고 있는 미군이 어떤 범죄를 저질렀을 때 처벌하는 절차를 규정한 조약이다. 우리 국민을 상대로 미군이 범죄를 저질러도 우리나라 재판부가 그들을 처벌할 수 없게 되어 있는 것이 문제였다. 이런 불평등한 소파 조약을 개정하고자 노력한 끝에 1991년 1월, 미군 범죄에 대한 형사재판권 자동 포기 조항 등 일부를 삭제한 개정 성과를 얻기도 했다. 하지만 허울 좋은 껍데기일 뿐이었다. 미군 범죄에 대한 형사재판권을 자동 포기하도록 되어 있던 조항을 삭제하여 1차 관할권을 우리가 갖도록 개정했지만, 미군 측이 요구하면 언제든 바로 미군 신병을 인도하도록 수사권에 제한을 두고 있었기 때문이다. 말만 개정이지 실제로 미군 범죄에 대해 우리 정부가 처벌하지 못하는 불평등은 여전히 바뀌지 않았다. 이러한 소파 협정이 어떤 문제가 있는지 극명하게 드러난 사례가 1992년 미군에게 참혹하게 죽임을 당한 윤금이 씨 사망 사건이었다.

1992년 10월 28일, 경기도 동두천시 기지촌에서 술집 종업원으로 일하던 당시 26세 윤금이 씨가 주한 미군 2사단 소속 케네스 마클 이병에게 살해당했다. 현장에서 발견된 윤금이 씨의 피해 사실은 너무나 끔찍했다. 마클은 윤 씨의 얼굴을 콜라병으로 마구 때려 얼굴을 함몰시켰다. 그로 인해 '과다 출혈'로 사망케 했다. 직접 사인은 과다 출혈이었지만, 윤 씨를 살해한 후 마클이 행한 사체 유린 행위는 그야말로 사람이 할 수 없는 야만이었다. 너무도 참혹하여 세세하게 표현할 수 없을 지경이다. 마클은 살해한 윤 씨의 시신 직장으로 우산대를 26센티미터가량 밀어 넣었으며, 음부에는 살해 도구인 콜라병을 꽂아 놓았다. 더 끔찍한 것은 시신 부검 과정에서 발견된 맥주병 2개였다. 윤 씨의 자궁 안에서 발견되었다. 마클은 윤 씨의 시신을 이렇게 난도질한 후 그 전신 위에 합성세제 가루를 뿌리는 엽기적인 범죄를 저질렀다.

보도를 통해 사건을 알게 된 국민은 당연히 분노했다. 그러한 극악 범죄를 저지른 미군 케네스 마클이 매우 엄중한 처벌을 받아야 한다고 생각했다. 하지만 우리의 기대는 철저히 빗나갔다. 우리나라 정부는 그와 같은 범죄를 저지른 케네스 마클을 미군에게 인계조차 받지 못했다. 소파 협정이 그렇게 되어 있었기 때문이다. 당시 소파 협정에 의하면, 확정판결이 내려지기 전까지 미군의 신병은 그들 관리하에 두도록 되어 있었다. 소파 협정이 얼마나 불평등하고 모욕적이며 치욕적인 것인지 온몸으로 느끼게 해 준 사건이었다. 우리 정부가 윤금이 씨를 잔혹하게 살해한 케네스 마클을 인계받아 구속한 것은 사건 발생 1년 6개월이 지난 1994년 5월 17일에야 가능했다. 마클이 받은 특혜는 거기서 끝나지 않았다. 마클을 수용한 교정 시설은 일반 교도소가 아닌 천안 소년교소도였다. 그곳에서 특별한 징역살이를 하던 그는 선고받은 징역 15년을 다 살지도 않은 2006년 8월 14일 가석방되어 '자기 나라' 미국으로 출국했다. 그런 극악 범죄를 저지르고도 불과 12년 만에 가석방되어 출소한 것이다. 그가 모범적인 수형 생활을 했기에 가석방 특혜를 받게 된 것일까.

소파 협정을 근거로 확정판결 전까지 신병 인도를 거부한 마클을 결국 미군이 인계하여 우리나라 교정 시설에 구금한 1994년 5월 17일로부터 불과 1년이 지나가던 1995년 5월경이었다. 휴일이어서 자신이 쓴 편지 발송이 늦추어지자 마클은 교도관 두 명에게 분말 소화기를 뿌리고 유리창을 깨는 등 극렬한 난동을 부렸다. 그로 인해 그는 공무집행 방해와 공용 물건 손상 등으로 추가 기소되어 1996년 1월 16일 징역 8개월 형을 선고받았다. 그뿐이 아니다. 마클은 단 한 번도 자신의 죄를 반성하지 않았다. 수감 중인 2000년 8월 21일 〈코리아 타임스〉 등 언론에 마클이 기고한 글을 보면 알 수 있다. 그는 기고에서 불평등한 '한미 소파 협정'을 개정하라고 요구하는 우리 국민을 맹렬하게 비난했다. 그런 자가 모범수라며 가석방으로 석방된 것이 원통하지 않을 수 없다. 케네스 마클의 극악무도한 범죄와 너무도 가벼운 처벌은 한미 소파 협정이 얼마나 불평등하고 치욕적인 조약인지를 한꺼번에 보여 주는 사례였다.

그러나 2014년 현재도 한미 소파 협정 문제는 해결되지 못하고 있다. 윤금이 씨 사건을 비롯한 미군 범죄와 그 처리 과정에서의 불평등을 알게 된 국민의 요구로 2001년에 마지막으로 소파 협정이 더 개정되었으나 불평등은 여전히 그대로다. 독소 조항을 제거하지 않은 채 형식만 갖춘 개정이었다.

이러한 불평등에 대해서 대한민국 헌법재판소 박한철 소장 역시 문제의식을 드러냈다. 2013년 4월 8일, 헌법재판소장 후보로 인사 청문회에 참석한 박한철 후보자에게 청문 위원이 "우리나라가 다른 나라에 비해 소파 협정이 불평등하게 되어 있지 않느냐"고 묻자, "충분히 공감하고 있다. 적어도 일본이나 독일 수준으로 소파 협정이 개정되어야 한다"고 밝혔다. 그러면서 "좀 더 국민의 권리를 보장할 수 있는 쪽으로 개정이 됐으면 하는 바람"이라고 덧붙였다.

1992년 윤금이 씨 사망 이후 10년 만에 효순, 미선 양 장갑차 사망 사건이 발생했다. 우리는 또 다시 불평등한 소파 협정으로 인해 기막힌 현실을 마주하게 된다. 이번엔 가해자인 미군을 우리 법정에 세워 재판조차 하지 못했다. 정말 이해하기 어려운 일이었다. 미군은 자기들끼리연 재판에서 우리나라 중학생 두 명을 처참하게 죽인 가해 미군 모두에게 무죄를 선고했다. 무죄가 선고된 당일 오후, 그들은 오산 미군 기지를 통해 역시 자기들의 나라인 미국으로 출국했다.

가해 미군들이 모두 무죄로 석방되었다는 사실이 알려진 그날 밤, 남녀 중학생들이 광화문으로 몰려들었다. 효순이와 미선이 또래의 아이들이었다. 학생들은 손에 자그마한 촛불을 들고 있었다. 우리나라에서 촛불 시위 문화가 시작된 계기였다. 촛불을 든 아이들이 우리 어른들에게 물었다.

왜 효순이와 미선이를 죽은 미군들이 무죄인가요? 왜 우리 친구들을 죽인 그들을 우리나라 법정에 세워 재판도 할 수 없었나요? 정말 미국은 우리의 우방이며 혈맹인 나라가 맞나요? 그런데 왜 미국은 우리에게 이런 불평등 조약을 계속해서 강요하나요? 정말 대한민국은 주권 국가가 맞나요?

나는 이런 불평등한 소파 협정을 고치지 않는 미국을 '참 좋은 우방'이라고 생각할 수 없다. 미국은 더 이상 대한민국과 국민을 모욕해서는 안 된다.

나는 또 한 사람의 이름을 떠올렸다. 효순, 미선보다 먼저 억울하게 죽어 간 이 땅의 청년, 홍익대학교 학생 조중필 씨다. 우리가 꼭 기억해야 할 조 씨의 어머니, 이복수 씨로부터 들은 한 맺힌 이야기다.

9·11 테러,
어머니는 왜 박수를 쳤을까

"미국에서 9·11 테러가 발생했을 때, 다른 사람들은 사람들이 죽었다며 안타까워했지만 솔직히 저는 박수하며 봤습니다. '우리 중필이가 이걸 보면서 조금이나마 웃을 수 있을까?' 어느 누구도 미국에 맞서 싸우지 못하는데 대단해 보였습니다. 지금도 그 사람(오사마 빈 라덴)이 살아 있다면 백악관을 폭파했으면 좋겠어요. 이런 말 하면 안 되지만 미국인들도 많이 죽어 봐야 압니다. 그래야 그들도 다른 나라 사람들의 생명도, 인권도 소중하다는 걸 알게 될 것 아닙니까?"

2002년 4월, 홍익대 재학 중 미군 군무원의 아들들에게 억울한 죽임을 당한 조중필 씨의 5주기 추모식 자리에서 그 어머니 이복수 씨가 9·11 테러를 두고 한 말이다. 전 세계 모든 사람이 비극적으로 여긴 그 사건을 그 어머니는 왜 조금도 동정하지 않았을까. 평범한 어머니로 살아왔던 그분에게 과연 무슨 일이 일이 있었기에 미국에 대해 그처럼 극한 원한을 품게 된 것일까.

1997년 4월 3일, 아들이 죽었다

내가 고 조중필 씨의 어머니 이복수 씨를 처음 만난 때는 1999년 9월 어느 날이었다. 당시 인권연대라는 단체에서 민원정책실장으로 일하고 있을 때였다. 50대 후반으로 보이는 어머니가 서명 용지 한 뭉치를 들고 사무실로 찾아온 것이었다. 그렇게 만난 조 씨의 어머니 이복수 씨가 들려준 사연은 '어처구니없음' 그 자체였다.

물론 그 어머니를 만나기 전, 언론 보도를 통해 조중필 씨 사망 사건에 대해서는 어느 정도 알고 있었다. 1997년 4월 3일 서울 용산구 이태원동, 그곳에서 우리나라 대학생 한 명이 미군 군무원 자녀들의 범죄로 생명을 잃었다는 안타까운 사연이었다. 피해자는 당시 홍익대학교 3학년에 재학 중이었던 스물세 살 청년 조중필 씨. 사건이 일어난 그날 조 씨는 국기원 도서관에서 공부를 마친 후 여자 친구를 집에 바래다주기 위해 사건 현장인 이태원동으로 갔다 한다.

여자 친구 집 근처 버거킹 영업점에 잠시 들렀을 때 문제가 발생했다. 여자 친구가 음료를 주문하는 동안 잠시 화장실을 다녀오겠다던 조 씨는, 한참을 기다려도 돌아오지 않았다고 한다. 화장실에 간 조 씨가 주한 미군 군무원 자녀들인 아더 패터슨(당시 17세)과 에드워드 리(당시 18세)가 휘두른 잭나이프에 무려 아홉 군데나 찔려 그 자리에서 절명했기 때문이다. 한편 가해자들은 바로 체포되었다. 왜 그처럼 잔혹한 살인극을 벌인 것인지 조사하는 과정에서 드러난 그들의 살해 동기는 너무나 끔찍한 악마의 그것이었다. "그저 재미로 그랬다"는 것이었다. 체포된 범인 중 한 명인 리가 경찰에서 밝힌 진술이다.

"친구인 아더 패터슨과 함께 햄버거 가게에 있었는데 패터슨이 나에게 자신이 새로 산 '잭나이프'를 자랑했다. 패터슨과 장난을 치고 있던 중 화장실에 들어가는 조 씨가 눈에 띄었다. 그러자 패터슨이 나에게 따라오라며 '멋진 모습을 보여 주겠다'고 해 그를 따라갔다."

잠시 후 조 씨를 따라 화장실 안으로 들어간 미군 군무원의 자녀들은 소변기를 향해 등을 돌리고 서 있던 조 씨를 향해 잭나이프를 휘둘렀다고 한다. 아무런 의심도 없이 볼 일을 보던 조 씨를 향해 그들은 무려 아홉 차례나 무차별적인 가해를 했다는 것이다. 뉴스 보도를 통해 전해진 이 충격적인 사건 앞에서 나를 비롯한 모든 국민이 경악했다. 어떻게 이런 사건이 서울 도심 한복판에서 일어날 수 있는지 이해하기 어려웠다. 그런 끔찍한 일을 저지른 그들이 마땅히 법의 엄중한 심판을 받을 것이라고 생각했다. 우리는 그렇게 되었을 것이라고 믿었고, 그 사건은 우리의 기억에서 사라졌다. 그런데 그런 기본적인 법 감정이 무너졌다. 이복수 어머니를 만나 놀라운 비밀을 듣게 되었다.

죽은 이는 있는데
죽인 자가 없는 살인 사건

조 씨의 어머니 이복수 씨는 내내 눈물을 흘렸다. 그동안 자신이 겪어 온 힘겨운 나날을 호소하는 어머니의 사연은 충격과 놀라움, 그 자체였다.

"내 아들은 죽었는데 살인범은 없다고 합니다. 아무도 살인범으로 처벌받지 않았습니다."

어머니의 말을 듣고 나는 내가 말을 잘못 알아들었나 싶었다.

"살인범이 처벌받지 않았다고요? 그게 무슨 말씀이신가요?"

그제야 알았다. 정말 기가 막히는 일이 벌어졌다는 것을. 앞뒤 상황은 이랬다. 조 씨를 살인한 혐의로 패터슨과 리는 '다행히' 대한민국 법정에 세워졌다. 1991년 1월 이전에는 우리나라 사법부가 미군 범죄에 대해 '무조건' 형사 재판권을 자동 포기하도록 되어 있었으나 당시는 소파 협정이 개정되어 해당 조항이 삭제된 덕분이었다.

워낙 명백한 살인 사건이었기에 처벌에 별 문제가 없을 것으로 예상했던 재판 과정에서 생각지도 못한 변수가 등장했다. 구속된 범인들이,

사망 사건이 발생한 것은 사실이지만 그 행위를 한 것은 자신이 아니고 상대방이라는 주장을 내놓은 것이다. 그렇게 법정 공방을 거듭하던 중 6개월 이상 구속 상태에서는 심리할 수 없도록 돼 있는 우리나라 형사 소송법 규정에 따라 1심 심리가 종결되던 날이었다. 결국 판사가 가해 자인 둘에게 마지막으로 질문을 했다고 한다.

"그렇다면 두 사람 중 한 사람이 칼을 휘둘러 조중필 씨를 살해한 사실은 분명합니까?"

그들은 "그렇다"고 인정했다. 조중필 씨를 살해한 것은 분명하지만 다만 자신은 아니라는 주장을 재차 한 것이다. 불행의 씨앗은 그렇게 시작되었다. 1심 재판부는 고심 끝에 리를 조중필 씨 살해범으로 판단 했다. 그에 따라 아더 패터슨에게는 '증거 인멸 및 폭력 등 혐의'로 징역 1년 6개월을, 에드워드 리에게는 '조중필 씨를 살해한 혐의'로 무기징역 을 선고했다.

1심 판결로 조 씨 살인 혐의를 면한 아더 패터슨은 통상 다시 한 번 판단을 받고자 대다수 실형 선고 사범들이 제기하는 2심 항소를 포기 했다. 그렇게 수감 생활을 하던 패터슨은 이후 1998년 광복절 특사로 석방됐다. 1심 판결 후 1년 4개월 만의 일이었다. 반면 조 씨 살해범으 로 1심에서 무기징역을 선고받은 리는 억울하다며 곧바로 항소했다. 하지 만 항소심 재판부 역시 그를 조 씨 살해범으로 판단했다. 다만 사건 당시 만 20세 미만이었던 리의 사정을 참작하여 무기징역 형을 징역 20년 형 으로 감형했다고 한다. 이복수 씨는 '죗값에 비해 그들이 받은 형량이 너무 적어 억울했지만, 그렇게라도 가해자가 처벌받았으니 사건이 마무리되는가 보다' 하고 생각했다.

그런데 사건은 거기서 끝나지 않았다. 누구도 예상하지 못한 엄청난 반전이 기다리고 있었다. 항소심에서도 조 씨 살인범으로 유죄 선고를 받은 리가 억울하다며 대법원에 상소했다. 그런데 대법원 판결에서 이 사건의 모든 것이 엉클어졌다. 리가 조 씨의 살인범이라는 기본 구도가 뒤집어진 것이다. 대법원이 살인 혐의로 기소된 리에게 '무죄 취지 파기 환송'을 결정했다. 1998년 9월 30일, 대법원의 파기 환송에 따라 다시 열린 고등법원 2심 재판에서 리는 무죄를 선고받고 당일 바로 석방됐다. 다시 말하면, 대한민국 법정에서 조중필 씨를 잭나이프로 아홉 차례 찔러 살해한 사람은 에드워드 리가 아니라는 판결이 난 것이다. 조중필 씨는 죽었고, 그 가해자로 체포된 두 사람이 둘 중 한 명은 분명 조 씨를 칼로 찔러 살해한 것이 맞는다고 인정했는데, 그 가해자는 처벌받지 않은 채 사건이 종결되어 버린 것이다. "정말이지 어떻게 이런 일이 벌어질 수 있느냐?"고 되묻는 그 어머니의 황망한 표정이 여전히 생생하다.

검찰 비웃듯 오산 미군 기지를 통해
도망친 패터슨

이처럼 어이없는 일이 벌어진 가장 결정적인 원인은 다름 아닌 '대한민국 검찰'에 있었다. 미국 국적을 가진 이들이 연루된 사건이었기에 사건 초기부터 '미군 범죄수사대CID'가 수사에 개입했다. 미군 범죄수사대는 처음부터 리가 아닌 패터슨을 사건의 진범으로 지목했다. 그러나 당시 대한민국 검찰은 미군 범죄수사대와 달리 리가 진범이라고 고집했고, 결국 그를 살인죄로 최종 기소했다.

대한민국 검찰이 패터슨을 살인죄가 아닌 단순 공범으로 기소한 후, 그는 1년 4개월 만에 광복절 특사로 석방되어 바로 미국으로 출국했다. 리 역시 대법원 파기 환송에 이어 다시 열린 고등법원에서 살인 혐의에 대한 무죄 선고로 석방되었다. 결국 이 희대의 살인 사건은 피해자는 있으나 가해자가 없는 기막힌 사건이 되어 버린 것이다. 그 어머니의 귀하디귀한 삼대독자 아들을 그저 재미 삼아 죽였다는 범인들은 누구도 처벌받지 않은 채 이 사건은 막을 내렸다. 남은 것은 그 어머니의 처절한 울부짖음뿐이었다.

그런데 더욱 이해가 가지 않는 것은 대한민국 검찰의 그다음 대응이었다. 리가 무죄로 석방됐을 때 검찰은 사건의 진범일 수밖에 없는 패터슨에 대해 즉시 출국 금지 조치를 취했어야 했다. 하지만 조 씨 유가족이 요구했음에도 불구하고 검찰은 패터슨의 출국 금지 기간을 연장하지 않았던 것으로 확인되었다. 그에 대해 당시 담당 검사는 언론 인터뷰를 통해 '단순 실수'였다고 해명했지만, 이후 벌어진 상황을 보면 더욱 어처구니가 없었다. 리가 무죄로 석방되었다는 사실이 알려진 다음 날, 진짜 범인인 패터슨이 검찰의 행태를 비웃듯 미군 전용 비행장인 오산 미군 기지를 통해 '자기 나라' 미국으로 도망쳐 버린 것이다.

이 기상천외한 사건이 벌어진 1997년 이후 지금까지 상당한 세월이 흘렀다. 하지만 이 사건이 과연 언제쯤 완결될지는 여전히 알 수 없는 상태다. 이 사건은 2009년에 〈이태원 살인 사건〉이라는 제목으로 영화화되었다. 덕분에 조중필 씨의 억울한 죽음이 국민들에게 알려졌다. 그로 인해 잘못된 수사와 재판으로 비난의 중심에 서게 된 대한민국 법무부는 미국 측에 '한미 범죄인 인도 조약'에 따라 진짜 살인범 아더 패터슨의 송환을 요구했다. 하지만 설왕설래만 계속될 뿐 수년째 별 진전이 없는 실정이다. 이 명백하고도 참담한 사건이 끝내 미제 사건으로 처리되어야 하는 것일까. 안타깝고 또 안타까울 따름이다.

거리에서 눈물을 쏟아야 했던 어머니

조 씨의 어머니 이복수 씨가 거리로 나서게 된 것은 바로 그때부터였다. 도저히 이해할 수 없는 미군 군무원 자녀의 잔혹 범죄와 불평등한 소파 협정, 한국 검찰의 잘못된 수사와 재판 과정에서의 생각지도 못한 반전, 결과를 알고 난 후 비웃듯 미국으로 도망쳐 버린 진짜 살인범 패터슨에 대한 분노로 어머니는 가만히 앉아 있을 수 없었다고 한다. 그 심정과 고통을 무엇으로 설명할 수 있을까.

모든 어머니에게 자식을 잃은 고통은 설명할 길이 없는 상처다. 특히 이복수 씨에게 아들 조중필은 정말 남다른 '새끼'였다고 한다. 손 귀한 집안에서 빌고 빌어 낳은 삼대독자이기도 했지만, 조 씨는 자라면서 늘 공부 잘하고 부모에게 효도하는 착한 아들이었다고 어머니는 회상했다. 매학기 장학금을 받고 그 돈으로 부모에게 선물을 사와 "뒷바라지해 줘 고맙다"며 애교를 떨던 살가운 아들이었다. 그런 아들을 "그저 재미삼아 죽였다"고 말하는 가해자를 단죄하지 못한 분노와 울분을 어찌 설명할 수 있을까.

결국 그 한과 울분이 어머니의 생각과 삶을 바꾸어 놓았다. 그래서 9·11 테러로 인한 미국의 참담한 비극을 어머니는 슬퍼할 수 없었던 것이다. 이러한 앞뒤 사정을 듣고 나는 그 어머니를 탓할 수 없었다. '유일한 땅'이었고 '또 하나의 하늘'이었던 아들을 잃었는데 미국도, 이 나라 사법부도 제대로 사과하지 않고 있으며 여전히 문제가 해결되지 않고 있는데 어쩌란 말인가.

어머니는 거리에 나섰다. 이런저런 집회장에서, 낯선 시민 단체를 찾아다니면서 어머니는 미국으로 도망간 패터슨 송환과 살인자 처벌을 요구하는 서명을 해 달라고 호소했다. 억울하게 제 명도 살지 못한 채 죽은 아들을 위해 평생 해 본 적도 없는 서명운동을 하면서 어머니는 부끄러움도, 발이 부어오르는 고통도 참아 가며 매일 사람이 많은 곳만 정신없이 찾아다녔다.

"어머니, 그렇게 혼자 다니면서 서명 받아 봐야 얼마나 받으시겠어요? 힘만 많이 들고 어려우실 텐데요."

늙고 투박해진 그 어머니의 얼굴을 보며 너무나 딱하고 안타까운 마음에 물었다. 어머니의 답은 정말 뜻밖이었다. 몸이 겪는 고생보다 더 힘든 것은 따로 있다는 대답이었다. 그것은 바로 '매일 거리에서 만나는 또 다른 절망과 서러움'이었다. 아들의 억울한 사연을 전하며 "제발 여기에 이름 하나만 적어 달라"며 내민 서명 용지에 뭇사람들이 던지는 차가운 눈빛과 냉대였다. 자신을 향한 그 냉대가 무엇보다 서럽다며 어머니는 끝내 울었다. 서러움이 복받쳐 몇 번이고 거리에 주저앉아 꺼이꺼이 눈물을 쏟아야 했다며 어머니는 또 울었다.

사람들은 우리의 우방인 미국과 미국 사람에게 책임을 묻도록 서명을 해 달라고 부탁하는 이 어머니를 마치 무슨 사상범 보듯 대했다. 심지어 무슨 몹쓸 병이라도 든 사람처럼 피하는가 하면, 채 말도 꺼내기 전에 "어머나" 하고 놀라며 도망치듯 비켜 가기도 했다. 처음엔 그것이 무척 서러웠고 또 미웠다고 어머니는 말했다.

그러고는 어머니가 뜻밖의 말을 꺼냈다. 생각해 보니 서명을 요구하는 자신에게 뭇사람들이 보여 준 무관심과 냉대가 자신의 모습이었다는 독백이었다. 자신 역시 그렇게 아들을 잃기 전까지 이런 불행이 나에게 오리라고는 생각해 보지 않았다고 했다. 그런데 불행을 마주하고 보니 이런 피해가 남의 일이 아닌데 사람들이 타인의 비극에 눈감아 버리는 모습이 너무 안타까웠다고 했다. 서명을 부탁하는 말에 놀라 도망치던 사람들의 뒷모습이 그렇게 섭섭했다던 그 어머니의 눈물이 오늘 유난히 아프게 떠오른다.

어머니가 쓴
호소문✦

우리 가족은 97년 4월 3일 중필이의 죽음 이후로 삶이 멈췄습니다. 딸 셋 낳고 어렵사리 늦게 삼대독자 중필이를 두었습니다. 애지중지 곱게 키운 아들입니다. 정말 눈에 넣어도 아프지 않을 중필이는 이렇게 진실도 규명되지 못한 채 한 줌의 재가 되었습니다. 이 엄마는 아들에게 제 인생의 모두를 다 걸며 살아왔습니다. 중필이는 어려서부터 친구들과 싸움 한번 안 하고, 욕 한번 안 한 착한 아이였습니다.

자식 자랑하면 팔불출이라 했지요. 하지만 저보다도 주위 사람들이 더 칭찬하고 자랑했습니다. 초등학교 때부터 중·고등학교까지 우등생이고 모범생이었습니다. 또한 선행상도 많이 탔습니다. 대학교에서도 장학금을 받는 앞날이 촉망한 아들이라 집안 식구고 친지들도 이 나라 이 사회에서 무엇이든 큰 사람이 될 것이라 믿고 있었습니다. 부모 말씀, 누나들 말도 잘 듣고 집안의 궂은 일 다 맡아 해 온 중필이를 잃고 살아가는 저는 가슴이 무너지고 땅이 꺼지는 암흑 속에서 지금 살아가고 있습니다. 지금도 저녁때면 대문 열고 "엄마, 학교 다녀왔습니다"라며 가방을 메고 들어오는 것 같습니다. 아들이 너무 많이 보고 싶을 땐 차라리 나도 따라 죽고 싶은 심정이 한두 번이 아닙니다.

✦ 1999년 조 씨의 어머니 이복수 씨가 시민들에게 나누어 준 유인물 내용 중 일부.

여러분! 억울하게 죽은 아들의 한을 풀어 주십시오! 외아들을 잃고 눈물로 하루하루 보내는 불쌍한, 자식 잃은 어미의 분통한 마음을 풀어 주십시오. 지금이라도 눈을 감고 싶지만 이대로는 절대 중필이에게 돌아갈 수 없습니다. 중필이 살해 사건이 끝까지 규명되지 않는다면 저 먼 하늘나라로 중필이를 따라 떠나는 것이 이곳 이승에서 당하는 고통을 참는 것보다 더 낫다고 생각한 적도 있습니다. 2년 가까이 세월이 흐르는 동안 이 엄마는 단 하루도 편히 잠자지 못했습니다. 중필이를 해산할 때 그 고통보다도, 지금 죽음의 진실이 규명되지 못하여 중필이가 편히 눈감을 수 없다는 것을 생각할 때 이 엄마는 단 하루도 편히 지낼 수 없는 괴로운 심정입니다.

부디 중필이가 편히 눈감을 수 있도록 진실 규명을 위해 도와주시길 바랍니다. 가진 것 없는 저희 가정은 이제 삶의 절망 속에 빠져 있습니다. 자식을 한 줌 재로 산에 뿌리면서 울어야 했던 이 엄마의 심정을 부디 헤아려 주시고, 진실이 규명될 수 있도록 도와주시길 눈물로써 부탁을 드립니다.

어머니의 한,
이제는 풀려야 한다

이것을 다행이라고 표현해야 할까. 아들의 억울한 죽음을 해결하고자 거리에서 살았던 어머니의 노력과 영화 〈이태원 살인 사건〉 덕분에 서울중앙지검이 이례적인 재수사에 나서게 되었다. 2011년 서울중앙지검은 조중필 씨를 살해한 범인으로 아더 패터슨을 기소했다. 마침내 어머니의 간곡한 호소가 현실로 이어지는 순간이었다. 마침 반가운 소식도 들려왔다. 우리나라 법무부가 '한미 범죄인 인도 조약'에 따라 문제의 아더 패터슨을 송환해 달라고 미국에 요청했고, 마침 그가 또 다른 범죄로 미국 사법 당국에 체포되어 교도소 수감 중이라는 사실이었다.

모든 일이 일사천리로 진행되어 잘될 줄로 기대했지만 다시 멈췄다. 패터슨을 한국으로 송환해 달라는 우리 측 요구에 대해 2012년 12월경 패터슨 측이 미국 연방 검찰에 인신 보호 신청 소송을 제기한 것이다. 패터슨 측은 자신은 조중필 씨 사건에 대해 이미 무죄 판결을 받았으므로 한국으로 송환될 경우 같은 사건으로 두 번 재판받지 않는다는 일사부재리의 원칙에 어긋난다고 주장했다. 또한 자신은 진범이 아니며 설령 자신이 진범일지라도 1997년에 발생한 사건이라서 살인 공소시효가 끝났다며 자신을 한국으로 신병 인도해서는 안 된다고 주장했다. 참으로 가증스러운 주장이었다.

다행히 2013년 6월, 미국 캘리포니아 연방 법원은 패터슨 측의 인신 보호 청원 소송에 대해 원고 패소 판결을 내렸다. 패터슨의 범죄 혐의가 상당히 소명되어 있고 한미 범죄인 인도 조약에 따른 요건이 갖춰진 만큼 한국으로 보내 재판받도록 하는 것이 정당하다는 판결이었다. 그럼에도 불구하고 여전히 이 사건은 2014년 현재까지도 언제 마무리될지 알 수 없다. 패터슨 측이 판결에 불복하여 다시 상급 법원에 항소했고, 만약 다시 기각된다 해도 미국 국민인 그를 송환하는 데는 미국 국무 장관의 최종 결정이 필요하기 때문이다. 조중필 씨 어머니의 가슴은 지금도 타들어 가고 있다. 안타까운 현실이다.

　피해자는 있으나 가해자가 없는 이태원 조중필 살인 사건. 이제 이 기막힌 사건의 종지부를 찍어야 한다. 나는 자국 국민의 생명과 권리를 보호해 줄 의무가 있는 한국 정부와 검찰이 보다 적극적으로 나서 주기를 간곡히 호소한다. 조 씨의 어머니가 주권 국가인 대한민국 국민으로서 당연히 보장받아야 할 권리이기 때문이다. 지난 세월의 고통을 위로해 줄 반가운 소식을 기다린다. 마지막으로 못다 핀 꽃, 고 조중필 씨의 안타까운 넋을 추모하며, 그 어머니 이복수 씨의 상처에 희망의 새 살이 돋아나기를 기원한다.

다르다고 틀린 것이 아니다
_성 소수자 이야기

흔히 '동성애자'로 불리는 성 소수자를 내가 처음 만난 때는 1995년 어느 날이었다. 학생운동을 정리한 후 인권 단체 활동가가 되어 본격적인 직업 운동가로 일하던 그때, 인권 단체의 연대 사업을 위한 회의에 참석했다. 회의 시작 전, 각자 자신이 속한 단체와 이름을 소개하는데 그중 동성애자 인권 단체에서 활동하는 사람이 있었다. 고백하자면, 약간은 당황스러웠고 또 약간보다는 많은 경계심으로 그를 대했던 기억이 난다. 나 역시 다른 누구와 다르지 않게 동성애자 하면 가장 먼저 연상되는 바, 동성애자는 '에이즈 보균자'라고 믿었기 때문이다.

동성애자는
에이즈 전파자?

결론부터 말하면 나 역시 잘못된 상식의 피해자였다. 먼저 '에이즈'라는 질병이 무엇인지부터 바로 알아야 한다. 에이즈(Acquired Immune Deficiency Syndrome: AIDS)란 '후천성 면역 결핍증'의 영어 약자다. 좀 더 쉽게 풀어 쓰면 우리 몸으로 침투해 오는 질병에 맞서 싸울 방어 기능인 면역이 부족해지는 질환이다. 지금도 크게 나아졌다고 할 수 없지만, 당시에 에이즈는 무시무시한 공포를 주는 질병이었고 동성애자는 전부 이 병을 가진 보균자처럼 인식되었다. 나 역시 그들을 만나거나 접촉을 하면 안 되는 존재로 생각하고 있었는데, 그런 사람을 직접 만났을 때의 그 당황스러움은 잊을 수가 없다.

그런데 가만히 둘러보니 그런 사람은 나밖에 없는 것 아닌가. 다른 이들은 전부터 그를 잘 알고 있는 듯했고 스스럼없이 웃으며 농담도 하고 격의 없이 대하는 것이었다. 나는 혼란스러움을 드러내지 않으려 노력하면서 회의에 참여하던 중이었다. 잠시 쉬자는 제안이 나왔다. 당시만 해도 흡연을 즐기던 나는 사무실 복도로 나가 입에 담배를 물었다. 그때였다. 회의장에서 봤던 그 사람, 동성애자 단체 활동가가 흡연 장소로 나오는 것이 아닌가. 나는 순간 또 당황했다. 어쩌지. 담배를 입에 물며 애써 눈길을 피하는데 그가 말했다.

"저, 미안하지만 라이터 좀 빌릴 수 있을까요?"

나는 아무렇지 않은 듯 라이터를 빌려 준 후 그가 돌려준 그 라이터를 두 손가락만으로 받아 그대로 주머니에 넣었다. 뭔가 찜찜했다. 나는 정말 궁금한 그것을 묻고 싶었다. 회의장에서 처음 그가 동성애자라는 것을 알고 난 후부터 내내 묻고 싶었고 정말 궁금했던 질문이었다. 그 질문을 하면 이 사람이 화를 내지 않을까 걱정이 되었는데, 라이터를 빌려 주고 함께 흡연을 하며 몇 마디를 나누니 자연스럽게 대화가 이어지고 있었다. 나는 용기를 내어 그에게 조심스럽게 물었다.

"저기, 제가 정말 궁금해서 그러는데요. 기분 나쁘면 답변하시지 않아도 되는데요."

"아, 네. 말씀하세요. 뭔데요?"

"저기요, 제가 정말 몰라서 그러는데요. 지금 동성애자 단체에서 일하고 계시잖아요. 그럼 간사님도 동성애자이신가요?"

"네, 맞아요. 그게 궁금하신 거였나요? 하하하."

이제 막 시작하는 새내기 활동가였지만 그래도 명색이 '인권 운동'을 한다는 사람이 성 소수자에 대한 차별적인 인식을 갖고 있다고 화를 낼까 걱정했는데, 오히려 쿨한 그의 답변에 안심이 되었다. 그래서 정말 묻고 싶었고 오래전부터 진짜 궁금했던 그 질문을 했다.

"제가 정말 궁금해서 그러는데요. 혹시 언제 처음 동성을 사랑하게 되었나요? 언제 그런 감정이 생겼어요?"

쿨하게 답변하던 그가 약간 진지한 모습으로 나를 보았다. 내가 민감한 질문을 하여 그가 화를 낼지 모르겠다는 생각이 들었다. 아, 결국 실수를 했구나. 인권 운동을 한다는 사람이 성 소수자에 대해 차별적 발언을 했다며 비난받을지 모르겠다는 생각이 든 순간이었다. 그가 다시 웃으며 나에게 말했다.

"그럼 제가 역으로 한번 여쭤 볼게요. 고 간사님은 이성애자시죠? 그럼 언제부터 이성을 사랑하는 마음을 갖게 되셨어요? 혹시 아세요?"

그랬다. 번개에 머리를 맞을 때의 느낌이 이런 것이 아닐까 싶었다. 생각해 보니 내가 언제부터 이성을 사랑하는 마음을 갖게 되었는지 나도 알 수 없었다. 그런 생각을 해 본 적도 없었고 그렇게 하려고 마음먹어 본 적도 없었다. 그의 답변도 마찬가지였다. "생각해 보니 언제 그랬는지 모르겠다"는 내 말을 받아 그가 나에게 들려준 답변이었다.

"저도 마찬가지예요. 그냥 자연스러운 거예요. 이성애자가 그런 것처럼 동성을 사랑하는 성 소수자 역시 마찬가지로 누군가를 사랑하는 마음이 들고 그런 마음이 행복할 뿐이에요. 그런데 그 대상이 동성이라는 이유로 차별받는 거죠. 이성을 사랑하는 것처럼 동성을 사랑하는 것으로 그냥 봐 주시면 얼마나 좋을까요."

성 소수자 차별,
그것이 야만인 이유

지난 2010년 서울특별시 교육감으로 당선된 후 곽노현 교육감이 추진했던 진보적인 정책 중에서 사회적 찬반 논란이 극렬했던 사안은 크게 두 가지였다. 하나는 '무상 급식'이었고, 다른 하나는 '서울학생인권조례'였다. 무상 급식과 관련한 찬반 논란은 당시 서울시장 오세훈 등 이 정책을 반대하는 이들이 주도한 2011년 주민 투표가 투표 정족수 미달로 개표 자체가 무산되면서 일단락되었다. 그러나 서울학생인권조례와 관련한 논란은 다르다. 이 조례의 주체인 청소년과 교사, 그리고 교육 관련 시민 단체의 의견 수렴을 거쳐 서울 주민 12만 명의 발의로 2012년 1월 26일 제정·공포되었지만 찬반 논란은 여전히 계속되고 있다. 그 이유는 무엇일까.

서울학생인권조례의 시행을 반대하는 가장 강경한 세력은 보수 기독교 단체들이다. 그들이 조례를 반대하는 이유는 많지만 그중 가장 핵심적인 이유는 조례 제5조 '차별받지 않을 권리'에 대한 내용이다. 그 내용은 다음과 같다.

제5조 (차별받지 않을 권리)

① 학생은 성별, 종교, 나이, 사회적 신분, 출신 지역, 출신 국가, 출신 민족, 언어, 장애, 용모 등 신체 조건, 임신 또는 출산, 가족 형태 또는 가족 상황, 인종, 경제적 지위, 피부색, 사상 또는 정치적 의견, 성적 지향, 성별 정체성, 병력, 징계, 성적 등을 이유로 차별받지 않을 권리를 가진다.

② 학교의 설립자·경영자, 학교의 장 및 교직원은 제1항에 예시한 사유로 어려움을 겪는 학생의 인권을 보장하기 위하여 적극적으로 노력하여야 한다.

보수 기독교 단체를 중심으로 서울학생인권조례를 반대하는 이들은 이 조례가 결국 학생들의 동성애를 조장하게 될 것이라고 주장한다. 조례의 내용 중 '성적 지향'이라는 표현은 '동성애'를 의미하는 것이며, 동성애를 차별해서는 안 된다는 내용이 담긴 학생인권조례가 시행되게 할 수 없다고 한다. 한국기독교총연합회는 제23회 총회를 개최하면서 "동성애와 임신 출산 행위를 허용하는 학생인권조례는 반드시 폐지되어야 한다"는 제목으로 총회 선언문을 공식 채택하기도 했다. 또한 한국교회언론회는 논평에서 "동성애를 학교에서 교육하므로 성 정체성이 흔들리게 되며, [이로 인해 학교에서] 동성애자화(化)가 우려된다"는 입장을 밝히기도 했다. 이러한 반대론자의 주장은 과연 사실일까.

그들의 주장은 사실과 다르다. 자신들의 반대 논리를 강조하기 위해 지나친 주장을 하고 있는 것이다. 서울학생인권조례는 동성애를 권장하거나 옹호하는 것이 아니다. 다만 자신의 '성적 지향'을 이유로 그 어떤 차별도 받아서는 안 된다는 보편적인 세계 인권 기준에 따라 그 권리를 담은 것뿐이다. 나와 다르다고 해서 틀렸다며 차별하고 탄압하는 것은 과거 히틀러가 자신과 다르다는 이유로 유대인을 집단 학살한 것과 다르지 않은 '야만적 차별'이다. 동성애에 대한 차별 논란은 우리나라만의 문제가 아니다. 전 세계에서 다양한 형태로 성 소수자에 대한 차별과 공격이 그치지 않고 있다. 최근 논란이 된 사건이 아프리카 국가 중 후진국으로 분류되는 우간다에서의 동성애자 탄압법 제정 사례다.

우간다의 반동성애법,
UN 반기문 총장의 분노

2014년 2월 24일, 아프리카 최빈곤국인 우간다에서 요웨리 무세베니 대통령이 논란을 거듭해 온 '반동성애법안'에 서명했다고 한다. 신설된 이 법에 의하면 미성년자 등과 동성애 행위를 한 자는 가중 처벌하여 종신형을, 실제 또는 미수에 그친 동성애 행위에 대해서는 7년에서 최고 14년까지 징역을 선고하도록 했다. 이 사실을 접한 국제사회는 우간다 대통령에게 깊은 우려와 경고를 표했다. 특히 미국의 오바마 대통령은 무세베니 우간다 대통령이 이 법안에 서명하지 말 것을 공개적으로 촉구했다. 오바마 대통령은 "동성애 범죄화는 미국과 우간다의 관계를 복잡하게 할 것"이라며 서명할 경우 우간다에 대한 지원을 줄이겠다고 경고했다. 끝내 무세베니 우간다 대통령이 이 법안에 서명하자, 같은 날 미국 백악관 제이 카니 대변인은 오바마 대통령의 입장을 담아 "무세베니 대통령이 자유와 정의, 동등한 권한을 지지하는 대신 동성애를 범죄화하는 법안 서명으로 우간다를 후진화했다"며 강하게 비판했다. 또 "미국은 우간다 정부에 혐오스러운 이 법을 폐지하라고 계속해서 촉구할 것"이라고 거듭 압박했다. 미국 오바마 대통령이 서울학생인권조례 중 '성적 지향'을 두고 우리나라에서 벌어지는 논란을 본다면 뭐라고 말할지 갑자기 궁금해진다.

서울학생인권조례 중 '성적 지향' 조항을 두고 빚어지는 논란에 대해 우려를 언급한 세계적 인물이 있다. 바로 국민들이 자랑스럽게 여기는 UN 반기문 사무총장이다. 반기문 총장 역시 오바마 대통령과 마찬가지로 우간다에서 신설된 반동성애법의 즉각 철회를 요구했다. "우간다의 반동성애법은 동성애자에 대한 편견과 탄압을 조장할 수 있다"고 비판한 것이다. 그러면서 "폭력과 차별로부터 모든 사람을 보호해야 한다"고 거듭 역설했다. 러시아 소치 동계 올림픽이 열리기 전날인 2014년 2월 6일 개최된 국제올림픽위원회 총회에서도 그는 성 소수자에 대한 공격에 대해 "목소리를 높여 맞서자"고 세계의 지성을 향해 촉구했다. 그는 그날 총회 기조 연설에서 "우리는 모두 레즈비언, 게이, 양성애자, 성 전환자 등에 대한 공격에 소리 높여 반대해야 한다"며 "이들이 직면하는 체포와 투옥, 차별적 규제에 반대해야 한다"고 강조했다. 반기문 총장의 주장을 한 마디로 정리하면 '모든 형태의 차별에 반대한다'는 것이다. 나와 다르다는 것이 그 어떤 차별의 정당한 이유가 될 수 없다는 것이다.

2013년 4월 30일, 반기문 총장이 한국의 '성 소수자 혐오' 분위기에 대해 깊은 우려를 공개적으로 밝혔다. 그날 반 총장은, 대한민국 국회에서 성 소수자를 비롯한 모든 사회적 약자의 차별을 금지하는 '포괄적 차별 금지법'을 입법 발의하자 한국의 보수 세력이 반대하는 현실에 대해 공개적으로 비판했다. 국제기구인 유네스코가 《동성애 혐오성 괴롭힘 없는 학교》라는 한국어판 책을 발간하는 데 맞춰 반 총장은 다음과 같은 메시지를 성 소수자 인권 단체에 보내 우리나라의 성 소수자에 대한 차별에 대해 UN 사무총장으로서 깊은 우려를 표했다.

성적 지향이나 성별 정체성 때문에 폭력과 차별 속에서 고통받는 사람들은 어느 곳에나 있다. 저의 모국, 대한민국에서도 마찬가지로 동성애는 대개 금기시되고 있다. 아직도 성인인 동성 간의 합의된 사적인 관계가 범죄가 된다는 사실이 너무나 걱정된다. 관용의 분위기를 만들어야 할 국가기관이 오히려 문제의 한 부분이 되는 경우가 너무나 많다. [⋯] 안전해야 할 학교나 교육 기관에서마저 학생들과 교사들이 동성애 혐오로 인한 폭력과 괴롭힘을 당하고 있다. 대한민국에서, 그리고 세계 곳곳에서, 우리 인류 가족의 구성원인 레즈비언, 게이, 양성애자, 트랜스젠더를 비롯한 모든 청소년을 위해 학교를 더욱 안전한 공간으로 만들어 가야 한다.

반 총장의 이 같은 메시지는, 유네스코가 '국제 성 소수자 혐오 반대의 날'을 기념해 발간한 《동성애 혐오성 괴롭힘 없는 학교》서문에 실렸다. 동성애자도 차별 없이 다닐 수 있는 안전한 교육 환경을 만들기 위한 세계 각지의 모범 사례를 담은 책이다. 서울학생인권조례에 대한 보수 진영의 반대는 이러한 세계의 주요 흐름을 역방향으로 거스르려는 것이다. 정말 부끄러운 논란이 아닐 수 없다.

잘못된 동성애 상식,
더 잘못된 에이즈 상식

여기서 다시 원점으로 돌아가 보자. 내가 처음 동성애자를 만나 그에게 빌려 준 라이터를 돌려받을 때 두 손가락만을 사용한 이유는 그 두려운 질병 '에이즈'에 대한 잘못된 상식 때문이었다. 그때까지 나는 에이즈 환자와 대화할 때 무심결에 튀는 침이나 기침만으로도 에이즈가 전염되는 줄 알았다. 더 솔직하게 말하면 동성애자는 이미 에이즈에 걸린 사람이거나, 지금은 아니라도 '반드시' 에이즈에 걸릴 사람이라고 확신하고 있었다. 그래서 그들과 식사를 하며 찌개를 같이 먹는 것은 에이즈에 걸리고 싶어 하는 것이나 다를 바 없는 행위라고 생각했다. 그런 동성애자가 빌려 쓴 라이터를 돌려받으려니 "됐으니까 라이터 그냥 가지세요"라고 말하고 싶었던 것이 당시 솔직한 내 속마음이었다. 그런데 나의 두려움은 알고 보니 '무지와 몰상식의 극치'였다.

에이즈는 이성애자든 동성애자든 관계없이 발생할 수 있는 질병이다. 충분한 휴식과 청결한 환경을 유지하지 않으면 감기에 걸리듯, 에이즈는 무분별한 성관계나 안전하지 않은 성행위로 인한 질병이다. 특히 남성 동성애자에 대한 왜곡이 더 심한 것으로 알려져 있다. 그 이유를 알고 보면 일종의 해프닝이 아닐 수 없다. 1982년에 동성애자이면서 에이즈 감염자인 50명을 대상으로 연구를 했는데 당시 조사 대상자가 전부 남성이었다고 한다. 그 연구 결과가 발표된 후 '남성 동성애자는 모두 에이즈 환자'라는 잘못된 인식이 굳어지는 결정적 계기가 되었다. 그에 따라 동성애자들에 대한 사회적 편견이 더욱 심해지고 에이즈와 동성애자에 대한 인식 역시 사실과 다르게 왜곡되었던 것이다.

사람들 사이에서 가장 잘못 알려진 상식 중 하나가 에이즈 치료에 대한 것이다. 나 역시 한 번 에이즈에 걸리면 무조건 죽는 줄로 알았다. 치료 방법이 없는 불치병이어서 에이즈에 감염되면 세상에서 가장 비참한 모습으로 죽어야 하는 줄로 인식했다. 에이즈는 쉽게 표현하면 고혈압이나 당뇨병과 마찬가지로 완치할 수는 없으나 우리가 아는 것처럼 죽을 수밖에 없는 병은 아니다. 현재 생산되고 있는 치료제를 통해 에이즈를 일으키는 원인 바이러스인 HIV의 증식을 억제하여 병의 진행을 지연하는 방식으로 얼마든지 관리할 수 있는 병이다.

'동성애' 하면 떠올리는 에이즈에 대한 잘못된 상식은 이제 반드시 바로잡아야 한다. 동성애자와 에이즈는 큰 연관성이 없다는 사실이 드러나고 있기 때문이다. 최근 연구 결과에 의하면 에이즈 감염자 중 75퍼센트는 동성애자가 아닌 이성애자 간의 접촉에 의해 감염된 것으로 나타났다. 또한 성적 접촉 외에 치료를 위한 수혈 등의 과정에서 에이즈에 감염될 수도 있다. 누군가가 에이즈에 감염되었다고 해서 동성애자일 것이라고 추정한다면 매우 잘못된 편견이다. 동성애자를 용납할 수 없다며 그 근거로 에이즈 유포를 내세운다면 사실과 크게 다른 것이므로 설득력이 없다. 그들은 다만 이성애자들과 성적 지향이 다를 뿐, 그것은 어떤 범죄도, 잘못도 아니다. 그런 이유로 그들을 탄압하거나 공격하는 것은 매우 부당하고 잘못된 차별이며 야만적 행위일 뿐이다.

성 소수자 탄압,
이제 그만

하지만 이런 잘못된 인식을 바꾸기 위해 우리가 가야 할 길은 멀다. 성 소수자에 대한 부당한 탄압은 오히려 보다 광범위한 형태로 확산되고 있으며, 그들에 대한 혐오성 공격 역시 마찬가지다. 2014년 새 학기를 맞은 각 대학에서 벌어지는 현수막 파손 사건도 그중 하나다. 성 소수자 학우 중 대학을 졸업하는 이와 새로 입학하는 이들을 축하할 목적으로 대학 내 성 소수자 동아리가 내건 현수막을 훼손하는 사태가 연이어 발생하고 있다. 자신의 생각과 다르다고 핍박하는 것은 결코 민주주의가 아니다. 다양성을 존중하지 않는 사회는 독재 사회다.

동유럽 민주화를 촉발해 노벨 평화상을 받았던 레흐 바웬사 전 폴란드 대통령도 이런 잘못에서 벗어나지 못했다. 그는 2013년 2월, 동애성자와 소수자 인권을 모욕하는 문제 발언을 하여 스스로 논란의 중심에 섰다. 그는 폴란드의 한 방송에 출연하여 인터뷰를 하면서 "동성애자는 의회에서 전면에 나설 권리가 없으며, 벽 뒤에나 나앉아 있어야 한다"며 그들을 공격했다. "자신들이 소수자임을 알아야 하고 작은 일에나 매진해야 한다. 소수자는 다수의 것을 빼앗거나 강요해서는 안 된다"는 말도 덧붙였다. 바웬사의 문제 발언은 양식 있는 폴란드 언론을 자극했다. 폴란드의 언론은 일제히 바웬사의 발언을 "노벨 평화상의 치욕"이며 성 소수자의 정당한 권리를 유린하는 것이라고 강력하게 비판했다. 바웬사의 발언은 폴란드 검찰의 수사로도 이어졌다. 성 소수자를 상대로 한 증오 범죄로 이어질 가능성이 높다고 판단했기 때문이다.

우리나라 역시 더 이상 성 소수자에 대한 부당한 공격을 당연시해서는 안 된다. 반기문 UN 사무총장이 "성적 지향이나 성별 정체성 때문에 폭력과 차별 속에서 고통받는 사람들은 어느 곳에나 있다. 저의 모국, 대한민국도 마찬가지"라며 부끄러운 고백을 하지 않도록 해야 한다. 성 소수자뿐만 아니라 이 땅의 모든 소수자에 대해 '나와 다르다'는 기준으로 그들의 당연한 법적·정치적 권리를 부당하게 탄압해서는 안 된다. 장애인, 외국인 노동자, 북한이탈주민 등 우리 사회 모든 소수자의 권리는 우리 사회가 보호해야 한다.

지난 2014년 3월 4일 새로 대법원 대법관으로 임명된 조희대 신임 대법관의 취임사는 그래서 우리 사회의 새로운 희망을 발견하는 자리였다. 그는 대법원 본관에서 대법원장 등 관계자들이 참석한 가운데 "국민의 자유와 인권을 수호함과 동시에, 자유 민주적 기본 질서에 입각한 공동체의 법질서를 확립하는 책무를 성실히 수행해 나갈 것"이며 "사회적 약자와 소수자의 정당한 권리가 무시당하는 일이 없는지 세심하게 살피겠다"고 취임사를 발표했다. 이제 우리 사회도 소수자의 인권을 국제 기준에 맞게 보호해야 한다. 대한민국이 문명국가로 갈 것인지, 아니면 전 세계 지성으로부터 비난받는 야만국가로 갈 것인지 선택은 우리의 몫이다. 대한민국이 성 소수자를 탄압하는 부끄러운 나라가 되지 않기를 희망한다.

나와 다르다는 이유로 차별하지 말라. 다른 것은 차이일 뿐 틀린 것이 아니기 때문이다.

어른은 그러면 안 되고,
학생은 그래도 되나
_학생 인권 이야기

사건의 발단은 2012년 10월, 가을이 깊어 가던 어느 날 비롯되었다. 당시 나는 서울특별시 교육청에서 감사 공무원으로 일하고 있었고, 그날은 서울 외곽의 모 중학교로 출장을 나간 날이었다. 보통 한 번 출장을 나가면 감사 팀 세 명이 한 조를 이뤄 월요일부터 금요일까지 5일간 감사 업무를 실시한다. 직전 감사를 받은 날로부터 이후까지 학교 운영과 관련한 전반적인 사항을 감사한다.

그날도 오전 감사 업무를 마친 후 점심 식사를 하기 위해 학교 복도를 걸어가고 있었다. 그 학교 1학년 교무실 출입문에 A4 용지 한 장이 붙어 있는 것이 눈에 들어왔다. 걸음을 멈추지 않은 채 쓱 읽고 지나치려는데 그 순간 내 시야에 들어온 굵은 글자는 "교무실 출입 금지 명령"이었다. 발걸음을 돌려 되돌아가 종이에 적힌 내용을 읽어 보았다.

용지에는 "교무실 출입 금지 명령"이라는 제목 아래 1학년 ○반 아무개라는 식으로 모두 네 학생의 이름이 실명으로 적혀 있었다. 그 밑에는 "2012년 9월 15일부로 이들 학생의 1학년 교무실 출입 금지를 명령함. 위 학생들은 평소 교무실을 불필요하게 자주 찾아와 담임 선생님의 업무를 방해하고 소란한 행동을 하는 등으로 인해 위와 같이 출입 금지 명령을 공고함"이라고 쓰여 있었다.

정말 어이가 없었다. 어떻게 그런 황당한 내용을, 더구나 '명령'이라는 단어까지 써 가며 게시할 수 있는지 이해하기 어려웠다. 교육적인 관점에서도 이해할 수 없는 일이었다. 사실상 전교생에게 그 학생들을 '문제아'로 낙인찍는 행위이며, 그로 인해 그 학생들이 놀림과 따돌림 등 피해를 입을 수 있는 심각한 문제라고 나는 판단했다.

나는 그 게시물을 부착한 교사에게 감사실로 방문해 줄 것을 요구했다. 확인해 보니 해당 학교의 교장과 교감, 학년 주임 교사와 1학년 담임 교사들이 모두 그 사안에 직·간접적으로 연관되어 있었다. 나는 그들에게 그 게시물을 만들어 부착하게 된 경위를 물었다. 더욱 놀라운 것은 문답 과정에서 듣게 된 그들의 생각이었다. 그들은 그것이 왜 문제가 되는지 이해할 수 없다는 반응이었다. 도대체 뭐가 문제냐는 노골적인 불만이 문답 과정에서 그대로 묻어났다. 특히 게시물을 직접 작성해서 부착한 교사는 문제를 지적하는 나에게 "이 학생들이 얼마나 문제가 많은지 잘 몰라 이러는 것 같다"며 상당 시간에 걸쳐 학생들의 문제점을 조목조목 설명하기도 했다. 나는 그런 설명을 들을수록 더욱 난감해졌다. 정말 유감스러운 주장이었다.

가장 큰 문제는 해당 학생들이 교무실을 너무 자주 찾아온다는 것이었다. 담임 선생님과 상담을 하고 싶다며 찾아오는데 선생님이 판단하기에는 중요한 내용이 아니라는 것이었다. 결과적으로 담임 선생님이 해야 할 업무에 방해가 되어 교무실에 출입할 수 없다는 게시문을 복도에 부착했다는 것이었다. 나는 물었다. "학생들이 선생님을 좋아해서 찾아오는 것이 공개적으로 교무실 출입 금지 명령을 받아야 할 정도로 큰 잘못입니까?" 그러자 잠시 말문이 막힌 교사는 "너무 자주 찾아오면 안 되지 않느냐"고 반문했다. 나는 다시 말했다.

"그래서 이 게시문을 볼 학생들에게 너희도 이처럼 자주 교무실을 찾아오면 똑같이 교무실 출입 금지 명령을 받게 된다는 메시지를 전달하려고 게시문을 부착하신 건가요?"

교사 입장에서는 쉬는 시간에, 또는 여러 잡무를 처리해야 하는 시간에 학생이 자주 찾아오면 귀찮고 짜증 날 수도 있다. 그렇다고 해서 문제를 그런 방식으로 해결해서는 안 된다. 특히 교사 입장에서 문제아라고 여긴 학생들을 상대로 교무실 출입 금지를 알린 방식은 정말 고약했다. 매우 의도적인 '망신 주기'라고 나는 판단했다. 부득이하게 그 학생들의 교무실 출입을 차단해야 했다면 적당한 방법은 얼마든지 있었다. 부착된 게시물을 그 학생들에게 개별적으로 전달하여 통지하는 방법도 있고, 충분히 이유를 설명하여 용건을 모아서 하루에 한 번만 오게 할 수도 있다. 그 학교의 관리자를 비롯하여 교사들의 선택은 달랐다. 모든 학생이 그 사실을 다 알도록 공개하는 방식을 선택한 것이다. 나는 그 이유를 짐작할 수 있었다. 문제가 있다는 그 학생들에게 알리는 것이 목적이 아니라 다른 학생들에게도 유사 행위를 하면 같은 명령을 받게 될 것이라는 경고를 하고자 했던 것이다. 그것을 위해 그 학생들이 본보기가 되었다고 나는 생각했다.

선생님이 좋아서 빈번하게 교무실을 찾아갔던 이른바 '문제 학생'들이 자신의 이름이 게시문을 통해 전교생에게 공개된 후 어떤 반응을 보였는지 궁금해서 물었다. 그 교사는 "처음에는 학생들이 당황해했으나 저에게 항의를 하거나 부착물을 떼어 달라고 요구한 바는 없었다"고 답했다. "해당 학생들과 친하기 때문에 심각하게 받아들이지 않았을 것"이라고 변명하기도 했다. 여전히 해당 교사는 그것이 왜 문제냐는 태도였고 감사관인 나의 오해를 풀기 위한 해명에만 급급했다. 나는 마지막으로 다른 학생들의 반응에 대해서도 물었다. 그 게시문을 보고 그 이유를 물은 학생이 있느냐는 질문이었다. "일부 학생들이 물어서 해당 학생들이 교무실을 자주 찾아와 선생님 업무를 방해하여 내린 조치라고 설명했다. 평소 장난꾸러기로 알려진 그 학생들에게 당연한 조치라고 수긍하고 이해하는 분위기였다"고 답했다. 그 교사의 답변은 당당했다. 정말 씁쓸했다. 어떻게 하면 그분들이 게시문 부착 행위가 잘못된 것임을 인정할지 고민하다가 다음과 같이 말했다.

"선생님, 그럼 제가 예를 하나 들어 볼 테니 한번 들어 보세요. 어느 동네에 사는 분이 동주민센터를 매일같이 찾아갔다고 생각해 보겠습니다. 동장이 들어 보니 그분의 요구 사항이 터무니없고 황당한데, 매일 오니까 사실상 업무를 방해한다고 생각하게 되었습니다. 몇 차례에 걸쳐 그러지 말라고 주의도 주고 항변도 했는데 그럼에도 그분이 매일 동주민센터를 찾아왔다고 해요. 물론 욕설을 하거나 폭력을 행사하지 않았고, 다만 자기 생각에는 자신의 요구가 정당한데 동장이 그것을 수용하지 않으니까 매일 찾아간 거죠. 그러자 동장과 공무원들이 모여서 그 사람이 자꾸 찾아와 업무를 방해하고 귀찮게 하니 출입문에 그 사람 이름과 주소를 써서 출입 금지 명령문을 부착하기로 결정했답니다. '위 사람이 매일 동주민센터를 찾아와 정상적인 공무를 방해하니 오늘부터 우리 동주민센터에 출입 금지를 명령합니다.' 이렇게 동장 명의로 게시문을 작성해 출입문에 부착했다고 가정해 보죠. 선생님, 동사무소 입장에서 문제 주민이라고 생각하는 이의 실명과 거주지 주소를 적어 출입문에 부착하는 행위가 옳다고 보십니까? 동주민센터에 오는 동네 사람 누구나 볼 수 있게 하는 것이 선생님이 보시기에는 정말 아무 문제가 안 됩니까? 그렇게 부착된 게시문에 선생님의 실명과 주소가 적혀 있어도 괜찮은가요?"

어른은 안 되고 학생은 되나?
학생도 사람이다

그러자 "뭐가 문제냐"며 반발하던 교사들의 자세가 달라지는 듯했다. 생각해 보니 잘못된 판단이었다며 인정했다. 내가 생각한 문제 역시 그 것이었다. 왜 어른은 안 되고 학생은 된다고 여기는 것일까. 학생이기에 일정 정도 인권을 제약하는 것은 불가피하다고 주장하는 사람들도 있 다. 천만의 말씀이다. 학생은 아직 어릴 뿐 어른과 다르지 않은 인격체 이다. 모든 감정을 다 느끼는 완전한 인격체이다. 그런데 동주민센터의 예처럼 어른의 명예는 중요하고 학생들의 명예는 아무것도 아닌 것처럼 인식하는 어처구니없는 경우를 나는 종종 본다.

그런 사례는 차고 넘친다. 여전히 계속되고 있는 체벌 필요성 논란도 그런 것이다. 체벌을 전면 금지할 것인가, 아니면 교육적 목적으로 제한 된 체벌은 허용할 것인가를 두고 이른바 보수와 진보 진영에서 논쟁이 그치지 않고 있다. 이는 그리 어려운 문제가 아니다. 대한민국 헌법 어디 에도 '사람이 사람을 때려도 된다'는 규정은 없다. 그럼에도 일부에서는 학생 교육을 위해 불가피한 일이라며 체벌을 옹호한다. 교사는 한 명인 데 학생 수십 명을 아무런 제재 수단 없이 어떻게 통제하느냐며 항변 하는 교사도 있었다. 그 순간 머릿속에 떠오르는 장면이 있었다. 내가 거리에서 우연히 목격한 장면이었다. 일곱 살쯤 되어 보이는 언니가 다 섯 살 정도로 보이는 여동생과 같이 있었다. 동생이 시키는 대로 따르지 않자 언니가 거침없이 말했다. "왜 자꾸 그래? 잘못했으니 너 맞아야 겠다."

누가 그 어린아이에게 그런 '잘못된' 논리를 심어 주었을까. 잘못했으면 왜 잘하지 못하는지 살펴보고, 방법을 몰라서 그런 것이면 알려 주면 된다. 애초부터 해낼 수 없는 일이면 다른 방법을 알려 주어야 한다. 그것을 일깨워 주는 것이 교육이고, 그것이 교육자와 보호자가 해야 할 마땅한 의무다. 못하면 맞아야 하고, 시키는 대로 안 해도 맞아야 하고, 그래도 안 되면 포기하거나 방치하는 것은 결코 교육이 아니다. 아이들은 미성숙한 존재이기에 교육 전문가가 있는 학교로 보내는 것 아닌가. 그런데 그 교육 방법이 때리고 욕하고 야단치는 것이라면 차라리 폭력배를 교육 전문가로 채용하면 되지 않겠는가. 그건 아니지 않은가.

나는 두 아이의 아버지다. 큰아이는 이미 20대를 훌쩍 넘었고, 작은 아이는 고등학교에 재학 중이다. 아이들을 키우며 내가 지킨 원칙이 있다. 아이의 실수는 야단치지 않는 것이다. 이를테면 아이가 뭔가를 쏟고, 넘어뜨리고, 흘렸을 때 아이를 야단치거나 혼내지 않았다. "아이는 실수할 권리가 있고 어른은 용서할 의무가 있다"는 말을 내 아이들을 키우며 늘 되새겼다. 아이니까 실수하는 것이고 실수하면서 어른으로 성장한다고 생각했고, 나 역시 그렇게 성장했기 때문이다. 내 아이들 역시 그렇게 키우고 싶었다. 나는 아이가 물을 쏟으면 함께 그 물을 치운 후 다시 깨끗한 물을 떠다 주고 쏟아지지 않게 물 마시는 방법을 알려 주었다. 아이가 돈을 잃어버렸다고 하면 잘 관리하지 않으면 잃어버리는 것이라고 충고한 후 다시 그만큼 용돈을 주었다. 나는 아이들이 예의 바르기를 원했다. 존댓말 쓰는 아이로 키우고자 아이가 어릴 때부터 아버지인 내가 먼저 아이에게 존댓말을 했고, 어른 공경을 가르치기 위해 부모님을 자주 찾아뵙고 같이 큰절을 했다. 어른인 내가 모범을 보이려 했고 아버지인 내가 먼저 노력했다. 그 덕분일까. 큰아들이 대학 2학년을 마친 후 군 복무 중인데 종종 전화로 안부를 묻고는 통화 말미에 늘 "아빠, 사랑해요"라고 말한다. 나 역시 "나도 널 사랑한다"고 말하며 서로 행복한 기분을 만끽한다. 만약 내가 어떤 실수도 용납하지 않고 엄격하게 키워야 한다고 생각했다면, 잘못하거나 실수를 하면 맞아야 한다는 잘못된 인식을 아이들에게 심어 주었다면 어떻게 되었을까. 나는 내 교육 방식이 옳았다고 믿고 있다.

체벌인가,
폭력인가

1980년대 중반에 중학교와 고등학교를 다닌 나는 그 시절 여느 학생들처럼 학교에서 선생님에게 참 많이 맞았다. 잘못했다고 맞았고, 성적이 좋지 않다고 맞았고, 아무 이유도 없이 맞기도 했다. 선생님이 때리면 맞는 것이 당시 모범적인 학생의 자세였다. 학교에서 참 지독하게 맞았던 시절이었다. 교육을 빙자하여 선생님들에게 맞아야 했던 기억 중에 지금까지도 참 심하다 싶은 일이 있다. 내가 중학교 1학년 때 겪은 일이다.

당시 담임 선생님은 30대 초반 미혼 남자였다. 체육 담당 교사답게 체구가 당당했다. 지금 기억에 180센티미터가 넘는 키에 근육이 발달한 좋은 체격이었다. 우리는 그때 평균 키가 140센티미터나 되는 어린 학생이었다. 그런 아이들이 매일같이 담임 선생님의 체벌에 시달렸다. 숙제를 해 오지 않은 것은 물론이고, 책상 주변에 종이가 떨어져 있는데 치우지 않아서, 그도 아니면 종례하러 교실로 들어서는 순간 의자에 앉아 있어서 그것을 이유도 무지막지하게 때렸다. 선생님이 주로 사용한 '무기'는 필드하키에서 선수들이 쓰는 하키 스틱이었다. 하키 스틱은 나무 중에서도 가장 단단한 것으로 알려진 박달나무로 만드는데 생긴 모양이 로마자 대문자 J와 똑같았다. 학교에서 육성하고 있던 운동 종목이 필드하키였기에 체육실 캐비닛에는 늘 공포의 하키 스틱이 수십 개씩 비치되어 있었다. 반장에게 "하키 스틱 가져와" 하는 선생님의 말이 떨어지면 아이들의 얼굴은 이내 흙빛으로 변했다.

잠시 후 건장한 30대 초반 남자가 온 힘을 다해 하키 스틱을 내리치면 엎드려뻗친 어린 소년의 엉덩이는 불붙는 듯했고 두 번째로 내리치면 통증이 온몸으로 전달되었다. 진짜 고통은 그다음이었다. 그렇게 얻어맞으면 며칠간은 의자에 앉을 때마다 짙푸른 멍 때문에 심한 통증을 느꼈다. 우리는 그 멍이 채 풀릴 틈도 없이 거의 매일 맞았다. 아이들의 얼굴에는 미소가 없었고, 담임 선생님을 만나는 공포와 두려움으로 하루하루를 보냈다. 아이들은 그를 만나야 하는 조례와 종례, 체육 시간을 무척 싫어했다. 끔찍한 긴장이었다. 나는 지금도 궁금하다. 그 선생님은 열네 살밖에 안 된 어린아이들을 왜 그렇게까지 때렸을까. 정말 그분이 우리를 사랑하기는 했을까. 그렇게 만들어진 '무거운' 침묵이 그렇게 좋았을까. 나는 그 선생님을 다시 보고 싶은 생각이 전혀 없다.

그 후 고등학교에 진학했다. 정말이지 체벌의 기억이 많고 많다. 체벌이라는 표현으로는 부족했다. '매타작'이라는 표현이 적절했다. 매타작은 수업도 시작하지 않은 조회 시간부터 시작되었다. 그때 농담처럼 회자되었던 말이 있다. "맞더라도 발을 대지에 딛고 맞는 것이 소원"이라는 말이었다. 당시 선생님들은 칠판 아래에 책상을 붙인 후 학생들에게 그 위로 올라가라고 했다. 순서대로 올라가 손으로 칠판 위를 잡으라고 한 후 대걸레 자루로 엉덩이를 때렸다. 그 대걸레 자루는 청소용으로 교실마다 두어 개씩 있었는데, 꼭 때리기 전에 발로 내질러 부러뜨린 후에 사용했다. 그렇게 학급 학생 모두를 다섯 대씩 때리자 대걸레 자루 세 개가 부러졌다. 학생들이 매달 학급비로 얼마씩 돈을 걷어서 부러져 못 쓰게 된 청소용 대걸레를 새로 구입했다. 선생님이 왜 때리는지 정확한 이유도 몰랐다. 때리면 맞아야 했고 맞아서 절뚝이며 집에 돌아가도 우리네 부모님들이 항의도 하지 못했던 시절이었다. 그 부모님들 역시 학교 다닐 때 그렇게 맞았고, 학생들이 뭔가 잘못했으니 맞았을 것이라고 생각하는 또 다른 피해 세대였기 때문이다.

더 심한 기억은 이른바 '양담배 사건'이었다. 1980년대 중반 미국의 통상 압력으로 양담배 수입이 전면 개방되었다. 그러자 농민 단체를 중심으로 '양담배 불매 운동'이 들불처럼 타올랐다. 그때 수업에 들어온

한 선생님의 흰 와이셔츠 가슴 주머니에 양담배가 들어 있었다. 학생 중 한 명이 "선생님, 양담배 피우시면 안 되는 거 아닌가요" 하고 말했다. 그러자 선생님도 민망했는지 "뭘 그런 걸 가지고 그러냐"며 배시시 웃었다. 순간 긴장했던 아이들도 선생님이 웃으니 따라서 배시시 웃었다. 그 후에 상황은 돌변했다. 선생님이 양담배 이야기를 꺼낸 학생에게 앞으로 나오라는 것이었다. 그러더니 교단 앞으로 나간 학생에게 사정없이 따귀를 때리기 시작했다.

"공부도 못하는 새끼가 어딜 건방지게… 선생님이 양담배를 피우든 말든 네까짓 게 뭔데 건방을 떨어, 이 새끼야. 너 이 새끼, 담배 피우지? 그러니까 이게 양담배인지 아닌지 알지. 말해, 이 새끼야."

선생님에게 양담배를 언급했다는 이유로 그 친구는 그야말로 처참하게 맞았고 끝내 잘못했다며 손으로 빌었다. 하지만 피를 흘리며 용서를 구하는 학생에게 선생님은 조금도 인정을 보이지 않았다. 묻고 싶다. 그것이 교육을 위한 체벌인가. 아니면 선생님의 권위에 도전했다는 이유로 가한 폭력인가. 그 일이 있고 난 후 30여 년 세월이 지난 지금 그 문제의 선생님은 모교의 교장 선생님이 되어 있다. 그 선생님은 학생 체벌을 전면 금지하는 '서울학생인권조례'에 대해 어떤 입장일까. 찬성할까. 아니면 반대하고 있을까.

체벌에 숨어 있는
차별의 요소

교권 확보를 위해 최소한의 체벌은 불가피하다는 주장에 나는 결코 동의할 수 없다. 거칠게 말하면, 체벌은 성인의 힘과 교사라는 우월한 지위를 내세워 가하는 사실상의 폭력 행위라고 나는 정리한다. 체벌의 필요성을 주장하는 교사들 중에 학생들의 신뢰를 얻는 이들이 과연 얼마나 있을까. 학생인권조례를 통해 공식적으로는 체벌을 금지하고 있으나, 여전히 다양한 형태로 가해지는 체벌로 인해 아이들이 겪는 고통을 생각하면 가슴이 아프다. 실제로 내가 학교 현장에서 감사 업무를 하던 중 교사가 사용하는 체벌용 몽둥이를 확인하고 그에 대한 사실 확인서를 작성한 사례가 적지 않았다. 특히 지난 2014년 2월 18일, 전남 모 고등학교에서 담임 교사의 체벌 후 뇌사에 빠진 3학년 남학생이 22일 만에 끝내 사망한 사건은 여전한 학교 체벌의 심각성을 보여 주었다. 체벌 등 학생 인권 침해 사례는 결코 과거의 문제가 아니다. 더구나 체벌은 공정하지도 않다. 학생의 배경에 따라 체벌 과정에서 또 다른 차별이 벌어지기 때문이다. 같은 잘못을 해도 맞는 아이는 따로 있고, 같은 매를 맞아도 부모가 누구인지에 따라 강도가 다르다고 주장하면 억지라고 반박할까.

다시 시간을 거슬러 내가 초등학교 6학년 때 겪은 일이다. 아침에 등교해서 실내화로 갈아 신는데 누군가가 숙이고 있는 내 머리를 손바닥으로 때렸다. 평소 태권도 유단자라며 제 마음대로 아이들을 때리던 녀석의 소행이었다. 하지만 나 역시 맞고 있을 나약한 아이는 아니었다. 나는 그 녀석이 태권도 유단자이니 시간을 두고 싸우면 불리할 것이라는 판단을 하고 무작정 달려들어 먼저 땅바닥에 쓰러뜨렸다. 그렇게 싸우고 있는데 한 남자 선생님이 달려와 우리를 불러 세웠다.

선생님은 왜 싸우고 있었는지 이유를 물었다. 나는 억울했기에 실내화를 갈아 신고 있는 나를 아무 이유 없이 때렸다고 일렀다. 그러자 선생님은 상대방 아이에게 "정말이냐"고 되물었다. 질문을 받은 아이는 우물쭈물할 뿐 말을 하지 못했다. 사실이었기 때문이다. 나는 내 억울함을 선생님이 풀어 주리라 기대했다. 나에게 사과하라고 선생님이 그 아이에게 시킬 것으로 믿어 의심치 않았다. 잠시 후 처벌이 내려졌다. 체벌 무기는 '쟁반'이었다. 선생님은 누군가가 큰 알루미늄 쟁반을 들고 가자 그것을 가져오라고 했다. 그러더니 상대 아이의 머리를 '둥' 소리가 나도록 넓은 면으로 '가볍게' 한 대 내리쳤다. "왜 아침부터 싸우느냐"며 야단을 쳤다. 나는 왜 그렇게만 야단치고 나에게 사과하라는 말은 하지 않는지 실망했다. 다음 차례는 나였다. 그런데 어처구니없게도 선생님이 쟁반을 세로로 각을 세워 '딱' 소리가 나게 내 머리를 야무지게 내리치는 것 아닌가.

어이가 없었다. 울었다. 아파서 운 것이 아니라 분하고 서러워서 울었다. 그 아이가 그렇게 맞고 내가 그렇게 맞아야 할 이유는 아무리 생각해 봐도 하나였다. 그 아이 아버지가 우리 학교 학부모회 회장이었다는 것. 그 지역에서 가장 큰 태권도 도장을 운영하는 관장으로 상당한 영향력을 가졌다는 것. 그것이 아니라면 내가 왜 그런 불이익과 차별을 당한 것인지 이유를 알 수 없었다. "왜 싸웠느냐"는 선생님의 질문에 그 아이는 한마디 변명도 못했다. 그런데 그 아이에게는 아픔을 느끼지 않는 형식적인 체벌을 가하고, 나는 그렇게 '딱' 소리가 나도록 때려야 했는지 40대 중반이 넘어가는 지금까지도 이해할 수 없다. 그래서 그 어떤 체벌보다 아프고 억울한 기억으로 남아 있다. 내 인생에서 영원히 잊을 수 없는 아픈 상처 딱지로 기억될 것이다.

학생은 실수할 권리가 있다

결론적으로 체벌은 없어져야 한다. 체벌은 군대에서 자행하는 가혹 행위처럼, 허위 자백을 받아 내기 위한 공권력의 고문처럼 용납해서는 안될 또 다른 범죄 행위이며 교육이 아닌 야만이다. 사람이 사람을 때리는 것은 무엇으로도 정당화할 수 없다. 2010년 7월에 큰 사회적 파문을 일으켰던 이른바 '장풍 교사 사건'을 기억하는가. 서울 모 초등학교 남자 교사가 거짓말을 한다는 이유로 어린 학생을 수시로 때리고 쓰러진 아이에게 사정없이 발길질을 하는 동영상이 세상에 알려진 사건이었다. 그 교사는 혈우병을 앓던 아이에게 그 같은 폭력을 행사하여 사회적 지탄을 받기도 했다. 서울특별시 교육청은 문제의 심각성을 인식하고

'체벌 전면 금지' 정책을 전격 선언했다. 하지만 그에 대한 반발은 거셌다. 특히 교총은 "체벌 금지는 교사들을 교육적 방관자로 머물러 있으라고 유도하는 것"이라며 비판했다. 이명박 정부의 교육과학기술부에서도 "체벌 금지는 초중등 교육법과 충돌하고 학교 규칙 제정에 상당 부분 자율권을 가진 교장의 권한을 침해하는 것"이라는 법리적 해석까지 내놓으며 반대했다.

정말 안타까운 논란이 아닐 수 없다. 체벌 옹호자들은 전혀 통제가 안 되는 학생들로 인해 '교실 붕괴'라는 표현까지 써야 하는 현 학교 실정을 잘 모르는 잘못된 정책이라고 주장한다. 일부 학생에 의한 교권 침해 사례가 보도되어 사회적 파문이 일면, 며칠 후에는 교사에 의한 체벌로 학생이 큰 상처를 입는 부적절한 사례가 반복되고 있다. 학생에 의한 교권 침해가 알려지면 교권 강화가 필요하다는 목소리가 높아지고, 교사 체벌 문제가 불거지면 체벌 근절의 필요성을 역설한다. 이런 바보 같은 일이 또 있을까. 무엇으로 학생들을 통제하라는 것이냐고 나에게 묻는다면 나는 원칙적인 답을 내놓을 수밖에 없다.

학생은 실수할 권리가 있다. 어른은, 교사는 그 실수를 용서할 의무가 있다. 교육은 실수하는 아이를 다시 세우는 반복 행위이며, 교사와 부모는 교육으로 아이가 실수를 통해 거듭날 수 있도록 도와주어야 하는 '무한 책임'만 있다고 생각한다. 체벌을 배제한 교육 실현을 위해 어른들은 계속해서 노력해야 한다. 아이가 배운 것은 전부 어른의 책임이다. 아이가 좋은 것을 배웠다면 어른의 좋은 모습을 배운 것이며, 반대로 나쁜 것을 배웠다면 그 역시 어른의 책임이다. 아이들의 성(性)을 매수하는 것은 어른이다. 그러면서도 자신들의 잘못은 반성하지 않고 탈선하는 아이들만 문제라는 비윤리적이며 이중적인 도덕관념을 가진 이들이 너무 많다.

잘못한 아이에게는 "잘못했으니 넌 좀 맞아야 해"라고 말하는데, 더 큰 잘못을 하는 어른과 선생님을 때리는 사람은 누가 있는가. 어른은 안 되는데 학생은 왜 때리고 맞아야 하는가. 잘못했다고 해서 어른을 때리는 것은 말도 안 되는 짓이라고 한다면, 아이도 때려서는 안 된다. 누구도 때릴 권한은 없으며, 누구도 그런 체벌을 당해야 할 이유가 없다.

내 아이가 맞는 것은 절대 안 되지만 다른 아이를 체벌하는 것은 필요하다는 일부 학부모들의 이중적인 자세 역시 비판받아야 한다. 자기 아이가 맞는 것은 무슨 이유든 극렬하게 항의하면서도 체벌에 대한 여론조사를 하면 '그래도 체벌은 필요하다'고 응답한다. '절망적'인 이중성이다. 때려서, 그렇게 맞으며 성장한 사람이 훌륭하게 큰다면 폭력이 난무하는 환경에서 성장한 아이들은 전부 모범생이 되었겠다. 터무니없는 논리다. 다시 한 번 강조한다. 지금 나이가 어리다고 해서 영원히 아이가 아니다. 결국 그 아이가 어른이 되는 것이다. 마음에 들지 않는 다섯 살 동생에게 "잘못하면 맞아야 한다"고 당연하다는 듯 말하는 그 일곱 살 아이처럼 성장하게 해서는 안 된다. 그렇게 성장한 아이들이 자기 마음에 안 든다고 배우자를 때리고 아이를 때리며 폭력을 대물림한다. 야만의 근본 바닥에 체벌에 대한 잘못된 인식이 깔려 있는 것이다.

"꽃으로도 아이를 때리지 말라"는 향기 나는 문구가 교육 현장에서 보편적인 인식이 되어야 한다. 아이를 키우는 것은 나무를 키우는 것이다. 나무가 비뚤게 자란다고 해서 때리면 나무는 부러질 뿐이다. 체벌은 아이들을 바르게 키우는 해결 방법이 아니다. 교육 전문가인 선생님들과 우리 어른들의 지혜와 노력이 필요한 때다. 체벌이라는 야만의 유혹을 버리고 인권의 가치를 중심에 두고 학생들과 교감하는 진짜 교육이 실현되기를 기대한다.

3부

진실은 더디 오지만
반드시 정의를 찾아온다

김용갑,
내 청춘의 또 다른 이름

1991년 4월 1일이었다. 멀리 보이는 설악산 정상에는 채 녹지 않은 잔설이 여전했지만, 대지에는 봄비 치곤 꽤 많은 비가 내리고 있었다. 나는 수갑과 포승줄로 꽁꽁 묶인 채 속초경찰서 대용 감방을 나섰다. 잠시 후 경찰서 마당에 대기하고 있던 호송버스에 탑승하자 버스는 거친 시동 소리를 내며 7번 국도를 따라 북쪽 길을 향해 달려갔다. 쇠창살이 쳐진 버스 창문 너머로 동해안 바닷가 길이 보였고 제법 굵은 봄비가 차창을 연신 때렸다. 바다에는 거친 파도가 철썩였다. 봄비가 내리는 바다가 그렇게 내 눈을 뿌옇게 가렸다. 나의 눈에도 비가 내렸다. 한 방울 두 방울 눈물이 흘렀다. 구속 후 처음 바라본 바깥세상이었다. 공안 사건으로 구속된 후 처음 만난 세상은 아름다웠다. 다만 세상의 자유와

달리 내 두 손은 수갑으로 묶여 있었고, 몸통은 포승줄로 옴짝달싹 못
하게 칭칭 감겨 있었다. 그때 내 머리에 스친 이름이 하나 있었다. 어느
이름 없는 대학의 한 청년. 고작 스물네 해를 살다가 떠나가 버린 순수
한 청년. 바로 '김용갑'이었다.

스무네 살 청년
김용갑과의 첫 만남

그 청년 김용갑을 처음 만난 때는 1989년 3월, 내가 대학에 입학한 그
해 봄이었다. 강원도 속초에 위치한 모 대학 신문사 기자로 처음 만난
그는 나보다 네 살 많은 형이면서 같은 학번 동기생이었다. 서로에 대한
존재감과 신뢰감을 갖게 된 것은 대학 내 '비합법 학생운동 조직'에 가
담하면서였다. 지금도 사학의 부패·비리가 크게 개선되었다고 할 수 없
지만, 1989년 당시 내가 재학한 대학은 학원 수준보다도 못한 지경이었
다. 김용갑과 나는 대학의 구조적 비리에 맞서 싸우기로 결의했다. 그리
하여 학내 진보적 학생들이 조직한 비합법 운동 조직에 참여하기로 하
고 이른바 '운동권 동지'가 된 것이다.

돌이켜 생각해 보면 당시 우리가 학교와 재단 측에 요구한 사항들은
오히려 민망한 수준이었다. 그것은 당시 학생운동권을 휩쓴 이념적 투
쟁도 아니었고 '노태우 군사정권 타도'와 같은 정치적 요구도 아니었다.
그저 우리가 낸 대학 등록금만큼 학생들을 정당하게 대우해 달라는 것

이었다. 우리가 요구하기 전에 마땅히 학교와 재단이 해야 할 일이었다. 그런데 왜 그런 싸움을 해야 했을까.

당시 내가 다닌 대학에는 제대로 된 교수가 없었다. 정교수는 거의 없었고 대다수가 시간강사였다. 황당한 사례가 적지 않았다. 1989년 새로 신설된 사진과는, 지도 교수가 체육 과목을 담당하는 이였다. 사진과 관련한 전문 지식이 있다고 볼 수 없었다. 간호과 교수 역시 그랬다. 그 지역에서 약국을 운영하던 약사가 강의를 했다. 그야말로 명칭만 교수였다. 그러니 강의는 수년째 똑같은 강의 자료를 줄줄 읽고 칠판에 쓰다가 끝났다. 토론이 불가능한 수준 미달의 강의라며 학생들은 불만이 컸다.

교육받을 권리가 유린된 것은, 교수 자질의 문제만이 아니었다. 기본적인 학습 환경조차 구비되지 않았다. 냉난방 시설도 하나 없는 강의실에서 공부해야 했다. 강의실은 한여름에는 찜통이었고, 한겨울에는 냉동고를 넘나드는 수준이었다. 한겨울에는 수업을 마친 학생들이 장작 난로가 있는 학생 식당으로 몰려들어 매캐한 연기 속에서 북새통을 이루곤 했다. 당시 학생들 사이에서 회자되었던 슬픈 농담이 있었다. 대학생이지만 고등학생 때와 달라진 것은 딱 하나, 학교 복도에서 흡연할 수 있는 자유뿐이라는 말이었다. 지금은 다르지만, 1990년대 초반까지만 해도 금연 구역이 없어 대학교 강의실 복도에는 재떨이까지 놓여 있었다.

한편 내가 가장 불만스러웠고 이해할 수 없었던 것은 강의 시간표였다. 대학에 입학하면 꼭 해 보고 싶었던 것이 있었다. 내가 좋아하는 수업을 마음대로 선택해서 듣는 '나만의 강의 시간표' 만들기였다. 그런데 그 기대는 대학 입학식이 끝난 다음 날 산산이 부서졌다. 담당 지도 교수가 들어오더니 아무 말도 없이 대뜸 칠판에 강의 시간표를 쓰기 시작했다. 우리에게 똑같이 받아 적은 후 제출하라는 것이었다. 알고 보니 강의하는 교수도 부족하지만 다양한 강의를 진행할 만한 강의실도 없어 내가 꿈꿔 온 강의 선택은 애초부터 불가능했던 것이다. 결론적으로 고등학교 때보다 못한 교육 여건이었다. 우리가 내는 대학 등록금이 다른 대학보다 적은 것도 아니었다. 그런데 다른 대학과 달리 우리 대학이 이런 몰상식한 학사 운영을 하는 이유가 무엇일까. 대학 재단 이사장이 교육이 아닌 돈벌이 수단으로 학교를 운영하기 때문이라고 생각했다. 이후 얼마간 대학 생활을 하면서 모두 사실임을 확인했다. 그로부터 많은 시간이 흘러간 지금에 와서는 보다 분명하게 드러났다. 그 문제의 대학을 비롯하여 재단 이사장 일가가 소유한 여러 개의 사학에서 비리와 논란이 불거져 나왔다.

조세 피난처 명단 파문, 부끄럽지 않나

2013년 5월, 독립 인터넷 언론인 '뉴스타파'와 국제탐사보도언론인협회 ICIJ가 공동 작업을 거쳐 이른바 조세 피난처에 유령 회사를 설립하는 방식으로 탈세한 자들의 명단을 공개했다. 그 조세 피난처 명단 중 교육 관련 인사는 유일했는데, 바로 내가 지금까지 말해 온 대학의 재단 이사장 아들이었다. 대학 이사장이 나이가 들어 아들에게 학교를 물려 줬는데, 그가 세금 회피 목적으로 외국에 유령 회사를 설립했다가 적발 된 것이다. 그 유령 회사는 아들과 아버지가 같이 설립한 것으로 2013년 SBS 시사 프로그램 〈뉴스 추적〉 취재를 통해 드러나기도 했다. 전모가 드러나자 아들은 책임을 지겠다며 공개 사과 후 대학 총장직에서 물러 났다. 하지만 그것은 비 오니 잠시 처마 밑으로 피하는 것과 다르지 않 다. 어차피 그 학교의 실소유주는 자신들이니 좀 쉬다가 다시 총장을 한다 한들 누가 뭐라고 할 것인가.

나는 사학 재단의 비리 근절을 요구하며 싸우기로 결심했다. 학생들 의 정당한 권리가 보장되어야 한다고 생각했다. 그것이 내가 비합법 학 생운동 조직에 가담하게 된 이유였다. 하지만 우리의 정당한 요구에 학 교 당국은 지극히 야만적으로 대응했다. 학교는 지역 조직폭력배를 사 주하여 학생운동을 하는 우리에게 무지막지한 폭력을 행사했다. 학교 당국으로부터 사주받은 폭력배 십수 명이 떼 지어 몰려와 쇠파이프와 각목 등으로 우리를 무차별 폭행하고 협박했다. 그 공포감과 두려움은 상상 이상이었다. 참 많이 맞았다. 사람이 그렇게 맞고도 죽지 않다는 것을 나는 그때 처음 알았다. 정말 딱 한 대만 더 맞으면 죽을 것 같은 순간까지 맞았다. 그런 공포감으로 나는 몸을 떨었다.

특히 잊을 수 없는 사건은, 1990년 3월 6일 신입생 환영회장에서 벌어졌다. 그날도 술에 취한 조직폭력배 십수 명이 학생회장이었던 김용갑과 나를 자신들이 미리 잡아 놓은 방으로 끌고 가 감금한 채 폭행했다. 그들은 우리에게 학생들을 선동하지 말라고 으름장을 놓았다. 학내 민주화 운동을 하지 말라는 뜻이었다. "잘못된 학교의 행태를 그냥 볼 수는 없다"는 김용갑의 말이 채 끝나기도 전에 퍼부은 무차별 폭행은 참으로 처참했다. 술에 취한 채 그들이 휘둘러댄 몽둥이질, 주먹질, 발길질은 인정사정없었다. 얼마나 맞았을까. 정신없이 맞고 있던 내 몸이 마치 영화에서 본 그것처럼 벽을 타고 스르륵 무너져 내렸다. 머리와 입, 코에서 흘러내린 붉은 피가 방바닥으로 번졌다. 그때 맞은편 대형 거울에 비친 내 처참한 몰골은 여전히 지워지지 않는 악몽으로 남아 있다. 1년이 지난 후, 그날의 폭력 사태 역시 학원 당국의 사주를 받고 벌인 일이었음을 당시 폭력을 행사한 이의 양심 고백으로 알게 되었다.

목숨 걸고 출마한
총학생회장, 하지만…

그때 학생회장으로 출마한 이가 김용갑이었다. 그는 비합법 운동 조직의 힘만으로는 더 이상 그들과 맞서 싸울 수 없다고 주장했다. '총학생회'라는 합법 조직을 통해 싸워야 한다며 자신이 이듬해 총학생회장 후보로 출마하겠다고 밝혔다. 우리는 반대했다. 이유는 간단했다. 현실적으로 죽음마저 각오해야 할 매우 위험한 결정이라고 생각했기 때문이다. 아주 작은 저항에도 폭력 탄압이 이처럼 극심한데 우리가 총학생회장 후보로 출마한다면 당선 여부를 떠나 정말 그들이 우리를 죽일지도 모른다는 공포를 느꼈다.

"형, 그러다가 정말 죽을지도 몰라. 총학생회장 출마하면 안 돼."

우리는 말렸지만 김용갑은 단호했다.

"우리가 그동안 얼마나 많이 당했는지 생각해 봐. 지금처럼 계속 있으면 우리 후배들 역시 또 당하게 돼 있어. 난 이제 고리를 끊을 거야. 그러니 내 결심을 도와줘. 설령 그 길에서 내가 죽는다 해도 후회하지 않을게. 그러니 믿어 줘. 부탁이야."

우리는 그의 굳은 결심을 두고 여러 차례 회의를 거듭했다. 마침내 그의 결심을 믿기로 했다. "좋다. 한번 해보자. 진짜 죽기야 하겠냐"며 그의 총학생회장 출마에 동의했다. 그때 내 나이 스무 살이었다.

하지만 우리는 순진했다. 그들의 폭력 탄압은 참으로 잔인했다. 애초부터 정상적인 선거운동은 불가능했다. 선거운동은 고사하고 그들을 피해 도망 다니는 시간이 더 많았다. 그러다가 운이 나쁜 친구는 다음 날 절뚝거리며 나타났고, 또 어떤 날은 다른 친구가 입술이 터진 채 나타났다. 늦은 밤 자취방까지 찾아온 그들에게 밤새 끌려다니며 얻어맞다가 선거운동을 하지 않겠다는 약속을 하고 풀려나왔다는 것이었다.

기적이었다. 사퇴하지 않고 끝까지 완주하는 것만으로도 대단하다며 개표 결과에 크게 기대하지 않았는데 우리가 승리했다는 소식이 들려왔다. 그것도 상대 후보 두 명을 압도한 완승이었다. 감격 속에 환호했다. 너무 기뻐 눈물이 흘렀다. 학원 민주화를 갈망하는 우리의 주장에 공감해 준 용기 있는 학우들의 지지에 그저 감격할 뿐이었다. 그런데 왜 그랬을까. 나는 뭔가 불안한 느낌을 떨칠 수 없었다. 불행하게도 그 느낌은 적중했다.

학교는 학내 운동권 세력인 김용갑 후보가 총학생회장으로 당선되자 비상한 대응에 착수했다. 그 첫 작업이 새로운 학생처 직원 두 명을 영입하는 것이었다. 그 사실을 뒤늦게 알고 우리는 그야말로 경악을 금할 수 없었다. 학교가 영입한 그 두 직원은 그 지역에서 유명한 조직폭력배 일원이었기 때문이다. 학교 행정 업무에 필요한 사람을 채용한 것이라고 볼 수 없었다. 우리의 예상대로 그들은 채용된 직후부터 학생회장으로 당선된 김용갑의 사퇴를 요구하며 집요하고도 잔인한 폭력을 서슴없이 자행했다. 그것이 얼마나 극심했는지 알 수 있는 근거가 있다. 김용갑이 총학생회장으로 재임한 기간은 개학한 1990년 3월 2일 이후 불과 20여 일이었다. 그 짧은 20여 일간 김용갑이 학내 폭력배로부터 구타 등 가혹 행위를 당한 것은 최소 일곱 차례 이상이었다. 그중 대표적 사례가 앞서 언급한 1990년 3월 8일 신입생 환영회 당시 벌어진 폭력 사태였다.

폭력의 악순환을 끊기 위해 죽을 각오로 총학생회장에 출마한 김용갑이었다. 하지만 김용갑의 생각과 달리 그들의 탄압은 중단되지 않았다. 학생 자치 기구인 총학생회의 장이 된다면 적어도 이전처럼 학교 당국이 폭력으로만 나오지 않으리라 예상했던 우리가 정말 순진했다. 대화나 타협은 고사하고 학생회장 사퇴를 요구하며 더한 폭력을 반복했다. 정말 이러다 큰일이라도 벌어지지 않을까 절망하던 1990년 3월 28일 새벽 2시경이었다. 봄비가 내리던 그 이른 새벽, 한적한 도로변에서 김용갑이 끝내 숨진 채 발견된 것이다. 숨진 김용갑의 양복 안주머니에서는 당시 총학생회 간부가 낸 사표가 나왔다. 온갖 폭력과 협박에도 김용갑이 학생회장직을 사퇴하지 않자 폭력배들은 방식을 바꿔 학생회 간부들을 상대로 사퇴 협박을 시작했다. 총학생회 운영을 실질적으로 마비시키겠다는 의도였다. 결국 대다수 간부들이 이를 견디지 못하고 사퇴했다. 김용갑이 눈물로 도와 달라 붙잡았지만 "정말 미안하다"며 돌아서는 그들을 어쩔 수 없었다. 그날, 사망한 채 발견된 김용갑의 안주머니에서 나온 기획부장의 사표는 끝까지 버텨 준 마지막 총학생회 간부의 것이었다. 나는 김용갑의 최후가 너무나 불쌍했다. 울었다. 정말 많이 울었다. 내 나이 스물한 살, 이른 봄의 일이었다.

학우와의 약속을
소중히 여긴 사람, 김용갑

"상만아. 지금 내가 여기서 꺾이면 나를 당선시키기 위해 그토록 얻어맞아 가며 선거운동을 해준 너희들을 어떻게 볼 수 있겠니! 나를 믿고 지지해 준 학우들, 그들에게 한 약속을 저버릴 수 없어. 그리고 이건 아니야. 난 포기 안 할 거야!"

김용갑이 숨졌다는 소식을 듣고 나는 울었다. 다시 그렇게 울어 볼수 있을까 싶을 정도로 대성통곡했다. 눈물 콧물로 범벅이 된 채 나는 발버둥치며 울고 또 울었다. 그렇게라도 울지 않으면 김용갑, 그의 너무 불쌍한 죽음을 애도할 길이 없었다. 생전 그가 내게 했던 말이 떠올랐다. 너무나 무자비한 그들의 폭력 앞에 "형, 우리 차라리 학생회장 포기하자"했을 때, 김용갑이 "학우들과의 약속을 저 버릴 수 없다"했던 그 말이었다. 끝내 타협하지 않고 원칙을 지킨 김용갑이 결국 죽은 것이다. 경찰은 김용갑의 죽음을 '단순 교통사고에 의한 사망'으로 결론 내리고 수사를 종결했다. 우리는 절대로 인정할 수 없었다. 의문점이 한두 가지가 아니었기 때문이었다.

김용갑이 사망한 날은 총학생회가 공식 출범식을 하기로 예정한 날이었다. 폭력배들의 지독한 사퇴 압박이 집중되었던 것도 그 때문이었다. 통상 총학생회 출범식을 계기로 본격적인 학내 투쟁이 시작되기에 그들은 김용갑을 집요하게 탄압하여 출범식을 무산시키려 한 것이다. 이상한 일은 또 있었다. 매우 강력한 의혹 중 하나였다. 학생처 직원 김 아무개 씨가 한 말이 그것이다. 그는 학교 당국이 채용한 폭력배 출신 직원이었는데, 김용갑이 사망하기 일주일 전, 김용갑에게 시내 모처에서 만나자는 제안을 했다. 그 자리에서 그는 김용갑에게 재차 학내 시위를 선동하지 말라고 하면서 다음과 같은 충격적인 말을 했다고 한다.

"잘 들어라. 나는 나를 배신한 자를 용서하지 않는다. [민주 투쟁을 할 시] 차로 갈아 버리겠다. 그러나 내가 하지 않고 다른 사람을 시켜서 할

것이다. 사람을 차로 갈아 버려도 그래 봐야 과실치사 6개월이면 풀려
나온다."

믿기 어려운 협박이다. 하지만 이 끔찍한 협박은 사실이었다. 그 자
리에 함께했던 다른 이가 증언했다. 그뿐 아니라 당사자 역시 실제 그런
발언을 했다고 인정했다. 2013년 9월경, SBS 시사 프로그램 〈뉴스 추
적〉이 교육 인사 중 유일하게 조세 피난처 명단에 이름을 올린 전 총장
등 일가의 비리 의혹을 취재하면서 1990년에 발생한 김용갑의 의문사
에 대해서도 함께 추적했다. 취재 기자가 당시 협박 당사자인 학생처 직
원 김 모 씨에게 "김용갑 씨에게 이 같은 발언을 한 사실이 있느냐"고
묻자, 그는 잠시 당황해하더니 그 사실을 인정했다. 그러면서 다만 "다
른 특별한 의도가 있었던 것은 아니고 서로 잘 아는 사이이니 조심하
라는 의미였다"고 변명을 덧붙였다.

하지만 나는 그의 변명을 믿을 수 없다. 그가 협박한 내용대로 김용
갑이 사망했기 때문이다. 경찰 수사 결과에 따르면 김용갑은 승용차에
치어 사망했고, 가해자는 과실치사로 항소심에서 집행유예로 풀려나왔
다. 김용갑만 죽고 벌을 받은 이는 사실상 아무도 없었다. 그런 상황에서
나는 '단순 교통사고에 의한 사망'이라는 경찰의 발표를 신뢰할 수 없었
다. 김용갑. 학우에게 약속한 다짐을 끝까지 지키기 위해 몸부림쳤던 아
름다운 청년, 그의 죽음을 나는 살아가는 동안 잊을 수 없을 것이다.

그가 가졌던 염원, 그가 가졌던 꿈이 잘못된 것일까. 부패와 비리가
없는 학교를 염원했다는 이유로 그토록 참담한 죽임을 당해야 했을까.

결국 그는 한 줌 재가 되어 속초 영금정 바다 위에 뿌려졌다. 그날 올려다본 하늘은 너무나 푸르렀다. 눈물이 볼을 타고 내려와 가슴으로 떨어졌다. 1990년 4월, 눈부시게 푸르른 어느 날이었다.

살아남은 자의 슬픔, 표현할 수 없는 고통

김용갑이 죽은 후 나의 삶은 달라질 수밖에 없었다. 그것은 '살아남은 자의 슬픔'이었다. 김용갑을 잃고도 이전처럼 살아갈 자신이 나에게는 없었다. '그는 죽고 나는 남았다'는 것은 또 다른 고통이었다. 그후 나는 그들의 폭력을 피하지 않았다. 때리는 그들 앞으로 더 나아갔다. 상처 입은 짐승이 더 큰 상처를 입어서라도 죄책감을 극복하고 싶은 심정이었다. 나는 잠을 자지도, 밥을 먹지도 않았다. 그래도 배고프지 않았고 졸리다는 생각도 못했다. 그저 미안했고 부끄러웠다. 나는 김용갑의 억울한 사인을 밝혀 달라는 대자보와 유인물을 쉴 새 없이 쓰고 또 썼다. 내 능력으로 그 억울함을 항변할 방법은 그것밖에 없었기 때문이다. 그렇게 쓴 대자보를 학생들이 많이 다니는 벽에 붙였고, 구호를 외쳤으며, 그러다가 하늘을 보고 울부짖었다. 돌이켜 보면 당시 내 20대 청춘은 분노 그 자체였다.

결국 그해 여름, 나는 내가 그토록 바꾸고 싶었던 그 대학에서 제적 처분을 받았다. 생각해 보면 그 시기를 어찌 버텨 냈는지 모르겠다. 제적생이 되고도 나는 투쟁을 멈추지 않았다. 김용갑의 사인을 밝히고 그가 못다 이룬 학내 민주화를 완성하는 것만이 살아남아 있는 내가 해야 할 당연한 몫이라고 여겼다. 그 과정에서 가장 힘들었던 것은 가족과의 갈등이었다. 특히 아들이 대학에서 제적당한 사실을 알게 된 보수적인 아버지와의 관계는 파국으로 치달았다. 자연스럽게 가족과의 관계도 끊어질 수밖에 없었다. 아버지 입장에서 나는 '빨갱이 물이 든 이해할 수 없는 자식'이었을 뿐이다. 그해 겨울, 나는 기거할 방도 없었다. 결국 온기 한 점 없는 학교 동아리방에서 스티로폼 한 장을 깔고 한겨울을 나야 했다. 절망과 분노와 좌절감이 깊어지는 1991년 1월이었다.

아!
정연석

그 사건은 김용갑의 1주기 추모제를 정확히 일주일 앞둔 1991년 3월 19일 발생했다. 당시 동아리연합회 회장인 정연석과 추모제 준비를 논의하던 중이었다. 함께 학생운동을 한 그를 처음 만난 것은 1989년 3월, 신입생 환영회가 열린 날이었다. 그는 매우 정열적인 기운을 가진 동료였다. 나이는 나보다 한 살 많았지만 늘 겸손했고 다감했다. 특히 불의를 보면 참지 못하는 정의감이 투철하여 화가 나면 눈빛이 불같이 번뜩였다. 그런 정연석이 아쉽게도 1학년 1학기를 마친 1989년 8월 휴학을 했고, 1990년 8월 학교로 돌아왔다. 그때는 이미 김용갑이 의문사로 우리 곁을 떠나고 나는 학교에서 제적된 상태였다. 나는 정연석의 복학 소식을 듣고 바로 그를 찾아갔다. 그 자리에서 그동안 있었던 일들을 말하며 우리 학교 민주화 운동에 중심 역할로 참여해 줄 수 있는지 물었다. 불의에 눈 감지 못하는 특유의 정의로움을 간직한 그의 답변은 기대했던 대로 시원했다.

자신이 할 수 있는 모든 역할을 다하고 싶다고 했다. 그렇게 의기투합한 우리가 바로 시작한 일이 학내 동아리연합회(이하 '동연') 회장 선거였다. 우리 역량으로 다시 총학생회장에 도전하는 것보다는 그 아래 단계인 동연 회장에 출마하여 합법적 공간을 통해 차근차근 다시 준비하자는 취지였다. 다행히 동연 회장 후보로 출마한 정연석은 압도적 지지를 받고 무난히 당선되었다. 하지만 역시 가만히 있을 학교 당국이 아니었다. 또 다시 그때와 다르지 않은 물리적 폭력을 가해 왔다. 하지만 김용갑과 달리 정연석은 만만치 않았다.

강한 성격만큼이나 한 주먹 하는 정연석이었다. 또한 불의한 폭력과 억압에 굴복하지 않는 깡다구까지 있었다. 결국 폭력적인 방법으로는 정연석의 기개를 꺾을 수 없다고 판단한 학교 측은 방법을 달리 선택했다. 문제 학생을 가장 손쉽게 제거할 수 있는 방법, 바로 학점을 주지 않는 것이었다. 결국 1990년 겨울, 전 과목 F 학점을 받은 정연석은 복학한 지 불과 반년 만에 제적당했고, 따라서 동연 회장 자격 역시 박탈될 처지에 놓였다. 학교 당국의 야비한 행정 조치로 제적생이 되었지만, 다행히 차기 동연 회장이 선출될 때까지 동연 회장을 계속 하게 되었다.

동연 대표자 회의의 결정이었다. 사건이 터진 1991년 3월 19일, 정연석은 동연 회장 자격으로 추모제를 준비할 수 있었다.

한편, 제적된 정연석과 내가 학내에서 김용갑의 1주기 추모제를 준비한다는 사실을 안 학교 당국은 그것을 막고자 다시 폭력배들을 동원했다. 폭력배 십수 명이 각목과 쇠파이프, 낫과 벽돌을 들고 동연 사무실에 난입한 때는 낮 세 시경이었다. 그때 사무실에는 정연석과 내가 단둘이 회의를 하고 있었다. 그야말로 거칠 것 없는 폭력이 난무했다. 유리창이 깨지고 마구잡이 구타가 이어졌다. 그들은 김용갑의 학내 추모제를 취소하라고 했고, 차기 동연 회장을 선거도 없이 자신들이 하겠다는 황당한 주장을 했다. 소란에 놀란 학생들이 동연 사무실 주변으로 몰려들었다. 폭력배들이 운동권 학생들을 구타하고 있는 상황임을 파악한 학우들이 폭력배에 맞서 싸워 주었다. 상황이 불리해지자 폭력배들은 "나중에 다시 보자"는 협박을 남긴 채 자리를 떠났다. 피투성이가 된 정연석과 나는 서로 끌어안고 울었다. 아파서가 아니라 서러워서 울었다.

그것이 끝이 아니었다. 이튿날, 전날의 폭력 사태와 학교 당국의 행태에 항의하고자 '학내 폭력 척결과 부패·비리 재단 퇴진을 위한 결의대회'를 개최했다. 학생들의 반응은 놀라웠다. 전날의 폭력 사태가 학교 내에 알려지면서 정의로운 학생들의 양심을 크게 자극했던 것이다. 거대한 분노가 응집되어 항의 집회에는 예상하지 못한 많은 학생들이 참여했다. 전교생이 3,000명인 학교에서 무려 500명이 넘는 학생이 수업을 거부하고 집회에 참석한 것이다. 학생들의 정의로운 분노에 감격했다. 그때, 전날 폭력을 행사했던 이들이 다시 각목과 쇠파이프를 들고 집회장으로 난입했다.

집회장은 순식간에 엉망이 되고 말았다. 비명을 지르며 피하는 여학생들과, 그들의 폭력에 맞서다 각목과 쇠파이프에 맞고 쓰러지는 남학생들. 어떻게 밝은 대낮에, 그것도 학교에서 이런 일이 벌어질 수 있는지 혼란스럽던 순간이었다. 제적생 신분이라 집회 대열에서 멀찍이 떨어져 있던 정연석이 누가 말릴 새도 없이 그 폭력의 아수라장으로 뛰어들었다. 하지만 혼자 힘으로 무기를 든 그들을 제압하기는 불가능했다. 달려든 폭력배들에게 정연석은 무차별 폭행을 당했다. 나는 정신없이 그 틈으로 끼어들었고, 다행히 다른 학생들에게 도움을 받아 정연석을 폭력의 아수라장에서 빼냈다.

정연석은 땅바닥에 주저앉은 채 짐승 같은 괴성을 지르며 울부짖었다. 그는 비명을 질렀다. 그의 비명에 나도 울었다. 나는 후배들에게 정연석을 데리고 일단 자리를 피하라고 말했다. 정연석이 후배들의 부축을 받으며 사라진 후 이 상황을 어찌 수습해야 할지 생각하고 있는데, 멀리서 낯익은 목소리의 절규가 들려왔다.

"학원 폭력 근절하고, 사학 비리 처벌하라!"

"김용갑의 사인을 규명하라!"

"문교부는 학원 감사를 실시하라!"

정연석이었다. 푸르게 찍힌 멍 자국 위에 절망과 분노의 기름을 부은 정연석은 자기 몸에 불을 붙여 한 덩이 불꽃이 되어 버렸다. 그런 상태로 그는 항의 집회가 열리는 학내 민주광장을 향해 달리다 쓰러졌다. 여학생들은 비명을 질렀고, 사람들은 경악했다. 검게 그을려 퍼지는 연기 속에서 들려온 정연석의 절규. 군중의 동요. 그 아픈 기억을 어떻게 잊을 수 있을까. 내 나이 스물두 살, 슬픈 봄날의 끔찍한 기억이다.

구속 6명, 수배 20여 명.
피해자가 처벌받는 억울한 세상

정연석의 분신 항거는 적지 않은 사회적 파장을 불러일으켰다. 야당인 민주당 인권위원회를 비롯하여 여러 재야 단체가 관심을 보내 주었다. 특히 당시 전대협 의장이 학교를 찾아와 우리의 억울한 사정에 귀를 기울였다. 그들은 전년도 학생회장이 의문사를 당하고 잇달아 동연 회장이 분신하는 상황을 보며 그 심각성을 공유했고, 이번 기회에 사학 재단의 만연한 부패에 공동 대처하자고 역설했다. 그때, 그러니까 1991년 4월 26일, 명지대 강경대 열사가 시위 도중 사망하는 불행한 사건이 벌어지지 않았다면, 사학 비리 근절을 위한 전국적인 투쟁이 뜨겁게 일었을 것이라고 나는 생각했다. 하지만 강경대 열사 치사 사건 이후 벌어진 정국으로 인해 우리의 연대 투쟁은 무산될 수밖에 없었다.

그런 흐름 속에서, 준비되지 못한 우리의 역량으로는 학내 민주화 투쟁에서 실패할 수밖에 없었다. 7일에 걸친 학내 점거 농성이 실패했다.

학교 당국은 농성 중인 우리를 고립시키기 위해 휴교령을 발표했다. 그리하여 기숙사 학생까지 모두 집으로 돌려보낸 후 1991년 3월 28일 새벽 2시경, 학교 당국은 또 다시 농성장으로 조직폭력배들을 투입했다. 쇠파이프와 일본도 등으로 무장한 그들은 농성장에서 학생들을 강제로 쫓아냈다. 조직폭력배들은 "이대로는 절대 나갈 수 없다"며 저항하던 여학생의 머리채를 잡아 사정없이 끌어냈다. 남학생들은 사정이 더욱 참담했다. 그 형국을 말로 다 표현할 길이 없다. 한편, 이후 경찰은 나를 비롯한 학생 6명을 구속하고, 그 외 20여 명에게 수배령을 내렸다. '집회 및 시위에 관한 법률 위반' 및 기물 손괴, 폭력 행위 등이 죄명이었다. 폭행을 당한 것도 우리고 피해를 입은 것도 우리인데, 죄는 오직 우리가 지은 것이라고 경찰은 밝혔다. 나는 여전히 경찰과 검찰 그리고 당시 재판부의 유죄 판결을 납득할 수 없다.

그 후,
김용갑의 이름으로

그날이었다. 수갑과 포승줄로 꽁꽁 묶인 채 대용 감방으로 향하는 경찰버스에서 나는 결심했다. 내가 살아가는 동안 나와 같은 사연으로 억울함을 호소하는 이들을 위해 인권운동가의 길을 걸어가고 싶다는 생각이었다. 그리하여 김용갑과 정연석처럼 정의롭고 뜨거운 희생과 결단을 내린 이들이 고작 젊은 날 한때의 치기와 낭만으로 그런 선택을 한 것이 아님을 보여 주겠다는 다짐이었다.

이후 감옥에서 석방된 나는 1992년 '전국민족민주유가족협의회' 상근 활동가를 시작으로 '민주주의민족통일전국연합 인권위원회'와 '천주교인권위원회', '인권연대', '반부패국민연대' 등에서 일했다. 이어 2002년부터는 '대통령 소속 의문사진상규명위원회'와 '대통령 소속 친일반민족행위자재산조사위원회' 등에서 조사 업무를 담당하는 국가 공무원으로 일했다. 2010년부터는 곽노현 서울시 교육감이 있던 '서울특별시교육청'에서 교육 비리를 조사하는 감사 공무원으로 일하기도 했다. 억울한 일을 겪고도 그 한을 풀지 못하는 누군가의 호소에 조금이라도 힘이 되고 싶었다. 한없이 부족하지만 내가 그때 결심했던 나름의 약속을 지키려 온 힘을 기울였다. 살면서 흔들릴 때, 나는 왼손 검지손가락 마디에 남은 칼자국을 되새기곤 한다. 1990년 3월, 김용갑을 잊지 않겠다며 그의 분향소 영정 앞에서 스스로 칼로 찌른 상처다. 그 선연한 피로 나는 대자보에 그의 이름 석 자를 썼다.

"김용갑."

벌써 그날로부터 스물 몇 해의 시간이 지나가고 있다. 하지만 여전히 그날의 고통과 다짐은 내 가슴에 남아 있다. 앞으로도 나는 '정의와 인권이 강물처럼 흐르는 세상'을 만들기 위해 노력할 것이다. 그것이 내가 대신 살아가야 할, 영원한 스물네 살 청춘으로 남아 있는 그 이름 '김용갑'에 대한 도리라고 생각하기 때문이다.

16

이 말 한마디 하려고
공무원 사표 냈습니다

2012년 11월 26일, 당시 나는 공무원이었다. 서울특별시 교육청 감사 공무원으로 일하던 그때, 나는 사표와 함께 감사 조사관증과 공무원 증을 기관에 반납했다. 말은 쉽게 하지만 그런 결정을 내리기까지 이전 몇 달간 나를 괴롭힌 고민과 갈등은 지옥보다도 깊었다.

이명박 전 대통령의 아들이 서울 도곡동에 거액의 집을 샀다는 사실 이 알려진 후 자금 출처에 대한 의혹이 제기된 때였다. "그 구입 자금이 어디서 나왔느냐"는 검찰 조사에 이명박 전 대통령의 아들이 내놓은 답변은 세간에 큰 화제가 되기도 했다. 그는 자신의 큰아버지를 찾아 가 돈이 필요하다고 말하니 집 벽장문을 열어 보관하고 있던 현금 6억 원을 빌려 줬다고 답변했다. 그 말이 사실인지 아닌지 모르겠으나 나는 그런 큰돈을 냉큼 건네줄 큰아버지를 둔 사람도 아니었다. 온전히 내가 벌어 한 가정을 책임져야 하는 가장으로서 막상 공무원직을 그만두는 사표를 쓰려니 손이 떨려오는 것을 어쩔 수 없다.

피할 수만 있다면 사표를 쓰고 싶지 않았다. 특히 대학에 재학 중인 큰아이의 등록금은 어찌 해야 할지도 막막했고, 당시 중학교에 입학한 사춘기 딸아이의 걱정스러운 눈빛 역시 나를 주저하게 했다. 하지만 그런 모든 고민과 망설임에도 끝내 공무원직을 던져야 한다는 결심을 굳히게 한 것은 어느 날 불쑥 다가온 나름의 '깨달음'이었다.

더 이상 내가
침묵할 수 없는 이유

고민은 2012년 8월 1일 시작되었다. 2003년 '대통령 소속 의문사진상규명위원회'에서 조사관으로 일할 때 내가 담당했던 사건이 재야인사 장준하 선생의 의문사 규명이었다. 그런데 그분의 묘 이장 과정에서 동그랗게 구멍 뚫린 유골이 세상에 드러난 것이다. 무려 38년 만에 드러난 진실이었다. 그때 장준하 선생의 유골을 확인하며 깨달았다. 장준하 선생이 왜 자신의 상처를 그 시점에 세상에 드러냈을까. 나는 그것을 자신의 의문사 논란에 스스로 종지부를 찍는 '처절한 고발'이라고 생각했다. 추락 실족사 했다며 그동안 자신의 죽음을 왜곡해 온 유신 독재자 박정희 추종 세력들에게 '나는 타살당했다'는 진실을 알리며 유신 독재 부활을 저지하려는 장준하 선생의 또 다른 반유신 투쟁이라고 확신했다.

실제로 대선이 끝난 후인 2013년 3월 26일 백범김구기념관에서 '장준하 선생 사인진상조사 공동위원회' 주최로 열린 법의학 감정 결과 발표회에서 타살 의혹은 사실로 밝혀졌다. 서울대 의대 명예교수인 이정빈 법의학자의 주도로 발표된 법의학 감정 결과는 "장준하 선생의 두개골 함몰은 외부 가격에 의한 것이고, 가격으로 즉사한 뒤 추락해 엉덩이뼈가 손상된 것으로 보인다"는 것이었다. 그런데 이처럼 명백하고도 분명한 장준하 선생의 타살 의혹에도 불구하고 제18대 대통령 선거를 앞둔 당시 새누리당과 박근혜 후보의 입장은 요지부동이었다. 국가 차원의 재조사로 장준하 선생의 사인을 조속히 밝혀야 한다는 사회 각계의 호소를 그들은 끝내 외면했다. 그때부터 나의 고민은 본격적으로 시작되었다. 그랬다. 박근혜 후보는 진실하지 않았다. 눈에 보이는 진실마저 자신의 선거 승리를 위해 계속 외면하고 부인했다. 더구나 지난 2007년, 박근혜 후보는 스스로 장준하 선생의 부인 김희숙 여사를 찾아가 과거 유신 독재자였던 자기 아버지의 잘못을 사과한다고 말하기도 했다. 그런 박근혜 후보가 가장 결정적인 순간에 돌변하여 장준하 선생의 억울한 죽음 자체를 부정한 것이다. 더 나아가 장준하 선생이 실족사 했다며 목격자를 자처해 온 이의 말까지 빌려 가며 거듭 사인 재조사를 거부했다. 더 이상 내가 침묵할 수 없는 이유였다.

하지만 안타깝게도 당시 나는 내가 생각하는 것을 마음대로 다 말할 수 없는 상황이었다. 나에게 채워져 있는 '눈에 보이지 않는' 법적·정치적 족쇄 때문이었다. 공직선거법 제58조 제1항을 보면 "누구를 당선되게 하거나 되지 못하게 하기 위한 행위"를 '선거운동'이라고 하는데, 이런 선거운동은 "대한민국 국민 누구든지 자유롭게 할 수 있다"고 명시되어 있다. 그러나 예외적인 경우가 있었다. 그중 하나가 바로 "공무원인 자"였다. 공직선거법 제60조 제1항 제4호에 의하면 공무원은 "정치적 중립"을 지키게 되어 있다. 당시 내 신분이 공무원이다 보니 장준하 선생의 사인 진상 규명을 거부하는 박근혜 후보를 비판하는 데 상당한 부담을 느낄 수밖에 없었다. 그래서 고민했다. 결국 선택한 것이 '두루뭉술한 어법'이었다.

사실 공무원 사표를 내기 전에도 여러 언론 매체와 적지 않은 인터뷰를 했다. 〈한겨레〉와는 1면에 배치되는 인터뷰를 하기도 했고, 〈나는 꼼수다〉라는 팟캐스트 방송에 출연하기도 했다. 장준하 선생의 실족 추락사를 목격했다고 주장하는 이의 '사실과 다른' 주장을 바로잡고자 한 인터뷰였다. 그런데 그 모든 과정에서, 솔직히 고백하자면, 비겁했다. '공무원 신분'의 한계 때문이었다.

이를테면 국가 차원의 장준하 선생 사인 규명 재조사를 거부하는 새누리당 박근혜 후보에 대해 내가 할 수 있는 비판은 고작 "박근혜 후보가 왜 장준하 선생 의문사 의혹에 대해 재조사를 거부하는지 안타깝습니다"라는 식이었다. "장준하 선생 사인 규명 재조사를 거부한다면 이는 유신 독재자였던 아버지 시대의 문제가 아니라 박근혜 후보 자신의 문제가 되는 것"이라는 말도 더러 했다. 핵심을 비켜 가는 나의 부족한 발언에도 적지 않은 분들이 격려해 주셨다. 정말 고마웠다. 하지만 그렇다고 내 마음 깊은 곳에서 울려오는 양심마저 모른 척할 수는 없었다. 더 이상 그런 식으로 양심을 속이는 것은 옳은 일도, 당당한 일도 아니라고 생각했다. 그렇다면 이제 방법은 하나였다. 내가 가진 작은 '기득권' 하나를 내려놓고 '지금 해야 할 말을 해야 한다'는 결심이었다. 그렇게 해서 얻은 '자유'를 통해, 새누리당 박근혜 후보가 대통령이 되려면 혹은 되고 싶다면 반드시 '반성해야 할 것'에 대해 분명하게 말하고 싶었다. 지난 2012년 10월 말, 내가 사표를 결심했던 날의 깨달음이다.

결국 나는 공무원직을 스스로 내려놓음으로써 '정치적 중립'을 강요받지 않아도 되는 사람이 되었다. 나에게는 소중하고도 유일한 생계 수단이었지만 작은 기득권 하나를 내려놓고 '정치적 자유'를 얻었다. 나는 그토록 말하고 싶었던 한마디를, 1967년 4월 당시 대통령 후보였던 박정희에게 장준하 선생이 일갈했던 연설을 빌려 다음과 같이 외쳤다.

"공무원 신분을 내려놓고
외치고 싶었던 그 말, 이제 하겠습니다."◆

국민 여러분. 대한민국에서는 '일정한 자격과 조건을 갖춘 사람이라면' 누

◆ 2012년 11월 27일, 〈오마이뉴스〉에 기고한 글을 수정한 것이다.

구나 대통령을 할 수 있습니다. 그러나 단 한 사람, 박근혜만은 안됩니다. 박근혜가 유신 독재자 박정희의 딸이기 때문만은 아닙니다. 대통령이 되기 위해서는 반드시 갖춰야 할 '자격'이 있습니다. 바로 올바른 역사 인식을 지녀야 한다는 점입니다. 그런데 새누리당의 박근혜 후보는 매우 잘못된 역사 인식을 지니고 있습니다. 이를 반성하지 않으면 안 됩니다.

박근혜 후보의 '역사 인식'은 쉽게 말하면, 민주주의의 시계가 50년 이상 후퇴한 것이나 다름없습니다. 이는 박근혜 후보의 최측근이자 당시 새누리당 중앙 선대위 총괄 본부장이었던 김무성 국회의원이 2010년 8월 〈세계일보〉와 했던 인터뷰에서도 그대로 확인할 수 있습니다. 그는 당시 저와 똑같은 이유를 들어 '박근혜 대통령 불가론'을 외쳤습니다.

인터뷰에서 그는 "박근혜 전 대표는 민주주의에 대한 개념, 사고의 유연성이 부족하다. 민주주의 비용을 지불할 생각이 없는 지도자가 대통령이 돼선 안 된다. 이걸(민주주의에 대한 개념이 약한 부분) 고쳐야 한다고 나는 충정으로 말했는데, 박 전 대표를 군주처럼 모시려는 못난 사람들은 '주군한테 건방지게…'라는 식으로 반응했다. 민주주의 개념이 없는 사람들"이라며, 박근혜 후보와 측근들에 대해 강도 높은 비난을 한 바 있습니다. "거기서 안 알아주니까, 이 결정적 문제를 고쳐서 박 전 대표를 훌륭한 대통령으로 만들어야겠다는 의욕이 이제 거의 소진해 버렸다"며 자신이 박근혜 후보를 떠나게 된 이유를 상세히 밝히기도 했습니다.

소위 '친박근혜계'의 좌장으로 불리던 김무성 국회의원이었습니다. 그가 누구보다 가까이에서 지켜본 정치인 박근혜에 대한 비판이었습니다. 그런데 그처럼 강도 높게 비난하며 '박근혜 대통령 불가론'을 외치던 그가 2년 만에 무엇이 어떻게 바뀌었다는 설명 한마디 없이 이제는 '박근혜 후보 대통령 만들기'를 위해 물불을 가리지 않고 있습니다. 이런 사람이 국민을 위한 정직한 정치인이라고 말할 수 있을까요.

그렇습니다. 박근혜 후보는 1961년 5월 16일, 자신의 아버지인 박정희가 군사 쿠데타를 일으킨 그날로부터 단 한 걸음도 앞으로 나아가지 못한 역사 인식을 지니고 있습니다. 대표적인 사례가 인혁당 재건위 사건 관련 사형수 8인, 유신 독재 정당성, 5·16 군사 쿠데타를 대하는 그의 태도입니다. 그는 이 문제에 대해 이미 사과했다고 주장할지 모릅니다. 그러나 사과를 한다면 그 진정성을 뒷받침할 조치가 따라야 합니다. 문제는 그런 조치가 '사실상' 아무것도 없다는 것입니다.

그 증거가 바로 '정수장학회' 문제와 '장준하 선생 의문사' 사건을 대하는 태도입니다. 정수장학회는 불의한 쿠데타로 권력을 찬탈한 그의 아버지 박정희가 김지태라는 기업가의 재산을 강제로 빼앗은 '권력 범죄 행위'로 설립되었습니다. 5·16 군사 쿠데타가 없었다면 정수장학회는 결코 잉태될 수 없었을 것입니다. 실제로 정수장학회의 원 소유자였던 고 김지태 씨의 유족이 5·16 쿠데타 직후 강제로 기부된 자신들의 재산을 돌려 달라며 낸 민사소송에서 이는 명확하게 드러납니다.

지금까지 있었던 모든 판결에서 법원은 "군사정부가 중앙정보부를 통해 김지태 씨와 그의 부인, 회사 임원들을 구속 수사한 후 중형을 구형하는 등의 방법으로 강제 헌납을 강요했고, 이에 공포를 느낀 김지태 씨가 주식을 헌납한 것이 인정된다"며 김지태 씨가 부당하게 재산을 빼앗긴 것을 거듭 인정했습니다. 남의 재산을 강탈한 아버지의 잘못에 대해 박근혜 후보는 공인으로서 사실을 인정하고 대신 사과하는 것이 마땅한 일인데, 오히려 피해자 유족을 상대로 그들의 남편이며 아버지인 고 김지태 씨의 명예를 다시 훼손했습니다.

2012년 10월 21일, 박근혜 후보는 서울 여의도 새누리당 당사에서 정수장학회 강탈 논란에 대한 입장을 표명하는 기자회견을 열어 다음과 같이 말했습니다.

"김지태 씨는 부정부패로 많은 지탄을 받았던 분이다. 4·19 때부터 이미 부정 축재자 명단에 올랐고, 분노한 시민들이 집 앞에서 시위를 할 정도였다. 그 후 5·16 때 부패 혐의로 징역 7년을 구형받기도 했다. 처벌받지 않기 위해 먼저 재산 헌납 뜻을 밝혔고, 〈부산일보〉와 MBC 주식 등을 헌납했던 것이다."

허위 사실을 유포해 김지태 씨를 부정부패자로 매도한 데 분노한 김지태 씨의 유족은 박근혜 후보에게 사실이 아니라며 즉각적인 사과를 요구했습니다. 하지만 박근혜 후보는 사과하지 않았고, 결국 유족은 2012년 11월 12일 그를 '사자 명예훼손 혐의'로 고소합니다. 하지만 2013년 2월 3일, 검찰은 당시 대통령으로 당선된 박근혜 당선인에 대해 무혐의 처분을 내렸습니다. 대통령으로 당선된 그를 일개 '검찰'이 감히 어찌할까요. 검찰은, 전 재산을 빼앗기고 아버지마저 빼앗긴 피해자들을 향해 다시 한 번 명예마저 뭉개 버린 사안에 대해 당사자 직접 조사 한 번 없이 무혐의 처분해 버린 것입니다.

하지만 묻습니다. 박근혜 후보의 말이 전부 사실이라고 해도, 고 김지태 씨가 부정부패로 취득한 재산이라고 해서 그 재산을 군사 쿠데타를 일으킨 박정희 전 대통령이 갖는 것이 정당합니까. 왜 민주주의 국가에서 남의 재산을 가져가 박'정'희에서 한 글자, 육영'수'에서 한 글자를 딴 '정수장학회'를 만들어 여전히 '사실상' 소유하고 있습니까. 그것이 정말 도덕적으로 옳다고 생각하고 잘못을 잘못이라고 여기지 않는 분이 대한민국의 대통령 후보로 나오는 것이 용납할 수 있는 일입니까. 저는 묻지 않을 수 없습니다.

장준하 선생 사인 재조사를 대하는 태도 역시 마찬가지입니다. 그는 지금까지도 이 분명한 의혹에 대해 계속해서 외면하고 있습니다. 진실을 호도하고 있습니다. 그러면서도 그는 아무런 반성도 없이 이 나라의 대통령에 도전하고 있습니다.

박근혜 후보가 왜 이처럼 행동하는지 잘 알 수 있는 극명한 사례가 새누리당 김재원 의원을 둘러싼 논란입니다. 그는 2012년 9월 새누리당 공동 대변인으로 임명되었으나 기자들에게 욕설을 하는 등 파문을 일으켜 물러났던 사람입니다. 그런데 그가 그날 기자들에게 욕설을 하게 된 배경에 주목할 필요가 있습니다. 바로 박근혜 후보가 '정치를 시작한 이유'를 설명한 대목입니다.

김재원 의원은 그날 기자들 앞에서 "박근혜 후보가 정치를 시작한 이유는 아버지의 명예 회복을 위해서"라고 말했습니다. 그러자 참석 기자들은 그 말을 듣고 각자 자신들의 언론사 데스크 앞으로 보고했습니다. 유신 독재자로 참담한 최후를 맞이한 자기 아버지의 명예 회복을 위해 정치를 시작했다는 박근혜 후보의 발언은 충분한 뉴스 거리라고 생각한 것입니다. 그런데 그 발언이 술자리가 진행되는 사이 언론에 보도되어 세간에서 논란이 되자 그 사실을 뒤늦게 안 김재원 의원이 급기야 기자들을 향해 심한 욕설과 폭언을 퍼부은 것입니다.

결국 그 같은 파문에 대한 책임을 묻겠다며 물러나게 한 김재원 의원을 박근혜 후보는 불과 한 달여 만에 복귀시켰습니다. 그것도 새누리당 대선 기구인 '국민행복추진위원회' 총괄 간사로 화려하게 말입니다. 그것이 무엇을 의미하는 것일까요?

맞습니다. 김재원 의원이 기자들에게 했던 말이 모두 '사실'임을 박근혜 후보 스스로 인정한 것입니다. 박근혜 후보가 대통령으로 당선된다는 것은 그의 아버지이자 유신 독재자인 박정희 전 대통령이 2012년 대통령 선거를 통해 다시 부활하는 것을 의미하는 것입니다. 이러한 때 침묵하는 것은 '죄악'이라고 생각했습니다. 가해자만 죄인이 아니라 말해야 할 때 말하지 않고 '침묵하는 것 역시 공범이고 가해자'인 것입니다.

그래서 저는 박근혜 후보가 대통령으로 당선되어서는 안 된다고 주장했습니다. 대통령에 당선되기 전, 지금까지 나열한 모든 잘못에 대해 진심으로 반성하고 자신의 잘못된 역사 인식을 바로잡아야 한다고 촉구했습니다. 그런데도 아무런 반성 없이 그냥 대통령을 하겠다는 것은, 스스로 '못난 조상'이 되지 않겠다며 유신 독재자인 그의 아버지와 맞서 싸우다 1975년 8월

17일 목숨을 잃은 장준하 선생을 위해서도 안 되며, 앞으로 이 땅에서 살아갈 우리 후손을 위해서도 안 됩니다.

잘못을 해도 역사적 단죄가 없고, 또한 반성하지 않고도 영예를 누리며 살아가는 잘못된 우리 역사는 이제 청산해야 합니다. 친일파를 청산하지 못했고, 또한 두 번에 걸친 군사 쿠데타 세력을 청산하지 못한 이 잘못된 역사를 지금 끝장내지 않는다면, 도대체 누가 이 나라를 위해, 그리고 민주주의와 인권을 위해 싸운단 말입니까.

그래서 저는 선언합니다. 이제 누구도 막을 수 없는 '거대한 민주주의 행진'을 시작합시다. 그 길 위에서 각자가 할 수 있는 실천을 해야 합니다. 투표권이 있는 이들은 투표로, 지식이 있는 자는 지식으로, 말할 수 있는 사람은 말을 하여 지금 우리 시대가 요구하는 정의로운 행동에 참여해야 합니다.

마지막으로 박근혜 후보가 반성해야 할 것이 하나 더 있습니다. 지난 2012년 10월 26일, 박근혜 후보는 아버지인 박정희 전 대통령 추도식에서 "이제 그만 아버지를 놓아 드렸으면 좋겠다"는 말을 했습니다. 하지만 그가 최소한의 상식에 기반한 정치인이라면 그렇게 말할 수 없습니다. 왜 사람들이 자신의 아버지를 말하지 않을 수 없는지 그 이유를 정말 모른단 말입니까.

그는 우리나라의 대통령이 되겠다고 하면서 오직 자신의 아버지만 바라보고 있습니다. 유신 독재자였던 자신의 아버지로 인해 고통받았던 이들과 그 남은 가족들의 울부짖음에는 눈감고 귀 막았으며 지금도 철저히 외면하고 있습니다. 박정희 전 대통령에게는 박근혜 후보가 더없는 효녀일지 모르 겠으나, 이 나라의 건강한 상식을 가진 국민에게는 그렇지만은 않습니다.

진실은 비록 더디 움직이지만 반드시 정의를 찾아온다는 상식을 저는 믿고 싶습니다. 지금은 정의가 이기지 못하지만 그렇다고 불의가 최종적으로 이겼다고 생각하지 않습니다. 잠시 고난은 있지만, 우리가 포기하지 않는다면 우리의 싸움은 패배한 것이 아닙니다. 다만 아직 좀 더 시간이 필요한 일입니다. 그사이에 우리는 우리가 옳다고 생각하는 정의를 위해, 양심을 위해, 역사가 평가해 줄 진실을 위해 부단히 싸워 나갈 것입니다.

또한 저는 기억합니다. 2011년 12월 30일, 이 시대의 '또 다른 장준하'로 기억되는 고 김근태 의장님이 우리 곁을 떠나며 남긴 마지막 유언입니다.

"2012년을 점령하라."

그분이 남긴 '마지막 명령'처럼, 우리나라 민주주의를 위해 저는 박근혜 후보의 대통령 불가론을 분명하게 천명하며 이를 위해 싸울 것을 다짐합니다. 저는 소원합니다. 장준하 선생님을 비롯하여 억울한 죽음을 당한 이 땅의 모든 분들을 신원(伸寃)해 주는 정의로운 대한민국 정부가 수립되기를 기원합니다. 또한 억울한 일을 당하고도 혼자 힘으로 어쩌지 못하는 우리나라의 모든 '사회적 약자'에게 든든한 힘이 되는 '민주 정부' 수립을 기원합니다.

이러한 세상을 만들기 위해 저부터 노력하겠습니다. 궁극적으로 다가올, 정의가 승리하는 세상을 위해 함께 나아갑시다. 정의가 승리하는 '새로운 대한민국'을 만들기 위해 함께 노력할 것을 기대합니다.

17

감옥으로 찾아온 그녀, 장경희

그러지 말아야 했다. 1991년 3월 말 어느 날, 대학의 점거 농성장으로 찾아온 아버지를 만나 설득하겠다며 밖으로 나온 나는 결국 경찰에 체포되고 말았다. 지독한 사학 비리와 학우의 억울한 죽음에 대항해 함께 학생운동을 하던 동료가 분신자살을 기도했다. 그런 상황에서 나는 당시 전국대학생대표자협의회(약칭 '전대협') 투쟁국에서 파견된 이들의 지원을 받아 후배들과 대학 본관을 점거하여 농성을 하고 있었다. 당시 경찰과 재단 측은 주요 지도부였던 나를 체포하기 위해 내 아버지를 속인 것이다.

"경찰이, 오늘 중으로 너를 농성장에서 데리고 나와 집에 데려가면 형사 처분을 하지 않겠다고 아버지와 약속을 했다. 오늘 밤으로 경찰이 농성장으로 진입하겠다고 하니 제발 이 아버지의 말을 듣고 그만 집에 가자. 어서 제발 차에 올라타라. 어서 가자."

지금 집으로 가야 한다는 아버지의 강압을 완강히 거부하는 나에게 갑자기 아버지가 눈물을 보이며 밝힌 말씀이었다. 그때 나는 태어나 처음으로 아버지의 눈물을 보았다. 늘 당당하고 한편 폭압적인 독재자처럼 보였던 아버지가 내 앞에서 눈물을 흘리는 것을 나는 처음 보았다. 그 순간 아버지의 완력에 맞서고자 무릎에 잔뜩 실었던 힘이 빠져나가는 것을 느꼈다. 아버지는 그런 나를 열린 차 문 안으로 확 밀어 넣었고, 이내 대기하고 있던 기사가 서울 집을 향해 차를 출발했다.

아버지 눈앞에서 총을 겨눈 경찰, 나는 체포되었다

당황한 나는 아버지에게 차를 세우라고 말했다. 하지만 아버지는 대꾸조차 하지 않은 채 빨리 집으로 운전하라며 기사 아저씨를 재촉했다. 다급해진 나는 발악하듯 아버지에게 외쳤다. 지금 당장 차에서 내려 주지 않으면 문을 열고 뛰어내리겠다고 절규했다. 그 말에 아버지는 어이가 없는지 내 얼굴을 한참 쳐다보다 이내 한마디 하셨다.

"만약 네가 뛰어내리면 나도 같이 뛰어내리겠다."

더 이상 할 말이 없었다. 내 아버지는 그러고도 남을 분이었기 때문이다. 잠시 후였다. 침묵 속에 '이제 어떻게 해야 하나' 생각하던 중 어처구니없게도 나는 까무룩 잠이 들어 버렸다. 점거 농성이 시작된 후 근 일주일 동안 나는 거의 잠을 자지 못한 상태였다. 계속되는 공권력의 농성장 침탈 위협과 학교 재단 측의 사주를 받은 조직 폭력배의 위협 때문에 나는 한시도 편히 쉴 수 없었다.

그렇게 얼마나 시간이 흘렀을까. 어렴풋이 찬바람이 얼굴을 스치는 느낌에 잠이 깼다. 그러고 나서 마주한 장면은 마치 영화 속 그것처럼 느껴졌다. 검문소 앞이었다. 경찰이었는지 군인이었는지 지금은 정확히 기억 나지 않는데, 그들이 차 유리창 양쪽에서 M16 소총으로 나를 겨냥하고 있었다. 그러면서 수배자인 나를 체포한다며 차 밖으로 나오라는 명령을 내렸다. 20여 년 전 경찰에 체포되었던 날의 기억이다. 그렇게 체포된 다음 날, 나에게 구속영장이 떨어졌다. 그날 나는 수갑과 포승줄에 묶인 채 호송 버스를 타고 강원도 고성경찰서 대용 감방에 갇혔다. 비가 쏟아지던 날이었다. 최북단의 3월은 여전히 추웠다. 구속된 첫 날, 나무 마루에서 올라오는 냉기에 꾸덕꾸덕해진 군용 모포를 머리까지 뒤집어썼나 보다. 잠에서 깨 보니 국방색 모포를 뒤집어쓰고 있었다. 그 순간 바보같이 '여기가 어디지' 하며 혼란스러웠다. 살며시 모포 밖으로 얼굴을 내밀자 보이는 것이 육중한 철문과 쇠창살이었다. 정말 감옥이었다. 그 순간 알지 못할 두려움에 나는 모포를 다시 뒤집어썼다. 그렇게 구속 후 첫 아침을 맞이했다. 누군가가 면회를 왔다는 교도관의 호출이 들려왔다.

첫 면회였다. 두꺼운 철문으로 된 감옥 문이 열린 후 나는 계단을 밟고 지하에서 지상으로 올라갔다. 일제 강점기 시대에 지었다는 당시 대용 감방은 햇빛이 전혀 들어오지 않는 지하 감방이었다. 그래서 냉기와 습기로 가득했다. 두 사람이 나란히 누우면 꽉 찰 만한 나무 마룻바닥과 군용 모포 두 장이 내게 지급된 전부였다. 한쪽 구석에는 마루를 직사각형으로 잘라 구멍을 낸 재래식 화장실이 있었는데, 그 불결함은 그곳에서 생활하는 내내 지독한 정신적 고통을 주었다. 한편, 나는 밖으로 나오면서 첫 면회를 온 사람이 당연히 내 부모님이리라 짐작했다. 부모님이 아니고 누가 구속된 바로 다음 날 면회를 왔겠는가. 그런데 정말 뜻밖이었다. 짐작이 틀렸다. 후배였다. 그것도 전혀 예상하지 못한, 학생 운동권 1년 여자 후배였다.

그 순간 당황했다. 예상하지 못했던 그 후배의 면회에 서로 무슨 말을 나눴는지는 기억이 나지 않는다. 벌써 스물 몇 해 전 일이어서 잊어버렸는지도 모르겠다. 그저 소소한 안부를 물으며 통상적인 대화를 했던 것 같다. 5분여에 걸친 면회가 끝난 후 돌아서는데 후배가 다급하게 말했다. "선배님 드리려고 책을 한 권 가져왔다"는 것이었다. 나는 돌아서서 고맙다고 말한 후 다시 계단을 내려가 내가 있던 그 지하 감방으로 돌아갔다. 그날 오후, 교도관은 후배가 차입했다며 나에게 책 한 권을 가져다줬다. 반갑게 책을 받아 펼치는데, 책갈피 사이에 편지가 끼어 있었다. 기대와 궁금함으로 편지를 읽어 보니 황당한 느낌이 들었다. 그 편지는 말 그대로 '오늘의 날씨'였다. 편지지 가득 쓰여 있는 내용은 대략 이러했다.

"선배님, 안녕하세요. 그곳 생활이 많이 힘드시죠. 죄송하게도 저희는 잘 지내고 있습니다. 선배님, 오늘 날씨는 굉장히 좋아요. 하늘은 구름 몇 개만 있을 정도로 매우 맑고요. 꽃은 얼마나 피었고, 바람은 거의 불지 않아요. 아침엔 영상 몇 도였는데 낮부터는 몇 도까지 올라가 기온차는 얼마 정도 된다고 합니다. 그리고 또…"

무슨 편지가 이런가 싶었다. 그런데 오늘의 날씨를 담은 편지는 그날이 시작이었다. 그다음 날도, 또 그다음 날도 그 후배는 꼬박꼬박 나를 면회 왔고 돌아가는 길에는 늘 편지를 넣어 주었다. 내가 그곳에서 재판을 받고 집행유예로 석방되어 나올 때까지 오늘의 날씨는 매일 나에게 왔다. 그로부터 20여 년이 지난 지금, 그 후배와 나는 같은 집에서 함께 살고 있다. 내 아내, 장경희 씨에 대한 이야기였다.

매일 오늘의 날씨를 써 준 그 여자, 내 아내 장경희를 소개합니다

장경희는 그야말로 '천생 여자'다. 조용하고 착하다. 그렇지 않다면 나처럼 다혈질에 굴곡 많은 남자를 만나 늘 내 편으로 남아 주지 않았을 것이다. 장경희가 얼마나 착한 여자인지 보여 주는 일화가 있다. 92년 2월 어느 날이었다. 당시에는 그저 학생운동권 후배였던 장경희가 자신의 진로에 대해 상의하고 싶다며 말을 건넸다. 그날 장경희는 졸업을 앞두고 자신의 진로에 대해 고민하고 있다고 했다. 재야 단체에서 활동가로 일하기보다는 사회봉사 활동을 통해 우리 사회에 기여하고 싶다고도 했다. 그때 장경희는 전공을 살려 치기공사로 일할 수 있었다. 그런데 선배와 동료가 구속되거나 수배되어 힘들어하던 그때 국가 자격증 시험을 보는 것이 미안하여 원서 접수 자체를 하지 않았다고 한다. 그러자 평소 성적도 좋고 착실했던 학생이 나쁜 운동권 학생들과 어울려 안타깝다고 여긴 해당 학과 교수가 조용히 찾았다. 자신이 손을 써 볼 테니 지금이라도 원서를 접수하고 자격증 시험을 보라고 권했다. 과 교수님을 찾아가 그동안 학생운동에 참여한 것에 대해 잘못했다고 용서를 빌면 자신이 다 알아서 처리해 주겠다고도 했다. 장경희는 그런 말에 모욕감을 느꼈다. 그래서 평소 얌전하고 공부 열심히 하는 학생이라고 여겨 나름대로 배려한 그 교수에게 "이런 부끄러운 학교에서 교수로서 정직하지 못한 것을 학생들에게 먼저 사과하시라"는 말을 남기고 돌아섰다. 장경희는 그런 사람이다. 그런 장경희가 졸업 후 진로를 사회봉사로 정하고 선택한 일이 서울 근교 장애인 생활공동체 시설 지도교사였다.

그곳은 지적장애 아동 여덟 명이 지도교사 한 명과 함께 생활하는 형태로 운영되었다. 교사는 중증 장애 아동과 함께 3일간 함께 먹고 자며 생활하다가 하루 휴무했다. 10대 중반의 걷지 못하는 중증 장애 아동들을 일일이 씻기고 밥 먹이며 잠까지 재우는 일은 결코 쉽지 않았다. 하지만 장경희는 지금도 종종 당시 생활을 회상한다. 그때 역시 행복했다면서 우리 사회 장애인의 현실에 대해 안타까움을 표현한다. 많이 힘들었는데 그게 뭐가 좋았냐고 하면, 자신이 아니면 안 되는 누군가를 도울 수 있어 진심으로 행복했다고 대답했다. 그렇게 그녀가 지도교사로서 일을 시작한 지 한 달 남짓 되어 가던 어느 날이었다. 장경희에게서 만나자는 연락이 왔다.

그렇게 나간 자리에서 나는 또 다시 생각지도 못한 말을 듣고 크게 당황했다. 뜬금없이 자신의 월급 통장과 도장을 내주는 것이었다. 장애인 시설의 지도교사라지만 당시 그녀가 받은 급여는 30만 원이 조금 넘는 박봉이었다. 사실 박봉이라고 하기에도 부족한 금액이었다. 그런데 그 월급 통장을 통째로 나에게 주며 "선배 학생운동 하면서 필요한 활동비로 쓰라"는 것이었다. 다만 자신도 생활비가 필요하니 한 달에 5만 원씩만 달라고 했다. 물론 그 통장은 받지 않았다. 그녀가 수고해서 버는 돈을 받아 쓸 만큼 내가 그렇게 큰일을 하는 것도 아니었고, 마음은 고맙기 그지없지만 너무나 과분했기 때문이다. 하지만 그날 이후 나는 이 '착한 여자' 장경희와 함께 인생길을 걸어가고 싶다는 생각을 하게 되었다.

인권운동가,
그리고 인권운동가의 아내

한편, 나는 감옥 안에서 한 가지 결심을 했다. 인권운동가로 살기로 결심한 것이다. 당시 수감 생활을 하면서 나는 억울했다. 내가 잘못했기 때문에 잡혀 온 것이 아니라 힘이 없어서 불의한 권력에 끌려온 것이라고 생각했다. 그 생각은 지금도 변함이 없다. 또 다른 누군가가 나처럼 부당하게 탄압받거나 억울한 피해를 입지 않는 정의로운 세상을 만드는 데 동참하고 싶었다. 감옥에서 나온 1992년부터 '유서대필사건 강기훈 무죄석방 공동대책위원회'를 시작으로 재야 단체 인권운동가로 일하게 된 이유다.

인권운동가의 길을 걸어가는 나는 하고 싶은 일을 하니 행복했지만, 한 가정의 가장으로서, 결혼한 남편으로서는 매우 무능했다. 특히 경제적 능력에서는 '꽝'이었다. 더구나 분가를 하지 않고 당시 시댁에서 사실상 얹혀 살고 있던 그때 아내 장경희가 감당했을 심적 부담을 생각하면 지금도 미안하다. 큰아이가 태어난 후에도 나는 여전히 최루탄 냄새를 잔뜩 묻히고 집에 돌아오는 재야 단체 활동가로 일하고 있었다. 당연히 내 부모 마음에 그런 아들이 탐탁할 리가 없었다.

결혼하면 마음잡고 평범한 가장으로 살지 않을까 기대했는데 아들이 여전히 재야 단체에서 일하고 있으니 오죽 답답했겠는가. 성격 괄괄한 아들에게 싫은 소리 했다가 벌컥 화를 낼까 두려웠던 부모님은 며느리에게 "어떻게 좀 해 보라"며 적지 않은 눈치를 줬다고 한다. 세월이 한참 지나서야 전해 들은 사연이다. 하지만 말을 하지 않았다고 내가 모르는 것은 아니었다. 언제까지나 내 욕심대로만 살 수는 없었다. 결국 나는 아이 분유라도 살 만한 돈을 주는 직장을 다닐 수밖에 없었다. 우여곡절 끝에 잡은 직장이 당시 시외버스 터미널의 한 운수회사 영업 사원이었다. 일은 의외로 재미있었다. 우연히 벌어진 어떤 일을 잘 처리했다는 이유로 회사와 동료들에게 크게 인정도 받았다. 그러나 마음은 편치 않았다. 어떤 이유로든 인권 운동을 그만둔 것에 대한 미안함 때문이었다. 특히 함께 학생운동을 하다가 죽은 김용갑 형과 그 억울한 죽음의 진실을 밝혀 달라며 분신 항거한 친구 정연석에 대한 미안함 때문에 괴로웠다. 그들은 죽고 다쳤는데 나만 살겠다며 돈 버는 직장을 다니는 것이 너무나 미안했다. 그렇게 마음속이 어지럽던 때였다. 터미널에서 업무를 보고 있는데 한 대학 후배와 우연히 마주쳤다. 일하고 있던 나를 알아보고 그 후배가 "혹시 고상만 선배님 아니세요?" 하며 물어 온 것이다. 평소 자주 보았던 학내 동아리연합회 소속 후배였다. 서로 반가워하며 잠시 대화를 나누는데 갑자기 표정이 바뀌더니, 그 후배는 나에게 비수 같은 말을 던진 후 총총히 사라졌다.

"선배님, 저는 다른 사람은 몰라도 선배님만큼은 죽을 때까지 운동하며 살아갈 줄 알았어요. 그런데 실망이에요. 결국 선배님도 다른 사람과 다르지 않은 사람이었네요. 정말 실망이에요."

그 후배가 남긴 말이었다. 그날 나는 몹시 괴로웠고, 또 분했다. 내 마음속으로만 느꼈던 일종의 '변절'을 들킨 것 같아 부끄러웠다. 내내 그 후배가 남긴 말을 곱씹으며 정신없는 오후 시간을 보내고 나니 퇴근 시간이 되었다. 하지만 도저히 그냥 집에 갈 수 없는 심정이었다. 혼자 인근 포장마차를 찾아가 이제는 이름도 기억나지 않는 그 후배를 향해 내심 욕을 하며 폭음을 했다.

"제까짓 게 뭘 안다고 나에게 실망했다는 거야. 내가 얼마나 열심히 노력하며 사는데. 그리고 내가 이렇게 살든 저렇게 살든 내가 저한테 뭘 잘못한 거야? 내가 뭘 잘못했느냐고?"

그렇게 소주를 미친 듯이 퍼마시던 그때였다. 눈앞에 환영처럼 한 장면이 떠올랐다. 내가 학내 집회에서 마이크를 잡고 운집해 있는 학우들 앞에서 수많은 약속의 말들을 외치는 장면이었다.

"저는 결코 젊은 날 한때 치기로 운동을 하지 않겠습니다. 젊어서는 양심을 외치고, 나이 들어서는 표리부동한 삶을 살지 않을 것입니다. 옳은 것은 옳다고 말하고, 그렇지 않은 것은 옳지 않다고 당당하게 말하겠습니다. 이것이 제가 오늘 여러분에게 말하는 정의이며 양심입니다. 함께합시다, 학우 여러분."

부끄러웠다. 후배는 그때의 나를 기억했고, 나는 그 약속을 잊었던 것이다. 나는 만취한 상태로 하염없이 걸어 집으로 돌아왔다. 아직 잠들지 않고 나를 기다리고 있던 아내 장경희를 끌어안고 울며 말했다.

"미안한데, 나 다시 인권 운동 하면 안 될까. 정말 미안한데, 나 그냥 그렇게 살면 안 될까."

아내는 나를 조용히 끌어안아 주었다. 그렇게 엉망으로 취한 채 나는 더 많은 말을 술주정처럼 하며 또 울었던 것 같다. 그렇게 밤이 지났다. 이튿날 아침, 아내가 내게 말했다.

"그래, 선배. 그렇게 하는 것이 행복하다면 선배 하고 싶은 대로 해. 사실 나도 선배가 매일 아침 우울한 표정으로 하늘 쳐다보며 민중가요 듣다가 출근하는 것 보면 마음 아팠어. 난 괜찮아. 하고 싶은 일 하면서 살아. 내가 더 잘 할게."

어쩌면 이 글을 읽는 누군가는 말할지 모른다. 참 '철없는' 남편과 '대책 없는' 아내라고. 94년 12월, 내가 다시 내 길을 걸어갈 수 있도록 힘을 준 사람, 내 아내 장경희의 이야기였다.

장준하 선생 죽음의 진실, 아내 덕분에 말할 수 있었다

아내에게 허락을 받은 후 나는 바로 다니던 회사에 사표를 냈다. 이후 나는 본격적인 재야 인권운동가로서 일을 시작했다. 이후 여러 인권 단체를 거쳐 2002년부터는 과거사 청산과 관련한 국가기관의 조사관으로 소신껏 일할 수 있는 기회도 여러 번 얻었다. 솔직히 운이 좋았다고 고백할 수밖에 없다. 적어도 나에게는 그랬다. 살면서 단 한 번 해 보기 어려운 귀한 경험이었다. 개인으로서는 매우 영광스러운 일이었다. 이런 내 마음을 가장 정확하게 표현한 분이 국가인권위원회 초대 위원장을 지낸 김창국 변호사님이었다. 지난 2006년 '대통령 소속 친일반민족행위자 재산조사위원회'에서 내가 조사관으로 임명된 날, 당시 장관급 위원장을 맡고 있던 김창국 변호사님은 격려사를 통해 이런 말씀을 했다.

"여러분, 공채 시험을 통해 우리 위원회 조사관으로 합격하신 것을 다시 한 번 진심으로 축하드립니다. 또한 민족정기를 바로잡는 역사적 업무에 여러분이 참여하게 된 것 역시 스스로 자랑스럽게 여기셔도 좋다고 저는 생각합니다. 생각해 보십시오. 늦었지만 지금이라도 친일 반민족 행위자들의 친일 재산을 찾아내어 이를 국가에 귀속함으로 민족 정기를 바로 세우는 것은 모든 대한민국 국민의 염원입니다. 이렇게 국가 귀속한 친일 재산을 독립운동가의 후손을 위해 쓰기로 한 것은 우리나라가 이미 했어야 하는 당연한 일입니다. 이런 자랑스러운 일을 이제 여러분의 손으로 직접 하시는 겁니다. 이처럼 좋은 일을 그냥 해도 영광스러운데 공무원 권한을 주고 또 월급까지 주니 이런 일을 하게 된 우리는 정말 복받은 사람들이 아닙니까? 그러니 이제 역사와 국민 앞에 부끄럽지 않도록 최선을 다해 임기 동안 열심히 일해 봅시다."

김창국 위원장의 말씀에 나는 깊이 공감했다. 그랬다. 이완용 등 민족을 배신하고 나라를 팔아먹은 친일 반민족 행위자들을 단죄하는 일은 대한민국의 올바른 국민이라면 당연히 찬성하고 공감하는 일이 아닌가. 그런데 이 같은 영광스러운 친일파 단죄와 민족정기 수립을 위한 일에 국가 공무원 신분의 조사관으로 함께 일하게 되었으니 나는 참 행복했다. 특히 재야인사 장준하 선생의 사인에 대한 진실을 추적하는 '대통령 소속 의문사진상규명위원회' 조사관으로 일한 데 이어 다시 역사적인 일에 함께하게 되었으니 더욱 보람 있었다.

만약 그날 밤 그러니까 94년 12월 그때, 아내 장경희가 이 철없는 남편의 말을 편들어 주지 않았다면 어땠을까. 그날 울며 아파하는 나에게 아내가 야멸차게 "그럼 나는 어떻게 하라는 거야" 하며 단번에 말을 잘랐다면, 나는 어쩌면 지금도 그 운수회사를 다니고 있을지 모른다. 아니, 98년 IMF 사태 때 이미 잘렸을 수도 있겠지. 나는 아내에게 늘 말한다. 만약 지금까지 내가 살면서 어떤 의미 있는 역할을 했고 그것이 가치 있는 일이었다면, 그것은 내가 이룬 성과 때문이 아니라 바로 내 아내, 장경희 덕분이라고.

지금까지 살면서 나는 출판 기념회를 몇 번 열었다. 그때마다 참석한 손님들에게 빼놓지 않고 해 온 말이 있다. 2012년 11월, 서울 조계사 문화관에서《장준하, 묻지 못한 진실》(돌베개) 출판 기념회를 할 때도 역시 그랬다. 저자 인사를 하기 위해 단상으로 올라간 나는 찾아온 손님들에게 내 아내를 소개하고 싶었다. 그래서 양해를 구한 후 "내 인생 최고의 선택, 제 아내 장경희 씨를 소개합니다"라고 말하며 단상에 올라온 아내에게 꽃다발을 안겨 주었다. 그 자리 역시 아내 장경희가 아니었다면 있을 수 없는 자리였기 때문이었다.

이유는 이렇다. 2012년 8월 어느 날, 당시 서울특별시 교육청의 감사 공무원으로 일하던 내 앞에 또 다시 고뇌의 순간이 찾아왔다. 1975년 8월 17일 경기도 포천 약사봉에서 의문사한 재야인사 장준하 선생의 이장 준비 과정에서 명백한 타살 증거가 발견되었던 것이다. 선생님의 유골에서 외부 가격으로 생긴 것이 명백한 상흔이 발견되었다. 언론 보도를 통해 타살 의혹이 제기되면서 과거 '대통령 소속 의문사진상규명위원회'에서 이 사건을 조사했던 나에게 기자들이 찾아왔다.

나는 다시 고민에 빠지지 않을 수 없었다. 대선을 앞둔 그 시점에 공무원 신분인 내가 이런저런 말을 하는 것이 너무나 불편했기 때문이다. 말을 하면 상황이 다 정리된다는 보장이라도 확실하다면 결정이 보다 쉬웠을 것이다. 하지만 그 역시 확신할 수 없는 상황이었다. 결국 고민 끝에 "조사 과정에서 내가 작성한 모든 의문사 조사 기록이 현재 국가기록원에 이관되어 있으니 그곳에서 자료를 찾아보면 진실을 알게 될 것"이라는 말로 면피하려 했다. 하지만 이후 모 방송사 기자에게 전해 들은 사실은 놀라웠다. 국가기록원 측에서 장준하 선생 관련 기록을 향후 70년간 비공개하기로 결정해 관련 기록을 볼 수 없다는 것이었다. 그 순간 내가 말하지 않으면 안 되는 상황이 왔음을 느꼈다. 그러려면 더 이상 공무원 직위를 유지할 수 없다는 생각도 들었다. 정치적 중립 의무를 강요받는 공무원 신분으로 제18대 대통령 선거의 주요한 쟁점 중 하나로 떠오른 장준하 선생님의 사인 의혹을 언급한다는 것 자체가 불가능했기 때문이다. 그날 밤, 나는 다시 어렵게 아내에게 입을 떼었다. 내가 현재 부딪힌 현실에 대해 어떤 결정을 하는 것이 옳은지 묻고 싶었다. 당시 대학에 재학 중인 아들과 중학생 딸을 둔 40대 가장으로서 갑자기 직업을 내려 놓아야 하는 일이었기에 나는 소심해지지 않을 수 없었다. 하지만 아내는 늘 나보다 간결했다.

"괜찮아, 선배. 지금까지 살아온 것처럼 살면 되지 뭐. 양심이 시키는 대로 살아. 죽을 때 후회할 일은 하면 안 되잖아."

장경희, 그녀가 내 아내라서 정말 고맙다. 내 인생 최고의 행복이다.

다시, 사람이다

인권, 그리고 민주주의에 대한 가장 뜨거운 이야기

ⓒ 고상만

초판 1쇄 펴낸날 2014년 7월 2일
초판 2쇄 펴낸날 2016년 4월 25일

지은이 고상만
펴낸이 최만영
교열 김희란 김진형
디자인 신병근 박애영
마케팅 박영준 신희용
영업 관리 김효순
제작 김용학 김성수

펴낸곳 (주)한솔수북 | 출판등록 제2013-000276호
주소 121-896 서울시 마포구 월드컵로 96 영훈빌딩 5층
전화 02-2001-5819(편집) 02-2001-5828(영업) | 팩스 02-2060-0108
전자우편 chaekdam@gmail.com
책담 블로그 http://chaekdam.tistory.com
책담 페이스북 https://www.facebook.com/chaekdam

ISBN 979-11-85494-49-4 03330

||| 책담 다른 내일을 만드는 상상